少女たちは何に「勝つ」のか
──『マーガレット』誌における『花より男子』の位置づけから──

森下　達

はじめに

　『花より男子』は、1992年から2003年まで約12年間の長きにわたって集英社の『マーガレット』誌に連載された。このような長期連載が少女マンガ誌に連載されたマンガ作品としてはそもそも珍しい上に[1]、最後まで人気を保っていたことも特筆される。『花より男子』は、連載最後の年となった03年においても、13回分が掲載されたうち[2]、最終回掲載号を含む5号分で雑誌の表紙を飾っている。コミックスの売り上げは累計6100万部を突破し、少女マンガ史上もっとも売れた作品であるといわれているほか[3]、連載中から終了後に至るまでメディアミックスも盛んに行われた。このような規模で受容された少女マンガ作品は、これ以前にも、またこれ以降にも存在しない。

　本作の基本的な設定は、以下のようなものである。主人公である牧野つくしは、一般庶民でありながら、両親の希望で、お金持ちの子弟が集まることで有名な高校・英徳学園に通うことになる。しかし英徳学園は、4人組の男子グループ「F4（flower 4）」に牛耳られ、彼らによるいじめが繰り返されていた。つくしは、当初、F4のリーダーである道明寺司と対立するが、やがてふたりは惹かれ合うようになっていく。

　このように本作は、いじめや恋愛といった問題を物語のテーマとして扱っている。これはどちらも、若者の人間関係に深く関わるものだといっていいだろう。HP改編につき現在は見ることはできないが、社団法人日本雑誌協会の2002年の調査によれば、掲載誌である『マーガレット』の読者は15歳以下が合計して約60％を占めており[4]、中学生を中心に小学校高学年以上の女子が読む雑誌だと見なせる。本作が描き出す、さまざまな人間関係上の問題とそれへの対応策は、読

二十世紀研究

者たる彼女たちが読みたがったものでもあった。そうであれば、本作の検討を通じて、ローティーンの若年女性の問題関心を浮かび上がらせることも、また可能だろう。

　ただし、ポピュラー・カルチャー作品を、社会や大衆の動向などを鏡のように映す透明な媒体として扱う「社会反映論」は、論者による恣意的な解釈が行われる余地が大きく、厳密性を欠く傾向があることは弁えておかねばならない。従って本稿では、『花より男子』という作品そのものだけでなく、それが掲載されていた『マーガレット』という雑誌にも焦点をあてることで、問題の解消を図りたい。

　雑誌は書籍とは異なり、受け手どうし、さらには作り手と受け手とが、投稿などを通じてお互いに影響を与えることができる「双方向性」にその特徴があるメディアである。雑誌は一定のペースで刊行されるものであるがゆえに、これらのコミュニケーションは持続性を帯び、読者たちの「想像の共同体」を形成する[5]。もちろん、現代のマンガ雑誌は、かつての少年誌・少女誌ほど活発に読者どうしの交流を促しはしない。とはいえ、それでもお便りやイラストのコーナーは存在しているのであり、コミュニケーションが皆無というわけではない。

　また、雑誌におけるマンガは、コミックスやあるいは完全版単行本などを通じて読まれる場合とは異なり、作品それだけでは成立しない。連載時のトビラやハシラには、編集者の手になるアオリ文が記され、対象作品の魅力が打ち出されることで、読者の読みの方向性が定められる。読者は、雑誌側が付したアンケートを通じてどの作品がおもしろかったかを作り手に伝えることができ、長期に及ぶマンガ連載の場合は、受け手の反応を見ながら先の展開が決められていくことすらある[6]。すなわち、マンガ雑誌においては、連載されているマンガそのものが、作り手－受け手間のコミュニケーションの場として機能している――少なくとも、「想像の共同体」に属する読者たちにはそのように感じられるものとしてある――という側面がある。

　本稿では、雑誌に表れた作り手の方向づけや受け手の反応を丹念に拾い上げることで、『花より男子』が彼らにとってどのように位置づけられていたのかを分析する[7]。作品の内容も分析の対象とするが、それは、上述のとおり、マンガ作品を、受け手の声を拾い上げて変容していくひとつの場と見なした上でのことである。その上で、12年間に及ぶ位置づけの変化を追い、『花より男子』が生成・変容していくダイナミズムをこそ問題にする。そして、このダイナミズムの中か

ら、作り手 - 受け手がその時代に共有したところの若年女性層の問題関心を浮き彫りにしていく[8]。これが本稿の問題設定である。

I　いじめと闘うシンデレラ

1.　いじめの問題とつくしへの共感

さっそく、『マーガレット』誌を参照してみよう。

連載初回のトビラ絵には「勝つ！ガールズ・コメディ」という惹句が躍っている。この惹句は、『花より男子』を象徴するものとして、連載期間中常にトビラ絵に書かれてきた。しかし、「ガール」は、いったい何に「勝つ」必要があったのか。『花より男子』の物語を詳しく見ていこう。

つくしが入学した英徳学園では、F4の主導により、彼らの気に入らない生徒に対するいじめが日常的に繰り返されていた。F4がいじめのターゲットを決めると、その生徒のロッカーに「赤札」が貼られる。すると、ほかの生徒たちは積極的にそれに反応して、ターゲットの生徒にゴミ箱をぶつけたり、石を投げつけたりといったいじめ行為を繰り返す。助けを求める声はだれもが無視し、学校全体がターゲットにとってはいわば「敵」になる。

つくしは当初、いじめにも見て見ぬふりをし、目立たず3年間をやり過ごそうとする。だが、F4に絡まれた友人をかばったことから、彼女自身が目をつけられてしまう。これをきっかけに闘う決意を固めたつくしは、司を蹴り飛ばし、F4に「宣戦布告」する。

いじめと闘う存在として、主人公のつくしは明確に位置づけられている。『マーガレット』もまた、そのような彼女の存在を肯定的に受け止めるよう、読者に働きかけていた。つくしが「宣戦布告」する場面が描かれる連載第3回目では、トビラに「あんたたち、おとなしくしてりゃい一気になって…」、「切れたつくしが大あばれ!!」とのアオリ文が書かれている[9]。体制に「NO」を突きつけるつくしの姿に感情移入することが促されているのである。

読者もまた、こうした姿勢に同調した。『花より男子』は、連載が開始されてすぐに人気が沸騰し、さまざまなイラストが寄せられた。つくしがF4に向かって啖呵を切る場面を描いたもののほか、第12号の読者投稿欄に掲載されたあるイラストには「たたかえ！つくしchan　おーえんしてまーす。」[10]の文字が書か

図版1　つくしに対して声援を送るイラストお便りが見える

出典：「MARGARET PARTY」『マーガレット』
30-12、1992年6月、73頁。

れており、恋愛ドラマの主役としてではない、「たたか」う彼女の姿への共感があったことは明らかである。こうした盛り上がりを受け、19号からは各号にイラストベストテンのコーナーが設置されるようになる。『マーガレット』には読者たちのお便りを掲載するページが毎号4ページ前後あり、そこに、連載マンガを題材とした読者イラストを掲載する欄もあるのだが、『花より男子』に関しては、それとは別に同作に関連するイラストだけを特集するコーナーが設置されたのである。読者から投稿されてくるイラストがいかに多かったかは想像に難くない。

このような共感的受容の背景には、学校内のいじめの問題があった。日本でいじめが社会問題化していったのは、1980年代半ばのことである。86年2月、東京都中野富士見中学校で、クラスぐるみでの「葬式ごっこ」の結果、男子生徒が自殺する事件が起こり、広く注目を集めた。この数年前からも、いじめと自殺が結びつけられて報じられるケースは出現しはじめていた[11]。同時期にいじめに対する研究もスタートし、86年に金子書房より出版された『いじめ　教室の病い』では、森田洋司と清永賢二によって「いじめ集団の四層構造」が提唱される。いじめ行動の「加害者」と「被害者」だけでなく、それを見て囃し立てる「観衆」と見て見ぬふりをする「傍観者」の存在をも重視するこの議論は、いじめを構造的問題として捉える視点を提出するものであった。これ以降、いじめは、学校を舞台とする教育問題として論じられるようになっていく[12]。

もっとも、1980年代後半から90年代初頭にかけて、いじめの発生件数自体は減少していきはした。文部省（現・文部科学省）による統計では、それが開始さ

れた 85 年には 2 万 1899 件を数えているが、93 年には 7064 件と、当初の約 3 分の 1 になっている。ここから考えれば、『花より男子』連載開始期には、いじめの問題はすでにピークを過ぎていたように思えるかもしれない。

とはいえ見過ごしてはならないのは、調査方法を改めた 1994 年には、いじめの発生件数は一転して 1 万 5095 件にまで増加していることである[13]。「いじめの発生件数」とは「何らかのかたちで、第三者によって発見されたものだけ」であるため、統計上の変化を実際の発生件数であるとは見なしにくいという特徴がある[14]。方法を改めた 94 年には増加していることを考慮に入れると、『花より男子』連載開始期においても、読者たちにとっては身近な問題だったと考えてよい。

1992 年の『マーガレット』第 23 号で発表された第 1 回キャラクター人気投票の結果も、この推測を裏づけている。ここで、主人公のつくしは 2 位にランクインした。そこには、編集サイドによる「吠える熱血少女つくしには全国のイジメ体験者達から励ましのお便りが殺到中!」との解説が添えられており、読者のお便りからの引用とされる、「つくしがイジメられているのを見ると、他人ごととは思えません」という文章も見ることができる[15]。つくしの人気は、彼女が作中でいじめに立ち向かっていく存在と位置づけられていることに由来していた。

2. 「世の中に喝!!」を入れる「コメディ」

さらに注目しておきたいのは、連載初回のトビラでは、のちの号と異なり、「勝つ!ガールズ・コメディ」という文句に「この腐りきった世の中に喝!!」[16]との言葉が添えられていたことである。「勝つ!」と「喝!!」が日本語の音としてかかっていることに注目したい。ここでは、ふたつの文句を音の繋がりを伴って並列させることで、少女が「勝つ」ことは「世の中に喝」を入れることと同義だという主張が行われている。

「世の中」の何が「腐りきっ」ているのか。第一には、それは物語の舞台である英徳学園の腐敗を示唆しているだろう。とはいえ、それだけではない。学園の腐敗は、日本社会そのものの問題とも結びつけられていた。

F4 は、日本を代表する道明寺財閥の跡取り息子であるリーダーの道明寺司をはじめ、全員が学園の中でも特に立派な家柄の出身だと設定されている。教師たちまでもが F4 に対して及び腰になっているのは、彼らの親たちが学園に多大な寄付を行っているためである。『花より男子』の連載初期では、つくしが金持ちの非常識な行動に衝撃を受ける場面が多く見られたほか[17]、「自分で金も稼いだこ

二十世紀研究

とないくせに」と司を非難する展開もあった。「腐りきっ」ているのは金持ちという存在そのものだという視点が、初期の『花より男子』では打ち出されていた。

バブル経済の崩壊は1991年のことであり、連載が開始された92年4月の時点では、80年代後半からのバブル景気の余韻が社会に残っていた[18]。F4のような突拍子もない「お金持ち」の存在にリアリティーがあり、同時に、その浮ついたありように対する批判が広範に見られた時期だったといえる。これらのことから考えると、「勝つ！ガールズ・コメディ」、「この腐りきった世の中に喝!!」という惹句は、「金持ち」という社会悪と、「いじめの実行者」という学校社会における悪とを重ね合わせて、主人公の少女が打ち「勝つ」べき相手として名指しするものだと見なすことができる。

当初の『花より男子』は、作品内部の出来事を外部の社会と結びつけて読み解くことを促す形で読者に提供されていたといえよう。それゆえに、ここで見られる自己定義としての「コメディ」も、ラヴ・コメディー的な意味合いで解することはできない。「腐りきった世の中」に負けないで少女が生き抜いていくそのさま自体を「コメディ」と見なして、この惹句は成立している。ある種「社会派」な作品として、初期の『花より男子』はあった。

3. いじめ描写の現実性

ただし、『花より男子』が、その掲載誌において外部の社会と関連づける形での受容を促されていたことは、作品そのものが社会問題をリアルに描いていることを保証するものではない。

英徳学園という舞台がきわめて虚構性の高いものであることはもちろん、作中のいじめの描写も、現実のそれとはかけ離れたものである。先に記したとおり、『花より男子』では、厳格な上下関係のもと学校全体を動員し、身体的な暴力行為を伴う形でいじめが行われる。しかし、現実のいじめがこのような形で行われることはきわめて稀である。

日本では、学校という閉じた空間が舞台となるため、無視や悪い噂を流すといった「コミュニケーション操作系」のいじめがしばしば台頭する[19]。その場合、学校全体ではなく日常的にコミュニケーションを行っているクラス内の小集団が、いじめが発生する母体になることが多い。こうしたいじめは、いじめられる側が抜け出したくても抜け出せないという問題を必然的に伴う。さらに、今日は加害者であったとしてもなんらかのきっかけによって翌日からは被害者になってしま

うという「立場の逆転現象」が起こり得ることも、しばしば報告されている[20]。しかし『花より男子』では、主人公のつくしはよくも悪くも明朗な性格であり、グループから仲間はずれにされることに対する葛藤はさほど前面化しない。つくし自身が加害側に回るような展開も存在しない。作品内ではいじめの構図はかなり単純化されており、読者は、F4に「宣戦布告」するつくしの「正しさ」に安心して身を委ねることができる。いじめられた経験がない者でも、あるいはいじめを行ったことがある者ですらも、つくしに感情移入して読むことは可能だろう。いい換えるなら、『花より男子』は現実のいじめの持つ複雑さには迫れていない。

とはいえ、『マーガレット』という器の中においては、つくしへの共感を軸として、そうした描写を「リアル」なものとして受け入れることが可能だった。たとえば、『花より男子』をリアルタイムで読んでいたという映画評論家の皆川ちかは、

> 当初の『花より男子』は「苛め」というハードな要素が色濃く、当時の読者にとってはこの時期の印象が強烈で、終盤のラブ・コメディよりの展開には違和感を感じる人も多いかもしれない。実際、この文章を書くに当たって単行本全36巻を再読したけれど、第1巻が最もテンションが高く、おもしろかった[21]。

と、序盤の展開を高く評価している。

さらに皆川は、平穏無事に高校生活を送ろうとしていた冒頭のつくしの「あと2年間の辛抱」という独白の「リアリティにまいった」とも述べており、F4に宣戦布告したつくしが全生徒からいじめの標的にされるという展開を「リアルな、あまりにリアルな展開」と評している。『花より男子』が、現実に学校生活を送っていた者が学校という空間に対して抱く思いを一面では的確に捉えていたことも間違いない。

4. 作品の「ウリ」としてのシンデレラ・ストーリー

だが、皆川のいう「ラブ・コメディ寄りの展開」が、「終盤」ならぬ「序盤」のこの時期にまったく見られなかったのかというと、そうではない。それはむしろ、当初から作品を支えるひとつの柱ですらあった。

第15号連載分では、連載初回以来はじめての巻頭カラーが与えられたのだが、そこでは、つくしとF4の面々が仲良くしているイラストがトビラ絵として描か

れていた。「F4とつくしはもっか戦争中!! でもこんな未来もくるかも…? そしたら、つくし、玉のこし…!?」[22]というアオリ文句さえ、イラストには付されている。久々の巻頭カラーで読者に訴える要素がこのようにラヴ・コメディー的なものであるところから見ても、『マーガレット』という器の側に、庶民であるつくしが上流階級の男性に見初められるというシンデレラ物語としての側面を、作品の「ウリ」として提示する意図が当初からあったことは疑いない。

図版2　つくしの「相手役」としてF4を提示したトビラ絵

出典：『マーガレット』30-15、1992年7月、16–17頁。

　司がつくしへの執着をあからさまにするにつれて、ラヴ・コメディー要素はますます強調されていく。連載開始から1年弱ほど経過して、つくしがデートを申し込まれるという展開を迎えた回では、次号予告に「♥司サマファン必見!! つくしは玉のコシにのれるのか? デートは!?」[23]と書かれ、ふたりの恋愛にあらためて注意が向けられている。
　恋愛要素の前面化は、読者の需要に支えられたものでもあったのだろう。前述のとおり『花より男子』には特設のイラストコーナーが設けられたが、そうしたコーナーを設置するにあたっての募集の言葉は、

♡人気街道独走中の「花より男子」!!
大ヒット記念にその号の似顔絵ベスト10を一挙掲載。感動の場面を描くのもよし、誰と誰がくっついたらいいな♪を描くのもよし、すっごい楽しいイラスト送ってね[24]！

であった。このような言葉がイラストの募集を呼びかけるものとして書かれている事実からは、シンデレラ物語に則したカップリングを描いたイラストがすでに何点も送られてきていたのではないか、という推測が成り立つ。

シンデレラ物語的側面が強く打ち出されるほど、読者は、つくしをいじめる存在であるという点から見れば「敵役」であるF4を、つくしの「相手役」と見なすという読みを促されるようになっていく。実際にF4の面々の人気は高く、人気投票でも第1位を獲得したのはつくしではなく道明寺司だった。

5. ふたつの側面の相克

そして、『花より男子』のシンデレラ物語的側面は、作品内で描かれたいじめの切実さを弱めてしまうことすらあった。

それを象徴するのが、『マーガレット』第16号のトビラ絵である。トビラを飾ったのはF4の面々だったが、そこでは司の顔のアップに被さるように「こ〜んなキレイな男の子たちにならいじめられてみたい♡」という文字が書かれていた。のみならず、司以外のF4の面々には、「そう？」「じゃあ…いじめてやる」という文字さえ被さっていたのである[25]。

図版3 トビラ絵に現れたF4と、「いじめ」という言葉

出典：神尾葉子「花より男子」『マーガレット』30-16、1992年8月、41頁。

二十世紀研究

　F4 が主導するいじめは、先述したように残忍極まりないものである。にもかかわらず、ここでは、「いじめ」という言葉が恋愛コミュニケーションの一部を指すものとして扱われている。このトビラ絵では、「いじめ」という言葉の内包する残酷さは、F4 という美形男子集団のキャラクターの魅力へと回収されてしまっている。身近に起こりうるものとしてのいじめのリアリティーは失われ、作品内のそれが現実からは切断されていることが露呈している。

　このように、連載初期の『花より男子』では、「腐りきった世の中に喝」を入れる「ガールズ・コメディ」としての要素と、シンデレラ物語としての要素とが、作品の内部でせめぎ合っていた。先述した人気投票においては、キャラクターのランキングをつけると同時に、「なんでもランキング‼」として作品内の名場面ベスト 3 が選出されているが、それが「ムッカ～　イジメ部門」と「ショーゲキのキス部門」の 2 部門から成り立っていたのはこのことを象徴している[26]。そのどちらもが作品の人気を支えていたわけだが、両者の要素はときに相反し、片方を強調することがもう片方の魅力を薄めてしまうことも起こっていたのだった。

II　「トレンディアニメ」の失敗

1.　アニメならざるアニメ

　連載が進むにつれて、つくしと司の関係も変化を迎える。当初は、司からつくしへの想いはコメディー調で描かれていたが、それは次第にシリアスなものとなっていく。

　1996 年の第 13 号で、司の母親の道明寺楓が登場する。仕事一筋で息子を顧みない楓の存在が司の人格形成に深く関わっていることが暗示されつつ、物語は学校を舞台とした F4 との闘いから、司とつくしの交際を認めない楓に対する闘いへとシフトしていく。

　このような展開を迎えていた時期に、『花より男子』は、日曜朝 8 時半からの、それまでも女児向け TV アニメを放映していた枠でアニメ化された。本節では、『マーガレット』での特集だけでなく、アニメ誌なども検討の対象とし、製作スタッフの思惑を確認することで、この時期に『花より男子』の特徴として打ち出されたのはなんだったのかを読み解いてみたい。

少女たちは何に「勝つ」のか

　まずは、アニメ情報誌『アニメージュ』を紐解いてみよう。この時期の『アニメージュ』では、放映中のアニメについて毎号、番組プロデューサーの短文コメントが載せられていた。『花より男子』のプロデューサーである関弘美は、放映開始時、同誌で「もはやアニメじゃない!!」、「アニメ界に宣戦布告!!　ってコト」[27]などのコメントを発している。このコメントからもわかるように、『花より男子』はいささか特異な位置づけがなされた TV アニメだった。声の出演に関しても、職業声優を使わず若手の俳優を積極的に起用しており、それが「アニメ」であることを否定するかのような売り方がなされていた。

　関は、別のアニメ誌で以下のように述べてもいる。

　　前からいっていることですが、私はアニメをもっと広い人たちに見て欲しいんですよ。子どもの数は確実に減ってきていますからね。『ママレード』（引用者註：本文中で後述する『ママレード・ボーイ』[28]）の頃から 20 代、30 代の主婦の人からも手紙をいただくようになって、そうやって層を広げないとダメだと思ってるの。だから今回も、アニメを見なくなって 20 年くらいたった人が、また見てもいいなと思える作り方をしたかったんですね。そういう狙いの中での演出であり、キャスティングなんですよ。人気漫画でもありますから、「あの人かな」「この人かな」と、お好きな声優さんをイメージされた人も多かったとは思いますが、申し訳ないけれど、それはこの際裏切らせてもらった、ということです[29]。

　中高生から OL、主婦層まで視野に入れて『花より男子』は製作されていた。これは、『花より男子』と同じ枠で放映された前 2 作『ママレード・ボーイ』（1994-95 年）および『ご近所物語』（1995-96 年）にも共通する狙いだった。『花より男子』は、『アニメージュ』の新番組予告では「「ママレード♡ボーイ」「ご近所物語」と、常に高視聴率を保ち続けたティーン向けトレンディ・アニメシリーズ」[30]と紹介されている。これら作品群に冠された「トレンディアニメ」という称号が、こうした意気込みを象徴している。

　アニメ誌上の『ママレード・ボーイ』の紹介記事にて、関プロデューサーが「アニメによるトレンディ・ドラマを目指します。テーマは"恋"。シチュエーション・コメディの手法をとりながら、複雑な恋愛関係をしっかりと描いていきたいな、と考えているんです」[31]と述べているとおり、「トレンディアニメ」という言葉は「トレンディドラマ」に由来する。トレンディドラマとは、正確な定義は

11

存在しないが、おおむね1980年代末〜90年代初頭のバブル期に製作された、都会に生きる男女の恋愛を描くドラマを指す用語である。その特徴としては、「ロケの多用、新鮮で若いキャスティング、舞台は都会、登場人物たちの着ている服はオシャレで、とくにライフスタイルが素敵に描かれている」[32]ことが挙げられる。話題のスポットやアイテム、ファッションなどが数多く登場し、時代の最先端を行く（とされた）登場人物たちの生活それ自体もまた見どころとなっている類の恋愛ドラマを指すジャンル名であると考えてよいだろう。

図版4　アニメ版のスタートを告知する記事

出典：「花より男子　ドキドキがいっぱいつまった新しいアニメの誕生!!」
『マーガレット』34-19、1996年9月、4–5頁。

『ママレード・ボーイ』、『ご近所物語』、『花より男子』の3作品は、「アニメでトレンディドラマをやろうと考え」[33]た関をはじめとする製作スタッフによって、上記のような「トレンディドラマ」の特徴を踏まえた「トレンディアニメ」として売り出された。アニメ版の放映開始にあたって、『マーガレット』誌内にもアニメ情報を扱う特設ページが設けられたが、そこからも「トレンディアニメ」としてのアニメ版の特徴を伺うことができる。そこでは、以下のようにさえ述べられている。

テレビ・アニメ「花より男子」は、いままでのアニメとは一味違うよ!! キャラクターのファッションや、目や髪の色、背景の美術などにとことんこだわった画面作り、スピーディでドラマチックなストーリー展開など、見どころがいっぱい。アニメというより、新しいドラマが始まると思って見てね♡ 34)

ファッションや背景美術も見どころであるというのは、まさにトレンディドラマとも共通する特徴だろう 35)。アニメ『花より男子』は、普段はあまり子ども向けのアニメを見ないような層の興味を引くべく宣伝されていた。

2.「おしゃれさ」の強調

図版5　アニメ映画版の公開が決定されたことを告知する記事

出典:「緊急ニュース!!　アニメ「花より男子」劇場公開決定!!」『マーガレット』35-1、1997年1月、8頁。

アニメ版『花より男子』がこうした点に注力していたことは、1997年3月に公開された劇場版からもわかる。東映は、60年代末にはじまる「東映まんがまつり」の流れを汲むものとして、東映動画36)が製作した作品を中心とする2～3本のアニメ作品を同時上映する、「東映アニメフェア」と銘打った興行を、90年代を通じて春休みや夏休みに行っていた。97年春の興行では、そのラインナップに『花より男子』が加わっていた。

この興行では、複数のTVアニメ作品の劇場版が同時に上映されるため、普段はそのアニメを見ない層に対しても訴求するように(つまり、引き続いてTVシリーズも見てもらえるように)、通例、作品の中心的なテーマを凝縮したような物語作りがなされる。『花より男子』と同じ枠の作品でいうと、『ママレード・ボーイ』の劇場版は、TVアニメ本編で扱われているよ

二十世紀研究

りも前の時系列を取りあげ、その時点でヒロインがすでに相手役の少年に出会っていたとの設定で物語作りが行われ、主役カップルの恋愛をいっそう盛りあげる話になっている。

ところが、『花より男子』劇場版は、キャラクターの名前とデザイン、基本的な性格のみ TV シリーズと共通しているものの、そのほかの設定はすべて TV 版と異なっているという、かなり珍しいタイプの話作りがなされている。物語の舞台はニューヨークに移されており、つくしは雑用係をしながらミュージカルの舞台に立つことを夢みているアクターズ・プロダクションの研究生、司は同じプロダクションに所属するスターとして描かれる。ラヴ・ストーリーの側面は強調されているものの、TV シリーズとのストーリー的な連動はまったく行われていない。

ミュージカルを主要な題材としているのだから当たり前だが、この映画でも、登場人物の衣装デザインおよび作画は非常に凝ったものとなっている。ニューヨークらしさに気を配った背景美術も見どころである。こうしたこだわりからは、アニメの製作スタッフが、『花より男子』の魅力の本質をおしゃれなラヴ・ストーリーに見出していること、そして、そうした魅力は舞台をニューヨークに移しても成立するものだと位置づけていることが見えてくる。

1990 年代初頭、読者は、『花より男子』に描かれたいじめを現実のそれに引きつけて読んでいた。少なくとも、『マーガレット』誌はそうした読みを促していた。しかしこの時期の『マーガレット』は、現実から切れた「トレンディ」さを強調することで、むしろそれとは反対の姿勢をさえ見せることがあった。96 年の 21 号で組まれたアニメ版『花より男子』の特集記事を見てみよう。ここでは、英徳学園の美術設定画を掲載して、「まるでリゾートホテル」という見出しのもと、

> ご存じつくしの通う超お金持ち学校。広大な敷地の中は緑がいっぱい。中庭にはバラ園があったりして、ハワイなんかにある高級リゾートホテルみたい。イジメはヤだけど、こんな学校があったら通ってみたいよね[37]。

との紹介が行われている。学園の持つ「高級リゾートホテルみたい」なおしゃれさが、作中で描写されるいじめの恐怖よりも強調されているわけである。90 年代半ばのこの時期、送り手側が打ち出すポイントとして、「腐りきった世の中に喝」を入れる「ガールズ・コメディ」の要素はほとんど姿を消していた。

少女たちは何に「勝つ」のか

3.「ネタ」にされる『花より男子』

　では、アニメ版『花より男子』は、どのように受容されたのか。

　アニメ版は、基本的な物語は原作から変更されていないため、魅力として強調されてこそいないものの、原作同様の F4 によるいじめと、それに対するつくしの闘いも描かれていた。そうであればこそ、つくしに感情移入する視聴者ももちろん存在した。例えば、アニメ誌『アニメディア』には「私は『花より男子』の大ＦＡＮ。主人公つくしの生き方にとても共感を覚えるからです。つくしは私が「なりたかった」存在です。[中略]普通、私たちは悲しいこと、つらいことから逃げたり、自分をまわりに合わせようとしますよね。でも彼女は「彼女らしくあること」をやめません。「自分」に自信を持ち、ハジケている彼女。本当は「強い」のではなく「頑張っている」んだ、とわかったとき、とても感動しました。」[38]と、つくしに憧れる視聴者からのお便りが掲載されている。

　もっとも、このお便りに、いじめに関する言及をそもそも見出せないことは特筆しておきたい。アニメ版『花より男子』に関する投稿はアニメ誌ではさほど目にすることができないため、これが一般的な傾向だといえるかまではわからないが、受容層においてもいじめの重要性が低下している可能性があるということはいえるだろう。

　そしてそれどころか、アニメにおけるいじめの描写は、あろうことか笑いの対象と見なされることすらあった。1997 年の『アニメージュ』の 6 月号では、「切捨御免　追求無用」という、アニメに関して読者がなんらかの「ネタ」——なかば冗談がかったたわいないツッコミの類——を投稿するというコーナーに、

●「鬼太郎」「ぬ〜べ〜」おまけに**「花より男子」かつてこれほど子供が泣きそうな**東映アニメフェアがあっただろうか。　東京都／Ｒ・Ａ（24）[39]

とのお便りが掲載されている。これは、97 年春の東映アニメフェアのラインナップが、『花より男子』のほかには、『地獄先生ぬ〜べ〜　午前零時ぬ〜べ〜死す！』と『ゲゲゲの鬼太郎　おばけナイター』だったことを踏まえての「ネタ」である。周知のように、『ぬ〜べ〜』と『鬼太郎』は、超常的な力を持つ主人公が人に害をなす妖怪たちと戦うアニメ番組である。この投稿は、アニメ『花より男子』前半部のいじめ描写などを指してのものと考えられるが、それらは、もはや妖怪ホ

15

ラーと同程度には現実から切れたものとして扱われている。

　もちろんこれは、そもそも笑いを意図した投稿に過ぎない。投稿者の年齢も性別も、おそらくは『花より男子』が本来想定していた層とは異なっている。そうであるから、若年女性の問題関心が変化した結果としてこの投稿を解釈することは妥当ではない。とはいえ、『花より男子』に描かれたようないじめに対する揶揄的な見方が社会的に通用するようになったこと自体は間違いない。

　この背景には、いじめ問題そのものの変化があった。社会学者の土井隆義は、2008 年の著作である『友だち地獄──「空気を読む」世代のサバイバル』において、「黙って傍観しているだけの人間が非常に多い」点を現代のいじめの特徴として挙げている。「クラスが一つのまとまりとして成立しづらくな」り、「数人程度の小さなグループの内部で人間関係が完結してしまい、クラス全体の統一性や一体感が生まれにくくなっ」た結果、いじめをはやしたてる観客の立場の生徒がほとんど見当たらなくなった。「一九八〇年代のいじめには、まだクラスの全体でその雰囲気が共有される傾向が強かった」が、「昨今のクラスは、かつてのような統一性を失った結果、いじめの演じられる舞台としては、ほとんど機能しなくなっている」のである[40]。

　『花より男子』に描かれたいじめは、クラスや学校が子どもたちにとって逃れられない空間としてあることを前提にしていた。いうまでもなく、厳格なピラミッド構造のもと全校生徒総出で行われるようないじめは、現実には起こり得ない。にもかかわらず、学校中が敵になる感覚そのものは、前節で取り上げた皆川の述懐にもあったように、同時代の読者にとっては「リアル」に感じられるものだった。しかし、1990 年代後半においては、そういったいじめ描写は、リアルさよりも荒唐無稽さが際立つようになっていたのではないか。90 年代後半が、クラスや学校の一体性が必ずしも自明視されなくなり、「いじめ集団の四層構造」論でいうところの「観衆」が姿を消していくその過渡期だったことが、このような認識の変化を導いた。

4. 「トレンド」でなくなった「トレンディ」

　といって、「腐りきった世の中に喝‼」という要素に代わって強調されたトレンディさが肯定的に受容されたかというと、そうではなかった。アニメ版『花より男子』は、けっきょく、広く受け入れられる人気作にはなれなかったのである。

　同じ枠で放映された前々作『ママレード・ボーイ』は、平均視聴率 12,9％、最

高視聴率 16,1％という高い視聴率をあげ、放映期間も当初の予定から半年延長される大ヒット作となった。ひるがえって『花より男子』だが、平均視聴率 9,9％、最高視聴率 12,1％という結果に終わっている[41]。番組の最高視聴率ですら、『ママレード・ボーイ』の平均視聴率に届いていない

　番組プロデューサーの関は、放映終盤にあたる 1997 年 8 月、『アニメージュ』にて「視聴者のお母様方の反応やいかに…‼　とにかく 20 代〜30 代後半の女性に圧倒的な支持をうけている「花男」（引用者註：『花より男子』の略称）のラストにふさわしく、トレンディドラマは見慣れているはずの視聴者にも新鮮な驚きを感じてもらえるよう、脚本家・影山由美さんと監督・山内重保氏と私の 3 人はない知恵を絞りました。」[42]と述べている。しかし、「20 代〜30 代後半の女性に圧倒的な支持をうけている」とは、裏を返せば若年女性層に訴えることに失敗したということではないか。

　関は後年、「（引用者註：『ママレード・ボーイ』から数えて）『花男』は 3 作目にして、初めて商売的にコケちゃったんです。」、「トレンディドラマ路線を突き詰めて行き過ぎちゃったら、内容がオモチャを買う年齢の子供と、かけ離れちゃったんですよ。」[43]とふりかえってもいる。『花より男子』は、女児人気が低く関連商品の売り上げが不振に終わったのだった。「トレンディアニメ」が準拠した「トレンディドラマ」という枠組みも、1990 年代前半を通じて退潮していき、『花より男子』放映時にはかつてほど一般的なものではなくなっている。おしゃれなファッションや小物、素敵なロケーションに彩られた恋愛という、送り手が強調した『花より男子』の「トレンディ」性は、若年視聴者に対する訴求力にはなり得なかったのである。

III　「自分らしさ」の肯定

1. ロマンチック・コメディとしての定着

　アニメ版放映以降の『花より男子』は、どのような点を魅力として打ち出していったのか。そこでは、社会性とも「トレンディ」さとも異なる視点が提示されることがはたしてあったのだろうか。

　アニメ版の放映が終了するころになると、原作『花より男子』では恋愛要素の前面化がますます進行していくことになる。このことは、2000 年代以降特に顕著

となる。各号におけるアオリ文も、急速に恋愛の要素を色濃くしていく[44]。

中でも興味深いのは、2001年の16号掲載分のトビラのアオリ「勝つまで負けない!! パワフルラブ!!」[45]である。このアオリの重要性は、これが、読者が考え、投稿してきたキャッチフレーズを採用したものである旨が注記されている点にある。

図版6 読者のつくったキャッチフレーズを採用したトビラ絵

出典:神尾葉子「花より男子」『マーガレット』39-16、2001年8月、8–9頁。

一読してわかるように、これは間違いなく、『花より男子』連載開始時からの惹句「勝つ!ガールズ・コメディ」を踏まえたものである。しかしここでは、「ガール」が「勝つ」べき対象ははっきりと「恋愛」になっている。「勝つ!ガールズ・コメディ」という惹句が、当初、「腐りきった社会」で生きていくことが「勝つ」ことだという社会性を含意していたことを考えると、これは無視できない変化だろう。

すでに連載2年目の時点で、『花より男子』を評して「★元気な女の子を応援する ロマンチック・コメディ決定版!!」[46]とする惹句はあり、「ガールズ・コ

メディ」の「コメディ」は、早くから作り手の側によって社会的なものからロマンチックなものに読み替えられてはいた。「勝つまで負けない!! パワフルラブ!!」という読者によるキャッチフレーズは、こうした方向性が定着したことを示すものだといえる。

同様の事態は、2001年の連載の最初の号で行われた、各回の連載の冒頭に置かれる「あらすじ」の内容変更にも見て取れる。変更前のあらすじは、

> ★庶民なのに、超！お金持ち高校に通うつくし。初め、学園を仕切るチームＦ４のいじめの標的にされていたが、対抗するうちにリーダーの道明寺に好意をもたれる。★反発しながらも、まっすぐな道明寺にひかれていくつくし。ついにみんなの前で告白＆交際宣言!![47]

というものだったが、これが変更後には

> ★庶民なのに超お金持ち高校に通うつくし。学園を仕切るチーム・Ｆ４のリーダー・道明寺とケンカをくりかえすうちに、お互いひかれあい、ついにつきあうことに![48]

と、なっている。いじめについて触れらなくなっているばかりか、つくしと司の対立は「ケンカ」という形で、それがまるで対等なものであったかのように描き出されている。実際のそれは、大金持ちの子弟で英徳学園の支配者であるという社会的地位を利用した司の一方的な暴力だったのにもかかわらず、である。ふたりの恋愛が前面化した結果、本来その背後にあったはずの、いじめや学園内にある階級の問題は見落とされてしまっている。

2. 「自分らしく」あることの証明としての恋愛

変更されたのはあらすじだけではない。2000年から01年にかけては、つくしの登場人物紹介文も、「イジメられても負けない子。」から「高2。負けないめげない女の子。」へと変更されている。「負けない」という言葉は、「いじめ」に負けない、というような具体性・能動性を含んだものではすでにない。それは、つくしの個性のありようを漠然と指し示しているに過ぎないものである。

このような変更が行われたあと、原作『花より男子』にはこれまでと異なる傾向を持つアオリ文が登場しはじめた。具体的には、

19

二十世紀研究

　　あたしらしく　生きていたいから。[49]

　　みんながいて　私がいる。　それだけで　あたたかい。[50]

　　素顔のままの　あたしでいたい。[51]

　　ゴーイング　マイ　ウェイ!!　今日も明日もあさっても　私は私でいたいから[52]

　　たくさん笑った。　たくさん泣いた。　そして　あたしは　あたしらしく生きる!! [53]

などが、トビラ絵に付されたコピーとしてある。

図版7「みんながいて　私がいる。　それだけで　あたたかい。」というコピーが見える

　　　　出典：『マーガレット』40-3・4（合併号）、2002年2月、12–13頁。

　これらのコピーでは、つくしがいかに「自分らしく」生きているかが強調されている。前節で検討した『アニメディア』の投稿にあるように、こうした点への着目は、受け手においては以前から見られたものだった。それがここでは、送り手の側にまで波及している。

20

図版7に挙げた図像を、前々節で図版2として挙げた図像と較べてみればわかるように、これは同時に、シンデレラ物語としての方向性の核となる「誰と誰がくっついたらいいな♫」という要素が薄まったことを意味してもいる。図版2では、花嫁姿のつくしとタキシード姿のF4が描かれ、F4がつくしにとっては「王子様」であり、身分のちがう「非日常」の存在——だから、その相手となることはつくしにとっては「玉のこし」にのることになる——であることが示されていた。だが、図版7では全員がインフォーマルな服装をしており、つくしを中心とする対等な「仲間」であることが強調されている。おしゃれな恋愛よりも、「みんながいて　私がいる」という、「共にある」ことを重視するこの姿勢は、「トレンディドラマ」とも異なるヴィジュアル・イメージを打ち出している。

　これに象徴されているように、連載終盤の『花より男子』は、「自分らしく」生きるひとりの少女を主人公に据えた物語としてその魅力が打ち出され、受容されていった。この方向性は最後まで貫徹されており、連載最終回では、プロムの夜に、つくしが庶民的な普段着のまま、卒業していく正装のF4たちと踊る姿が描かれている。それがつくしの「自分らしさ」だ、というわけである。

　マンガ研究者の大城房美は、"*Hana yori dango* (Boys over Flowers) as a Trans-National Comics for Girls beyond Japan"（2008年）にて、この場面におけるつくしを「魔法を必要としないシンデレラ」と捉え、『花より男子』がありがちなシンデレラ物語に回収されていない点を肯定的に評価している[54]。図版2と図版7の比較に顕著だが、階級的上昇の要素は終盤の『花より男子』では失効しており、それはそれで正しい見方だろう。

　ただ、これらの場面で、いじめという問題が完全に後景に退いていることも忘れてはならない。つくしと司の恋愛は、物語の当初においては、学校社会の秩序を破壊し、組み替えるという意味を持っていた。しかしここでは、「恋愛」に「勝つ」ことは、主人公であるつくしが自分らしくあることができるかどうかという問題としてのみ扱われており、そうした社会性は限りなく薄まっている。重要なのは「みんな」と共に「あたし」が「あたしらしく」いることであり、究極的には、恋愛の相手役である道明寺司その人でさえ、個人としては必要とされていないとすらいえるだろう。つくしが「魔法を必要としないシンデレラ」として自立しているとして、ではその「自立」はどのような社会的意味を有しているのか。その答えは、作品内では十分に展開されていない。

二十世紀研究

おわりに

　本稿では、12 年に及ぶ『花より男子』受容の変遷をたどり、メインの受け手である若年女性の問題関心の在り処を探ってきた。1990 年代前半においては、お金持ちに対する批判やいじめに対する異議申し立てが作品の魅力として打ち出されていた。受け手もまた、そうした社会性を肯定的に受け止めた。もっとも、恋愛を通じてのつくしの階級的上昇も当初から匂わされており、それもまた読み手の興味を惹いていた。そして、恋愛要素を強調することは、ときとして、作品の社会性を薄めてしまうことにも繋がっていたのだった。

　1990 年代半ばを過ぎると、原作では学園内の闘争の要素が後景に退き、それと歩調を合わせるように、アニメ化された『花より男子』も、いじめの要素よりもおしゃれな恋愛を強調していった。魅力として掲げられた「おしゃれな恋愛」の準拠枠となったのが、バブル期に流行した「トレンディドラマ」である。トレンディドラマで、話題のスポットやアイテム、ファッションなどがきらびやかに描かれていたように、アニメ版『花より男子』もファッションや背景美術が見どころだとされた。とはいえこれは、原作を知らない層に対する訴求力として機能するほどのものではなかった。

　トレンディな恋愛を強調して失敗したアニメ版とは異なり、原作は、仲間とともに自分らしく生きることを強調し、その象徴として恋愛を取り扱うことで、2000 年代以降も人気を維持し続けた。しかし、その結果、初期の『花より男子』が持っていた階級対立の要素は隠蔽されることになった。自分らしくあることが徹底して肯定される一方で、そのように生きることがいかなる意味を持ちうるのかを、『花より男子』という作品が描き出すことはなかった。

　『花より男子』は、「想像の共同体」のコミュニケーションの場としての側面を強く持つ類まれな大ヒット作だといえる。本作の受容の変遷を概観して見えてくるのは、1990 年代前半から 2000 年代前半の時期に、いじめや階級移動の要素を孕んだ恋愛といったテーマが受容層のあいだで切実な問題足り得なくなり、代わって、これらに比して社会性の低い、仲間との関係性の中での自己実現というテーマが浮上してきたことである。若年女性の中で、「自分らしさ」という問題が重要性を増していることが伺える[55]。

　ただしこれは、あくまで優先順位の変化であって、単純に社会性の喪失として捉えられるべきものでもないだろう。2000 年代半ばごろから、若者向けの小説や

マンガ、TV ドラマなどにおいては、教室内でのクラスメイトの小集団ごとのランクづけの存在を前提に、そのもとでの学校生活を描く「スクールカースト」ものが目立ってきた[56]。少女マンガでも、こうした要素を絡め、「コミュニケーション操作系」のいじめやその中での「立場の逆転現象」を生々しく描いたすえのぶけいこの『ライフ』（2002-09 年。講談社の『別冊フレンド』に連載）が話題を集めた。仲間との関係を描きながら、階級やいじめの問題を描くことも、原理的には不可能ではない。『花より男子』の変容ならびに連載終了と、それと入れ替わるような形でのこうした作品の台頭は、差別や排除を含む学校生活上の諸問題を描く作品の世代交代として受け取ることができるかもしれない。このことを強調し、本稿を終わりたいと思う。

　　　註

1) 美内すずえ『ガラスの仮面』（1975 年〜）、細川智栄子『王家の紋章』（1976 年〜）など、長期連載マンガ作品は少女マンガにもいくつか存在する。しかしこれらの作品は、途中から不定期連載となっている。10 年以上に渡り、人気の続くかぎり切れ目なく雑誌に連載され続けるという形態をとったマンガは、少年マンガにはともかく少女マンガには珍しい。
2) 掲載誌である『マーガレット』は月 2 回発行で、1 年のうちに合併号 1 冊を含んだ 23 冊が発行される。
3) たとえば、『花より男子』ミュージカル版の公式 HP〈http://www.hanadan-m.com/〉（2018 年 3 月 31 日最終確認）にそのように記載されている。
4) 社団法人日本雑誌協会の HP〈http://www.j-magazine.or.jp/data_002/index.html〉（2011 年 9 月 27 日最終確認）より。
5) この用語は、福間良明『「働く青年」と教養の戦後史　「人生雑誌」と読者のゆくえ』（筑摩書房、2017 年）26 頁に基づく。
6) こういった点は、最大の売り上げを誇るマンガ雑誌『週刊少年ジャンプ』（集英社）を論じる際にとりわけ強調されている。瓜生吉則「＜少年-マンガ-雑誌＞という文化」井上俊編『全訂新版　現代文化を学ぶ人のために』（世界思想社、2014 年）147–162 頁、三ツ谷誠『「少年ジャンプ」資本主義』（NTT 出版、2009 年）など。
7) 本稿では読者たちのさまざまなコメントを引用しているが、それらはもちろん編集部によって恣意的に選び出されたものであり、彼らの受容傾向をそのまま反映しているとは断定できない。しかし、たとえ編集者の意図が絡んでいるとしても、こうした受容態度がこの時期においては主流のものとして通用していた、ということはできるだろう。「受容態度」ということに関して、本章では、それを単純に受け手に属するものとして解釈するのではなく、送り手と受け手の往復運動の中で示されるものとして問題にしたい。
8) 『花より男子』を分析した先行研究として、Fusami Ogi, "Hana yori dango (Boys over Flowers) as a Trans-National Comics for Girls beyond Japan", *International Journal of Comic Art*, Vol.10, No.2(Fall 2008): 170–185. がある。大城は、『花より男子』が日本のみならず広くアジア諸国で受

二十世紀研究

容された理由として、シンデレラ物語としてのプロットの普遍性と、いじめに対する異議申し立てといった社会性を強調している。傾聴に値する指摘ではあるが、大城は、雑誌の役割や読者による受容の具体的側面には注意を払っていない。本稿では、『花より男子』が生成・変容していくダイナミズムを問題にすることで、シンデレラ物語としての側面と社会性とが、魅力として単純に両立していたものではないことを示したい。

なお、少女マンガ作品のみならず掲載誌のありようにも着目し、1990 年代から 2000 年代にかけての若年女性の関心のありかを論じた近年の研究として、杉本章吾「矢沢あい「ご近所物語」における若年女性のセグメント化と「少女」の再構築」『文藝言語研究』65（筑波大学大学院人文社会科学研究科、2014 年 3 月）37–66 頁および、同「『りぼん』における「コギャル」の受容と変容：藤井みなほ「GALS!」を中心に」『文藝言語研究』66（2014 年 10 月）33–60 頁がある。もっとも、杉本の研究は、小学生をメインターゲットとする『りぼん』（集英社）を分析の対象に、そこに、ファッションなどの消費に関心を持つハイティーン層の志向との文化的交流を見て取るものである。ローティーン層の問題関心を、いじめや学校生活といた主題との関係から読み取ろうとする本稿とは問題にするポイントが異なっている。

9) 神尾葉子「花より男子」『マーガレット』30–10（集英社、1992 年 5 月）243 頁。

10) 「MARGARET PARTY」『マーガレット』30–12（1992 年 6 月）73 頁。

11) 山本雄二「言説的実践とアーティキュレイション　いじめ言説の編成を例に」日本教育社会学会編『教育社会学研究』59（東洋館出版社、1996 年）72 頁。

12) 北澤毅「フィクションとしての「いじめ問題」――言説の呪縛からの解放を求めて」伊藤茂樹編著、広田照幸監修『リーディングス日本の教育と社会 8　いじめ・不登校』（日本図書センター、2007 年）161–163 頁など。

13) 文部科学省告示「生徒指導上の諸問題の現状と文部科学省の施策について（抄）」2003 年 3 月 1日より。文部科学省のホームページ
〈http://www.mext.go.jp/b_menu/hakusho/nc/t20030301001/t20030301001.html〉
（2012 年 9 月 10 日最終確認）を参照。

14) 原清治「学校をとりまくさまざまな問題　――いじめ問題の解釈と、その国際比較を中心に――」原、山内乾史、杉本均編『比較教育社会学入門』（学文社、2003 年）4–5 頁。

15) 「花より男子なんでもランキング‼」『マーガレット』30–23（1992 年 11 月）5 頁。

16) 神尾葉子「花より男子」『マーガレット』30-8（1992 年 4 月）8 頁。

17) たとえば、神尾葉子『花より男子』3（集英社、1993 年）には、F4 やほかの同級生たちと一緒に軽井沢に旅行する羽目になったつくしが、彼らの性的な放縦さに愕然とするエピソードが収録されている。

18) バブル景気の崩壊とバブル文化の退潮とが時間的にいささかのズレを見せることは、原宏之「ポストバブル文化論」岩崎稔、上野千鶴子、北田暁大、小森陽一、成田龍一編著『戦後日本スタディーズ③「80・90」年代』（紀伊國屋書店、2008 年）247–265 頁でも指摘されている。

19) 学校共同体のありようと結びつけてコミュニケーション操作系のいじめを論じたものとして、内藤朝雄『いじめの構造　なぜ人が怪物になるのか』（講談社現代新書、2009 年）163–181 頁を参照。

20) 前掲「学校をとりまくさまざまな問題　――いじめ問題の解釈と、その国際比較を中心に――」7-10 頁。同論文は 2003 年に発表されたものだが、同様の事例は、進研ゼミ中学講座がいじめ特集に対する中学生からの投稿をまとめた『学校で起こっていること　中学生たちが語る、いじめの「ホント」』（ベネッセコーポレーション、1997 年）に収録されている体験談にも多数見ることができ、1990 年代の半ばから起こっている問題であると見なせる。

21) 皆川ちか「漫画『花より男子』と牧野つくしの魅力　神尾葉子の描くリアルな世界で立つ少女」『キネマ旬報臨時増刊　女子に映画』1510（キネマ旬報社、2008年6月）30–31頁。なお皆川は、連載開始当時高校生だった。
22) 神尾葉子「花より男子」『マーガレット』30–15（1992年7月）16–17頁。
23) 「マーガレット5号のおしらせ」『マーガレット』31-3・4（合併号）（1993年2月）103頁。
24) 「大ヒット記念　花より男子番外編!?　イラスト大募集!!」『マーガレット』30–19（1992年9月）323頁。
25) 神尾葉子「花より男子」『マーガレット』30–16（1992年8月）41頁
26) 「花より男子なんでもランキング!!」『マーガレット』30–23（1992年11月）5–6頁。
27) 「TV ANIMATION WORLD」『アニメージュ』19–9（徳間書店、1996年9月）191頁。
28) アニメのタイトル画面に忠実に表記するなら『ママレ〜ド♡ボ〜イ』となる。東映アニメーションのホームページ内では『ママレード・ボーイ』と表記されているので、本稿ではそれに従った。
29) 「新番組めちゃ2知りたいっ！」『アニメディア』16–11（学習研究社、1996年11月）25頁。なお、同じ「トレンディアニメ」枠でも、前2作である『ママレード・ボーイ』と『ご近所物語』は職業声優の出演が目立つ。
30) 「Animage NEWS BOX」『アニメージュ』19–9（1996年9月）88頁。
31) 「TVレーダー」『アニメージュ』17–3（1994年3月）48頁。
32) 岡田惠和「TVドラマ・メモリーズ　トレンディドラマとはなにか（一）」『図書』669（岩波書店、2005年1月）35頁。
33) 「TV ANIMATION WORLD」『アニメージュ』20–9（1997年9月）189頁。
34) 「花より男子　ドキドキがいっぱいつまった新しいアニメの誕生!!」『マーガレット』34–19（1996年9月）5頁。
35) もっとも、こうしたトレンディドラマ的な要素が、アニメ版で独自に付け加えられたものだとはいえない。本稿で触れた『マーガレット』の人気投票で、それに付随して実施された企画「なんでもランキング!!」では、「リッチ小物部門」として作品に登場した腕時計などがランク付けされている（「花より男子なんでもランキング!!」『マーガレット』30-23、5-6頁。ちなみに、すべて実在のブランドをもじったものである）。F4の面々のおしゃれさを重視していた原作は、当初から「トレンディ」的でさえあった。
36) 1998年に東映アニメーションに社名変更。
37) 「花より男子［Hana-Dan］ブレイク♥TIME」No.3『マーガレット』34-21（1996年10月）348頁。
38) 「アニメアイ」『アニメディア』17-3（1997年3月）80頁。
39) 「My ANIMAGE」『アニメージュ』20-6（1997年6月）138頁。太字は原文ママ。なお、本名の可能性を考慮し、記載されている投稿者名はイニシャルに置き換えた。
40) 土井隆義『友だち地獄――「空気を読む」世代のサバイバル』（ちくま新書、2008年）23–24頁。
41) 『ママレード・ボーイ』と『花より男子』の視聴率に関しては、「TVアニメ資料館」〈http://home-aki.la.coocan.jp/〉（2012年11月13日最終確認）を参照。同ホームページは民間のものだが、『花より男子』の視聴率に関しては、製作を担当した東映アニメーションのホームページ内の特集ページ〈http://www.toei-anim.co.jp/tv/hanadan/〉（2012年11月15日最終確認）に記載されている数字と一致しており、信頼性は高いと思われる。
42) 「TV ANIMATION WORLD」『アニメージュ』20–8（1997年8月）190頁。
43) 聞き手は小黒祐一郎。「この人に話を聞きたい　第八回　関弘美」『アニメージュ』22–6（1999年6月）79頁より。ただし視聴率に関しては、『ママレード・ボーイ』と『花より男子』のあいだ

二十世紀研究

に放映されていた『ご近所物語』（1995〜96 年）の時点で平均 9,6%、最高 14,1%に落ちており、『花より男子』が視聴率を下げたわけではない。

44) 一例を挙げるなら、『マーガレット』38-15（2000 年 7 月）107 頁の『花より男子』のカラートビラ絵には、「隣の道明寺は⁉ 近いほどドキドキ！ そして、せつない！」「ホット！ でも さわやか！ 夏の恋 ここに！」との惹句が書かれている。

45) 神尾葉子「花より男子」『マーガレット』39-16（2001 年 8 月）8〜9 頁。

46) 神尾葉子「花より男子」『マーガレット』32-14（1994 年 7 月）67 頁など。コミックス第 7 巻の宣伝文句。

47) 神尾葉子「花より男子」『マーガレット』39-1（2001 年 1 月）40 頁。

48) 神尾葉子「花より男子」『マーガレット』39-3・4（合併号）（2001 年 2 月）13 頁。なお、記載された発行年月は 2001 年 2 月だが、実際の販売はその 1 ヶ月ほど前となるため、この号が 01 年の実質的な最初の号となる。

49) 神尾葉子「花より男子」『マーガレット』39-11（2001 年 5 月）43 頁。

50) 神尾葉子「花より男子」『マーガレット』40-3・4（合併号）（2002 年 2 月）13 頁。

51) 神尾葉子「花より男子」『マーガレット』40-6（2002 年 3 月）37 頁。

52) 神尾葉子「花より男子」『マーガレット』41-16（2003 年 8 月）39 頁。

53) 神尾葉子「花より男子」『マーガレット』41-18（2003 年 9 月）10〜11 頁。ちなみに、この号が連載最終回である。

54) Ogi、前掲書、108 頁。

55) 恋愛要素よりも自分らしさを優先する態度は、小学生に人気を博した少女マンガ誌『ちゃお』の連載作品にも見出すことができる。杉本前掲「『りぼん』における「コギャル」の受容と変容：藤井みなほ「GALS!」を中心に」。

56) 鈴木翔著、本田由紀解説『教室内カースト』（光文社新書、2012 年）22〜27 頁。

（東京成徳大学人文学部日本伝統文化学科助教）

家族の物語としての『花より男子』

―日韓テレビドラマ『花より男子』を手がかりに―

朴　珍姫

はじめに

2008年12月、韓国でテレビドラマ『꽃보다 남자［花より男子］』の制作が発表された。制作発表会には多くのマスコミが集まり、この作品に大きな関心と期待が寄せられた。しかし中には「果たして韓国版も、台湾・日本版と同様、成功を収めることができるのか」という不安の声もあった[1]。

韓国に先駆けて、台湾で2001年と2002年、日本で2005年と2007年にドラマ化された『花より男子』は、放送された台湾と日本両国はもちろんアジア各国を中心に高い人気を集めた。これらの作品は韓国でも、地上波での放送はなかったものの、インターネットやケーブルテレビ放送などを通じて広く知られており、コアなファンが集うファンサイトなども多数開設された。また原作の漫画も、1990年代前半には『オレンジ・ボーイ[2]』という名前でその海賊版が韓国の漫画市場に広まっていて、大手出版社であるソウル文化社から正式ライセンス版が出版された1997年にはソウルの中高生400人を対象に行われたアンケートで好きな漫画作品の第2位にランクイン[3]しており、その売上部数は150万部にも上る[4]。ここから韓国版『花より男子』が放映された2009年の時点で、若い世代を中心にすでに多くの視聴者たちが複数のメディアを介して、『花より男子』という作品に一度は接した経験があったことは十分に推測できる。しかし『花より男子』に対する高い認知度は「検証された物語」の証明でもある反面、まかり間違えば幾度も繰り返し再生産された、目新しさのないストーリーとして視聴者をげんなりさせる恐れもまた大いにあった。

ところが放送があった2009年、韓国でいわゆる「꽃남 열풍［コンナム熱風］」が巻き起こった。「コンナム」とは「花男」で、テレビドラマ『花より男子』の高い人気を意味するこの言葉のように、韓国は「コンナム」の熱気に包まれた。

『二十世紀研究』第19号（2018年12月）

二十世紀研究

平均視聴率 25.7%、最高視聴率 35.5%を記録し、「歴代 KBS ドラマの有料ダウンロードサービス利用件数の中でも最も多」く、「既存（のドラマ作品）に比べて 4~5 割増しの売上高」を記録したドラマ『花より男子』の「経済効果は最低 94 億ウォン+α」とも言われている[5]。

　本稿は原作漫画と台湾、日本で制作されたテレビドラマ『花より男子』には見出すことができない、韓国版『花より男子』における「家族」の要素に注目する。日本の漫画が原作である本作品は、制作の段階から「なるべく原作を生かす」演出に力を入れると公表されている。また視聴者も漫画『花より男子』の世界がテレビの画面でどのように再現されるのかを期待していた。制作側と視聴者がともに原作が日本の漫画であることを熟知しており、それを忠実に再現することに努めているこの作品に、韓国版『花より男子』だけに登場するオリジナルキャラクターが存在する。そしてその多くは、男性主人公を含む 4 人組の美系男子集団「F4」の面々と血縁関係にある。また血縁関係がなくても、事件のカギを握る人物の背景には「家族」が存在する。たとえば原作で男性主人公の道明寺司に暴力を振るわれて大けがをした友達のために、女性主人公の牧野つくしを利用して司に仕返しをしようと企む織部順平は、韓国版では「厄介者の腹違いの弟を父親より可愛がってくれた兄[6]」のため復讐を計画する。このように韓国版テレビドラマ『花より男子』で家族は物語の進行に重要なキーマンとして登場する。本稿では韓国版テレビドラマ『花より男子』（以下、韓国版『花より男子』）の家族像を分析し、テレビドラマというポピュラー文化と韓国社会の関係を考察していきたい。

I　韓国版『花より男子』の成功とその背景

　まず本題に入る前に韓国版『花より男子』についてより詳しくみていこう。韓国版『花より男子』は「想像、それ以上のハイ・ファンタジー・ロマンス」をキャッチフレーズに掲げ、2009 年 1 月から 3 月まで、全 25 話に渡って放送されたトレンディドラマである。

　韓国には 4 つのテレビ局・5 つの地上波チャンネル[7]があり、教育放送の EBS を除く 3 社が週に 20 本ほどのドラマをほぼ同じ時間帯に編成、熾烈な視聴率競争を繰り広げている。この中でも最も人気があるのは、月曜日と火曜日に放送がある月火ドラマと、水曜日と木曜日に放送がある水木ドラマとよばれるプライム

28

タイムのドラマで、『花より男子』は韓国の公営放送 KBS で月火ドラマとして放映された。

しかし、当時 KBS の月火ドラマに編成された作品は次々と苦戦を強いられていた。「TNS メディアコリアの集計結果によると過去 3 年間（KBS の月火ドラマとして）放送された 24 作品の中で『열여덟 스물아홉［十八二十九］、2005』、『이 죽일 놈의 사랑［このろくでなしの愛］、2005)』、『헬로 애기씨［ハロー！お嬢さん］、2007)』、『최강칠우［最強チル］、2008)』などの 5 つの作品だけが 10％台の視聴率を維持した。特にここ 2 年間放送されたドラマは一桁の視聴率で苦戦しており、低調な成績を出している」状況であった[8]。しかし『花より男子』は初回から 14.4％という高い視聴率を獲得し、4話で 20％を突破、10 話からは 30％台に突入し、徐々に同時間帯に放送された他チャンネルの番組を大きく引き離していった（表 1）[9]。これは「当時同時間帯の韓国ドラマの中で史上最高の視聴率を維持した記録であり、この余波は作品の終了まで続いた」[10]。

表 1 韓国版『花より男子』と同時間帯地上波放送視聴率

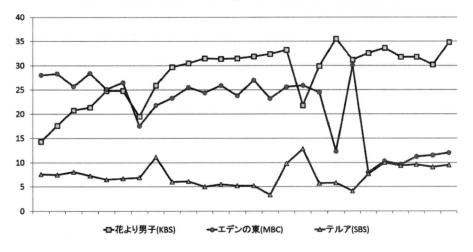

大衆文化評論家 이문원［イ・ムンウォン］（2009 年）は「テレビドラマ『花より男子』の真の快挙」は「TV を離れていた階層、小中高生と 20 代前半の視聴者を再び呼び寄せた点」であるとし、この作品が「『存在しなかった視聴者層』25％を創り出した」と主張する[11]。実際、表 2 で見られるように韓国版『花より男子』の視聴者は 10 代の女性が全体の 20％を占めており、これは全世代で最も高い割

合であることが分かる（表2）。

表2　韓国版『花より男子』年齢別視聴率構成

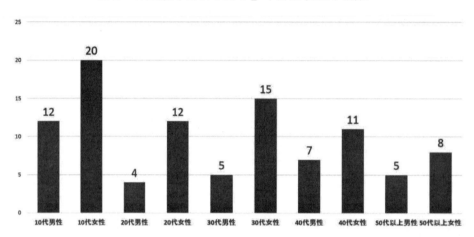

　韓国のテレビドラマにおいて10〜20代視聴者は「失われた視聴者層」とされている。1990年代末、10〜20代の若い視聴者をターゲットにして制作されたトレンディドラマが韓国経済金融危機を機に過剰な消費文化を助長しているという非難を受けて衰退していったこと、そして同時期に始まったインターネットの急速な拡散は若い視聴者の「脱地上波現象」につながった。特に、わざわざテレビの前に座らなくてもパソコンや携帯電話などを通じて番組を視聴できる VOD (Video On Demand) を利用する若い視聴者層が急激に増えていき、若い世代の視聴者たちの地上波離れが急激なスピードで進んでいった。若い視聴者層の VOD 視聴形態の一般化はもはや地上波放送の視聴率だけではテレビドラマの人気を計れない時代であることを意味した。しかし、各放送局は相変わらず視聴率だけに執着していて、テレビドラマ視聴の主導権は再び40〜50代の主婦層に渡された[12]。「当時のKBSチャンネルの雰囲気」も「若い層よりは中年層の視聴者たちが多く、若い視聴者層はほとんど他の放送局に集中している状況であった」が[13]、『花より男子』は「失われた視聴者」である10代の若い視聴者を再びテレビの前に呼び寄せ、高い視聴率を獲得することができた。ではなぜ韓国版『花より男子』は若い視聴者層を取り込むことができたのか。それはこの作品の「ヴィジュアル」に密接な関係がある。

韓国版『花より男子』は—すでにその人気が「検証された物語」を土台に制作された台湾・日本版と同様に—原作の物語の構造とキャラクターをそのままテレビ画面に移して成功したドラマの公式を受け継ごうとした。そしてそのためには原作漫画の忠実な再現が必要不可欠だった。本作品の監督である전기상[チョン・ギサン]は「韓国版『花より男子』でなにより重点をおいたのは視覚的なカタルシス、つまりヴィジュアルだ」と話す[14]。このように「観る楽しみ」を極大化させるのはトレンディドラマの特徴でもあるのだが、実はトレンディドラマというジャンルは 1990 年代初頭、日本から韓国に直輸入されたものである。

「トレンディドラマ」という用語は、1980 年代後半に、日本の若者たちから人気を集めた一部のドラマ作品を称するため作られた新造語であり、その後韓国に伝わった。Mark Schilling（1997 年）は日本のトレンディドラマを、バブル経済期を生きていく若者たちの人生をモダンなスタイルと軽いタッチで描き、1980 年代後半から 1990 年代にかけて視聴率を総なめしたドラマであり、著書を書いている 1997 年時点ではもうすでにほとんどその姿を消していると話す[15]。

韓国のトレンディドラマは 1990 年代初頭に新たな「消費の主体」として登場した 10〜20 代中心の「신세대[新世代]」をターゲットに作られた。彼ら新世代は 1990 年代の韓国社会に急速に広がった消費文化の主軸であり、生まれたときからテレビを身近な存在として慣れ親しんでいる「映像世代」でもあった。韓国トレンディドラマの元祖と呼ばれている『질투[嫉妬]（MBC、1992）』は最高 56.1%という驚異的な視聴率を記録し、社会現象にまでなったのだが、この作品は「汚らしい現実の問題は完全に排除されて」、「葛藤と悩みはバニラアイスを食べるかイチゴアイスを食べるかくらいのものにすぎない」[16]、今までにはないドラマだった。강준만[カン・ジュンマン]は「このドラマの「普通の人々」は資本主義の市場経済が提供している消費の恩恵を完璧に満喫して」おり、「これは『消費資本主義』が［中略］すでに我々の生活に深く浸透している」証明であると主張する[17]。その後も『嫉妬』と似通っているスタイルのドラマ、例えば『연인[恋人]（KBS、1993）』、『파일럿[パイロット]（MBC、1993）』、『마지막 승부[最後の勝負]（MBC、1993）』、『사랑을 그대 품안에[愛をあなたの胸に]（MBC、1994）』などが立て続けに放映され、その多くの作品が人気を集めた。そして 1993 年から、今までのテレビドラマとは違う性格を持つこれらの特定のドラマ作品を、既存のドラマと分類するために韓国でもトレンディドラマという用語が本格的に使われはじめた[18]。

二十世紀研究

　トレンディドラマは物語の展開（storytelling）や台詞ではなく、感覚と雰囲気を重視し、テーマよりはエピソードを中心にドラマが組み込まれる。プロットの構成がとても単純で、複雑に絡み合う葛藤の構造とさまざまな事件が同時に展開される既存のドラマとは違い、「受容者の立場からはいくつかのシークエンスを見逃したとしても全体の物語の流れを理解するのに大きな問題はなく[19]」、登場人物間の会話の量が極小化されている代わりにイメージと音楽が結合したミュージックビデオのような映像が大きな比重を占めている点から、物語そのものよりは視覚的な見どころの提供を志向するドラマであるといえる[20]。ストーリーや台詞ではなく「映像で語る」この手法は、「映像世代」である新世代にアピールするためのもので、「観る楽しさ」を極大化させる。そのため真面目な雰囲気の40~50代のベテラン俳優よりはルックスのいい新世代スターが好まれ、主人公として起用されることが多い[21]。実際『花より男子』の男性主人公たちであるF4の4人のうち3人を演技の経験がほとんどない新人タレントとアイドル歌手が演じているが、プロデューサーは「演技は撮影中に教えて伸ばしていけばいいと考えていて、最も大事なのは原作の漫画にどれほど美学的にシンクロできるかである」と話したという[22]。

　役者としてはまだ無名に近い彼らをキャスティングしたことは、美術セットやロケーションなどの制作費を充実させ、作品のリアリティーを最大限に引き出すことにつながった。韓国のテレビドラマ制作費は1編にあたり、外注制作の場合9,000万~1億ウォン（約1,000万円）前後、テレビ局の自主制作の場合7,000万ウォン（約700万円）程度だが、制作費の中でも大きな部分を占めているのは出演者のギャランティーである。いわゆるスター級の人気役者のギャランティーは1編あたり2,500万ウォン（約250万円）を超えるといわれており、日本のNHK等でも放映された『태왕사신기［太王四神記］（MBC、2007）』の主演배용준［ペ・ヨンジュン］のギャランティーは1編あたり1億ウォン（約1,000万円）以上という報道もあった。しかし、このように主演役者に過度なギャランティーが支給されてしまうと他の出演者のギャランティーや制作に必要なその他の費用を減らすしかなく、その結果作品の内容や演出の質の低下を招きかねない[23]。

　ところが韓国版『花より男子』の場合、ほとんどの役を20代前半の若い新人俳優が演じたことによって出演者へのギャランティーを大幅に抑えることができた。そして美術チームの予算を十分に組むことによって漫画のような世界観をテレビ画面に再現することに成功した。韓国版『花より男子』の制作費の予算額は

32

75億ウォン（約7億5,000万円）だったが、そのうち13億ウォン（約1億3,000万円）、全体の17.3%が出演者へのギャランティーに割り当てられた。韓国ドラマ制作協会が、出演者へのギャランティーが年々増えている問題を解決すべく、その適切な金額として制作費の30〜40%程度を提案していることから比べても、この作品のギャランティーの比率が非常に少ないことが分かる。その反面、美術セットや小道具の制作、衣装などを管理する美術チームの予算は出演者のギャランティー総額を大きく上回る17億ウォン（約1億7,000万円）、全体の22.6%に上る。製作費の内訳からもこの作品がどれほど美術とデザインに力を入れている作品なのか、そしていかにヴィジュアルを重視しているかがよく分かる[24]。

　役者たちのルックスや美術セットなど、ヴィジュアルを重視したこの「作戦」は韓国版『花より男子』の強みになった。조은영［チョ・ウンヨン］（2009年）は韓国版『花より男子』の「観戦ポイント」を「豊富な見どころ」にあるとし、韓国版『花より男子』の撮影地が国内各所だけでなくニューカレドニアやマカオなど海外ロケーションにも富んでおり、よりリアルな上流社会の表現のためF4には専任衣装ディレクターが存在し、劇中で使われる食事のシーンに関してもフードスタイリストが担当し完成度を高めたと紹介した。そして「平凡な庶民の女子高生が四人の꽃미남［コンミナム＝花美男、花のように美しい男性を意味する］財閥軍団に出会って繰り広げられるシンデレラ・ファンタジーにおいてヴィジュアル面に関する観客の期待を裏切ることはできない」と話す[25]。また이영수［イ・ヨンス］（2009年）は韓国版『花より男子』の人気を「『花より男子』はすでに台湾版、日本版が制作されており、現地だけではなく韓国でも高い人気を集めた。それにもかかわらず韓国版がいっそう輝いてみえるのは韓・台・日の中でも最高の美貌を誇り、最も原作に近いヴィジュアルを備えたキャストのおかげ」と分析する[26]。この「作戦」は韓国だけではなく日本でも通用したようで、この作品の監督の전기상［チョン・ギサン］によると「韓国版『花より男子』が日本で公開された当時の反応をみると多くの人がキャラクターと背景のリアリティーに大きな好感を示しており、原作者である神尾葉子さんもプライベートの席で韓国版『花より男子』が三国の作品の中で最も優れていて、特にキャラクターと背景のリアリティーが最も印象的であると評価した」と話す[27]。

二十世紀研究

II 韓国版『花より男子』の家族像

　以上で述べたように、韓国版『花より男子』のメインターゲットが、テレビドラマにおいて「失われた視聴者層」である 10～20 代の若い世代であった。今まで漫画やインターネット小説など若い世代に親しみのあるメディアを脚色したトレンディなテレビドラマ作品の多くは、彼らを再びテレビの前に引き寄せるために作られた。上述のように韓国版『花より男子』の年齢別視聴率をみてみると 10 代の女性が全体の 20％を占めており、この作品がふだん地上波放送のテレビドラマをあまり視聴しないとされる 10 代の心をつかんだことが分かる。しかしそれだけでは 30％を超える視聴率を獲得することはできない。そこでもう一度年齢別視聴率に注目してみよう。

　再度、視聴率調査機関 AGB ニールセンメディアリサーチが韓国版『花より男子』の視聴者の構成比率を調査した結果[28]をより詳しく見てみると、10 代女性の 20％に続き 30 代女性 15％、20 代女性 12％、40 代女性 11％と[29]、この作品が広い世代に渡って視聴されていたことが分かる（表 2）。韓国版『花より男子』の最終話放映後、制作会社のグループ・エイトのホームページには感謝文が掲載されたのだが、その感謝文は、以下のような人々に宛てて書かれていた。

　　至らないところまで可愛がってくださったお母様方、涙が出るくらい厳しく叱ってくださったお義母様方、チムジルバン［韓国式銭湯兼サウナ］のチャンネル死守担当中だとおっしゃってくださったおばあ様方、職業的な客観性を試されていると話した女性記者の方々、思春期の少女になったようだとおっしゃった主婦の方々、F4 のせいで既存のアイドルに背を向けてしまったという女子高生たちから、パパに週末のピクニックはジャンディお姉ちゃんに会いに行こうと言ったという幼稚園児のおちびちゃんまで…[30]

　なぜこのようなことが可能だったのか。上述のように韓国版『花より男子』の監督であるチョンはこの作品を原作に近づけるため F4 のキャスティングから美術セットまで、ヴィジュアルに大きく力を入れる演出を施した。そのチョン監督が韓国版『花より男子』に敢えて加えたオリジナルな要素が「家族」である。ドラマの制作が発表された当初「『花より男子』は貧しいながらも元気よく明るい少女が貴族だけが通う学校に転学した後、粒ぞろいのジュニア財閥軍団のリー

ダーと恋に落ちる物語である。現代的な物語の構造の中で少女たちが描くファン
タジーをみせる、徹底的に 10~20 代女性視聴者用」の作品であると懸念された。
その理由は「テレビドラマは（テレビの主な視聴者層である）30~40 代の女性た
ちの目を引くものがないといけない」、つまり視聴率が取れないと考えられてい
るからである。このことに対して 2008 年 12 月に開かれた韓国版『花より男子』
の制作発表会でチョン監督は「（『花より男子』を）20,30 代はもちろん、30,40
代、広くは 50 代まで楽しめる家族ドラマにする」と宣言した[31]。

　では韓国版『花より男子』は「家族」をどのように表現しているのか。本章で
は女性主人公クム・ジャンディ［금잔디］（原作名:牧野つくし、以下ジャンディ）と
F4 の中でもジャンディと非常に密接な関係を形成しているク・ジュンピョ［구준
표］（原作名:道明寺司、以下ジュンピョ）とその家族像について考察していきたい[32]。

1.　クム家（牧野家）とク家（道明寺家）の比較

　女性主人公ジャンディの家族はクリーニング屋を営む父クム・イルボン（原作
名:牧野晴男、以下イルボン）と専業主婦の母ナ・コンジュ（原作名:牧野千恵子、以下
コンジュ）、平凡な少年だが IT に関しては天才的な才能を見せる弟クム・カンサ
ン（原作名:牧野進、以下カンサン）の 4 人で構成されている。ジャンディの父イル
ボンは経済観念がなくギャンブル好きで一攫千金を夢見るために、ますます大変
な目にあってしまう「ブラックホールパパ」である。しかし「誰よりも家族を愛
して」おり[33]、ジュンピョに恋心を抱く娘を応援する優しい父親として描かれる。

　それに比べてジャンディの母コンジュはその名前[34]の通りお姫様に憧れてお
り、苦しい暮らしから脱出し、ばら色の世界に戻れる鍵はもっぱらジャンディの
結婚にかかっていると信じて、ものすごい勢いで娘を神話グループ（原作名:道明寺
グループ）の御曹司であるジュンピョと前大統領の孫であるユン・ジフ（原作名:花
沢類、以下ジフ）[35]の前に押し立てる人物として描かれる。ジャンディとジュンピョ
が恋仲であることが発覚し、「韓国だけではなく全世界を担う」ジュンピョが「務
めを果たせるように母親として最善を尽くしたい」がため、手切れ金 3 億ウォン
をジャンディ家に渡す代わりに交際をやめることを誓う誓約書を要求するジュン
ピョの母カン・ヒス（原作名:道明寺楓、以下ヒス）に、コンジュは粗塩をヒスの頭
の上から浴びせかけてもう二度と来ないようにと強く言い放ち家から追い出す。
一見すると愛娘ジャンディのための行為に見えるが、実は彼女の目的は別にある。

二十世紀研究

イルボン	「ママよく勇気が出たな」
カンサン	「僕すごく感動したよ。ママが本当に誇らしい。 大事なのはお金よりプライドだよね。」
コンジュ	「何の話よ。一番大事なのはお金よ。 資本主義の世界では一にも二にもお金でしょ！」
イルボン	「ママ？」
カンサン	「さっきのは？」
コンジュ	「3億ウォンで別れろなんて！冗談じゃない。 天下の神話グループがたったの3億？」
ジャンディ	「じゃあ？」
コンジュ	「坊ちゃんと結婚してごらん。 あの女だっていつかは死ぬのよ。 そうしたら財産は全部あんたのものでしょ！何が3億よ」
ジャンディ	「ママ…」[36]

　しかし、それでもジャンディ家は物語の中でとても温かいごく普通の一般庶民の家庭であることが強調される。ある日唐突にジャンディ家に訪ねてきて自分を泊めるよう迫るジュンピョをジャンディの父と母、そして弟が快く受け入れたことによって、ジュンピョは生まれて初めて「庶民の家庭」を経験する。狭い部屋で父と母、兄弟とともに川の字になって夜を過ごし、朝には家族みんなで食卓を囲んで朝食を食べる。食事のあとはこれまたみんなで協力し合いながら大量のキムチを漬ける。そして父子で銭湯に行って背中を流したりサウナで我慢大会をしたりしながら銭湯を満喫した後、帰りには屋台に寄っておでんをほおばる。ジュンピョには何もかもが初めての経験であったが、最初は戸惑いながらも温かい家庭に触れたことは彼にとってとても幸せな思い出として残ることになる。

　女性主人公ジャンディの家族と対比されるのが男性主人公ジュンピョの家族の朝食のシーンである。ジャンディ家の何倍もありそうな長いダイニングテーブルの端と端に母ヒスと姉ク・ジュニ（原作名：道明寺椿、以下ジュニ）が遠く離れて座り朝食をとる。神話グループのCEOとして多忙な日々を送っているヒスが子供たちと一緒に朝食をとれるのは一年に数回もない。それにも関わらず会話は第三者であるイ執事を挟んで行われており、裕福ではあるが決して幸せで温かい家庭とは思えない雰囲気を漂わす。

家族の物語としての『花より男子』

　これは男性主人公ジュンピョの母、ヒスの人物像に大きく関わっている。ヒス
は神話グループと自分が思う「幸せ」のため「子供さえ利用する鉄の女」[37]とし
て描かれており、娘のジュニは母ヒスの差し金によって恋人と別れ、ホテル王の
大富豪と結婚させられた経験を持っている。多忙な両親の代わりに弟であるジュ
ンピョを育ててきたジュニは、ジュンピョの恋路までを邪魔しようとしている母
と対立する存在として描かれる。

　　　ジュニ　　　「私だけでは足りませんか？」
　　　ヒス　　　　「黙ってて。」
　　　ジュニ　　　「ホテルのために娘を売り、投資金のためには息子を売り…
　　　　　　　　　次に何か必要なときにはどうなさるんです？
　　　　　　　　　もう子供は残っていませんわ。」
　　　ヒス　　　　「あなたたちのためよ。」
　　　ジュニ　　　「誰が決めるんです？
　　　　　　　　　なさってきたことが私たちのためだなんて。
　　　　　　　　　お母様はいつでもご自分の都合を
　　　　　　　　　優先してきたじゃありませんか！」
　　　ヒス　　　　「あなたのその幸せは誰のおかげなの？」
　　　ジュニ　　　「幸せですって？幸せが何かご存知なんですか？」[38]

　実は「幸せな庶民代表」のジャンディの家族と「不幸な資産家」のジュンピョ
の家族は同じく両親と年の離れた姉弟で構成されている。長女である姉、ジャン
ディとジュニはどちらも弟思いである。ジャンディは当てにならない両親の代わ
りに弟の給食費を払うため怪しいモデルの仕事を引き受けて大変な目に遭いそう
になる。またジュニも多忙な両親の代わりに弟のジュンピョを厳しくしつけて育
てあげ、結婚してアメリカに渡ってからも「度々帰国し弟の恋を応援する」[39]優
しい姉である。それに反して母であるコンジュとヒスは自分が思う幸せ、つまり
お金に対して盲目的であるが故に娘を利用して家庭の安定を手に入れた、または
入れようとしている人物として描かれる。両家の母の存在は葛藤を引き起こす火
種であり、彼女たちが母である故にジャンディとジュンピョはその葛藤に巻き込
まれていく。

37

二十世紀研究

　この両家で決定的に違いを見せるのは「父」の存在である。上述のようにジャンディ家の父イルボンは、経済的な能力には欠けているが、家族を誰より愛している人物である。ヒスからジュンピョとの交際をやめる手切れ金として渡された３億ウォンを受け取らないと、借金を返せず父の身になにかあるかもしれないと知り、お金をヒスのところに戻してくるようにという父の言葉に素直に従えない娘のジャンディに、恋を大事にしなさいと諭すのも父のイルボンである。

イルボン	「ジャンディ。お前…ジュンピョ君が本気で好きなんだろ？」
ジャンディ	「……」
イルボン	「言ってごらん」
ジャンディ	「…私にはパパのほうがもっと大事よ。」
イルボン	「ごめんな。娘の大事な恋路を、親父が邪魔するからな…。」
ジャンディ	「恋路とかそういうのじゃないってば。やだな…。」
イルボン	「恋だよ。お前、愛してるんだよ。
	パパと同じくらいとても大事な人ってことだろう？」
ジャンディ	「私でも分からないのに、どうしてパパが分かるの？」
イルボン	「長年父親をやっていればそれくらい分かるってもんさ。」[40]

　これに反して男性主人公ジュンピョの父ク・ボンヒョン（原作には登場せず。以下ボンヒョン）は物語の後半までその姿を見せない[41]。母ヒスと同じく多忙である父ボンヒョンは息子ジュンピョの誕生日さえ満足に祝ってあげられない父親である。しかし母親であるヒスとジュンピョ姉弟の確執が深まって行く一方であるのに反して、ボンヒョンは息子のジュンピョにとって恋しい存在であり、またジュンピョが大きな決断をくだす際に最も大きい理由になる。母ヒスの猛反対にも屈さず、女性主人公ジャンディとの交際を続けることを諦めなかったジュンピョが、最愛のジャンディや親友の F4 の仲間たちと別れ神話グループの後継者として勤めようと覚悟を決めた理由は父ボンヒョンの存在にある。物語の中盤にジュンピョは母から父が急病で危篤状態に陥り、その後息を引き取ったと告げられる[42]。ジュンピョは子供のとき父と交わした「パパがいない時は」「僕がママと姉ちゃんと神話グループを守る」[43]という約束を守るため冷徹な経営者を演じ、ジュンピョに会うためはるばるマカオまでやって来たジャンディと F4 の仲間たちを冷たく拒絶する。

38

ジュンピョ	「これで満足か？思い通りになった？」
ヒス	「あの程度の娘がいまだに話題になる、
	そのこと自体が不愉快ではあるわ。」
ジュンピョ	「あの程度だと？
	俺が…あんたの息子が初めて好きになった女だ！」
ヒス	「そうね。じゃあどうするの？すべて投げ捨てる？
	いいわ。会社の社員も自分も未来も捨てればいい。
	でもお父様は？」
ジュンピョ	「…言うな。」
ヒス	「息子が台無しにするかもしれないとも知らず
	お父様は最後までグループを守った。
	そのお父様を捨てるつもり？」⁴⁴⁾

　祖父と父が築いた神話グループを守るため、ジュンピョは最愛のジャンディと別れて別の女性と婚約まで行う。婚約を解消しジャンディのところに戻ろうとする彼の足を引き止めるのは「あなたのお祖父様、お父様が必死で守ってきたこの神話（グループ）が、あなたの馬鹿げた恋愛ごっこで潰れてしまっても構わないのか」⁴⁵⁾という母ヒスの言葉である。父親が不在である以上、ジュンピョがジャンディのもとに戻るのは非常に困難であることがここからうかがえる。

　両家における父親という存在は、葛藤の中心にある母親に同調したり、それほど立場が変わらなかったりしながらも理想的に表象され、母親よりはるかに合理的で尊敬に値する人物として描かれる。彼らは家父長的な権威によって子供を服従させることはせず、子供の意思を尊重し包容力のある父親として、子供たちをメンタルの面から支えている。また彼らは母親と子供の間で生じた葛藤を仲裁する役割を担う。ジュンピョの母ヒスの手が自分だけではなく親友のチュ・カウル（原作名：松岡優紀）の家族にも及んだことに屈服し、ジュンピョと別れ母と弟が住む漁村を訪ねてきた娘ジャンディに、母コンジュは「もうお仕舞ね。夢も希望もないわ。がっかりよ！」と話す⁴⁶⁾。しかし父イルボンが船の乗組員として就職し、その給料で再び元の家に戻れたことによってこの葛藤は解消される。「あんたには苦労かけたし…。これからは自由に生きなさい。」⁴⁷⁾という母コンジュのセリフは、これ以上ジャンディが金銭のためだけにジュンピョと交際する必要性はなくなったことを意味する。

二十世紀研究

　一方ジュンピョの父の回復はジュンピョ家の不和が解消された象徴として映される。最終話で立派な経営人として成長したジュンピョを穏やかに見つめる母ヒスの隣には、車椅子から降りて椅子に座っている父ボンヒョンがいる。ヒスはお茶を入れたり果物を口まで運んだりして甲斐甲斐しく夫の世話をする。そして以前母が勤めていた神話グループの会長の座には姉ジュニが誇らしげに座っている。父の回復と母の家庭への回帰はジュンピョ家にもようやく本当の「幸せ」が訪れたことを暗示する。

III　韓国版と日本版テレビドラマ『花より男子』、『花より男子2』の比較

　テレビドラマに表れる家族の様相はドラマのジャンルと密接な関係がある。たとえば男女間の愛憎、不倫、相続をめぐる家庭の不和などといった強力な葛藤の構造で視聴者の視線を集めるミニシリーズのテレビドラマの中では、大家族や準家族共同体の要素が減少し、主に核家族あるいは家族がまったく登場しない、もしくは極度に縮小された状態で、友人、恋人が登場する。このような傾向は1990年代に入って登場したトレンディドラマで極大化される[48]。

　トレンディドラマは都心部を舞台に若者たちの仕事と恋をテーマにしている点からホームドラマやメロドラマなどといった伝統的なドラマに比べて、複雑な家族関係と多様な世代の物語が縮小もしくは削除される。テレビドラマ『花より男子』は台湾・日本・韓国でトレンディドラマとして制作されており、台湾・日本版の『花より男子』からは「家族」という要素を見受けることはほぼ無いに等しい。実際、日本版と韓国版の比較によってその違いは明らかになる。以降、韓国版と日本版の双方で共通して見られて、その上物語の進行において重要な役割を担う二つの「葛藤（事件）」と葛藤の解消過程を比較していきたい。

1.　一つ目の葛藤:「手切れ金の３億円ウォン（円）」

　息子のジュンピョ（司）と別れるようにと渡された３億ウォン（円）を母のコンジュ（楓）が拒否したことによってジャンディ（つくし）の家族は窮地に追い込まれる。これは韓国版・日本版同様、物語の進行における重要な葛藤として扱われるが、葛藤の解消の過程は韓国版と日本版で大きな違いを見せる。上述のように韓国版ではジャンディの父親のイルボンがたとえ自分の身に何があっても自分の

家族の物語としての『花より男子』

責任は自分で持つと訴え、娘にそのお金を返して来いと言い、あなたの恋路を大事にすべきだと諭す。韓国版でこの葛藤は金銭のために男性主人公ジュンピョとの付き合いを強要し、結局金銭のためにジュンピョの母ヒスに土下座までする母親コンジュの姿と対比される。そして、自分の身の安全より愛する娘の恋路を応援する頼もしい父親としてのイルボンの一面を見せてくれる。しかし日本版では韓国版のような家族の積極的な介入は見られず、多額の借金を背負わされてしまった女性主人公つくしに助けの手を差し伸べるのは彼女のアルバイト先である和菓子屋の女将である。

女将　　　　「そうだ。忘れてた。これ、少しだけど。
　　　　　　　（つくしにお金が入っている封筒を渡す）」
つくし　　　「なんですか？」
女将　　　　「いろいろ大変なんだって？」
つくし　　　「いや、いいです！」
女将　　　　「ほんと、少しだから」
つくし　　　「でも…」
女将　　　　「きちんとお父さんの仕事が決まったら返してくれたらいいから。」
つくし　　　「女将さん…。」
女将　　　　「みんながついてるんだから、相手が誰だろうと負けるん
　　　　　　　じゃないよ？」[49]

　日本版でも韓国版と同様にこの葛藤を引き起こしたのはつくしの母親、千恵子である。千恵子が司の母親、楓から渡された３億円を拒否し、楓の頭に塩を降りかけて家から追い出したことに激怒した楓はつくしの家族に多額の借金を背負わせる。しかし、この葛藤の解消においてつくしの両親は積極的な態度を見せない。「うちの家族、ほんとにお金とか仕事とかから見放されてるわよね…。」と嘆く母親に対して、つくしは「そうじゃない。うちらはちっとも悪くない！」と言い、自ら男性主人公の母親の楓に立ち向かうため家を飛び出す。そして、自分の言うことに従えば「なにもかも元に戻してあげるわよ、お嬢チャン？」とつくしを煽る楓に「自分以外の人間をすべて見下すのは最低の人間です。そんなあなたの言いなりには絶対になりませんから！」と言い放つ。日本版でこの葛藤は家族の絆よりは、女性主人公つくしと周りの人との関係性や、正義を重んじるつくし本人の人

二十世紀研究

柄を見せてくれる措置として働く。

2. 二つ目の葛藤：男性主人公、ジュンピョ（司）の事故

　物語の終盤で男性主人公ジュンピョ（司）は事故に遭い大手術を受ける。その後ジュンピョ（司）はその後遺症によって女性主人公のジャンディ（つくし）の記憶を失ってしまい、この事件は男女主人公に大きな試練を与える。しかしこの事件についても韓国版と日本版は違いをみせる。韓国版ではジュンピョが事故に遭った理由を母親ヒスが無理やり決行した企業売買にあると設定している。企業売買によって仕事を失いヒスに恨みを持った男性は、ヒスの息子のジュンピョを狙って故意に自動車事故を起こす。そのためヒスは母親としての資格が問われ、「鉄の女」と呼ばれたヒスはくじけてしまう。しかし、日本版では司がつくしの弟の進を助けるため崖から転落し、手術を受けることになる。司の母親、楓は手術を受けて入院していることを知らされても息子の司への心配よりは、自分に従わなかったことに対して怒りをあらわにする。

　　　楓　　　　　「自業自得よ！」
　　　使用人タマ　「奥様！」
　　　楓　　　　　「私に逆らって好き勝手するからこういう目に遭うのよ。」
　　　使用人タマ　「お迎えに上がらないんですか？」
　　　楓　　　　　「勘当した息子がどうなろうとかまいはしないわ。」50)

　日本版で司を心から心配しているのは母親ではなく道明寺家の使用人タマであり、楓は息子の司を心配する姿を見せない。入院している司を誠心誠意に世話しているつくしを擁護する使用人タマに「今回のことであの小娘にもほとほと愛想が尽きただろうし、司が私の足元に跪くのも時間の問題でしょ。」と楓は言う。
　この事件は韓国版では男性主人公の母親の「母親としての資格」について考えさせる措置として働く。今まで神話グループの CEO として冷徹な姿だけを見せていたヒスは、愛する息子の事故に大きく動揺し涙を流す母親としての姿を見せる。しかし日本版でこの事件は司の親子関係よりは、今まで他人を見下していた司が他人のために自分の身を犠牲にできる人物として成長できたことと、つくしとの強い絆を見せるための措置として働いている。

家族の物語としての『花より男子』

3. 葛藤の解消－物語の結末

ではすべての葛藤が解消される物語の結末で韓国版と日本版はどのような相違を見せるのか。上述のように、韓国版では物語の結末で男性主人公の父親ボンヒョンが植物人間状態から回復し、また母親のヒスが家庭に戻ったことを、今までの葛藤がすべて解消された象徴として表している。しかし日本版では女性主人公つくしの正義感と純粋な善意による行動が報われ、窮地の道明寺グループを救ったこと、また男性主人公の司を成長させた人物であることが評価されて、つくしは司の相手として認められる。また司も母親の楓に後継者として認められるが、その過程で親子の関係の回復は見られない。

司　　　　「こんな朝っぱらからなんだよ。

　　　　　　俺はもう道明寺家と関係ない人間だろうが。」

楓　　　　「あなたに道明寺グループを任せます。」

司　　　　「は？」

楓　　　　「あなたを後継者として指名するわ。」

司　　　　「ふざけるんじゃねえ！

　　　　　　…でもどうしても後継者になって欲しいというんだったら

　　　　　　条件がある。

　　　　　　西田を俺の秘書にしろ。

　　　　　　俺は有能な秘書を首にしたままにするほど

　　　　　　バカな経営者じゃねえんだよ。」[51]

日本版では司の成長がグループの経営者である母、楓に認められたことで、息子と母は一人の経営者として同等な立場になる。しかし韓国版で主人公たちが幸せな結末を迎えたことを象徴する「家族団欒」は日本版では見られない。

ではなぜ日本版と韓国版でこのような相違が見られるのか。韓国のテレビドラマはジャンルと編成の影響を強く受けており、中でもホームドラマの人気は高く、そのため家族関係を中心に物語が進行される作品が多い。しかし、韓国のテレビドラマに大きな影響を与えたとされる日本のテレビドラマの場合、核家族の多様なあり方が提示されているだけで社会の基本単位である「家族」はテレビドラマで重要な役割を担っている要素とは言えない。このような傾向は 1970 年代後半

43

二十世紀研究

日本が高度成長期を抜けたことによって以前までの家族像が崩壊し「一家団欒」
のイメージが失われたことと深く関係している[52]。

　日本の場合、1973年のオイルショックを機に高度成長から低成長へ変化し、社
会全体に高度成長のひずみが顕在化するとともに、家族のあり方自体が問われる
ことになった。これまでテレビドラマの主流だった善良な登場人物が小さな事件
で右往左往しながらも、結局はハッピーエンドを迎える安定したパターンのホー
ムドラマは、こうした日本社会の変化に対応していった。「家族の崩壊」はテレ
ビドラマに様々な流れを生み、1980年代後半のバブル経済で消費が過熱する中、
従来のホームドラマがブラウン管からほとんど姿を消し、母親と父親の役割の変
化、不倫、疑似家族の流行、青春群像を描くトレンディドラマが出現し、テレビ
ドラマの主流になった。そして1990年代に入ると、バブルがはじけて長い不景
気の時代になり、人々はトレンディドラマの幻想から目をさまし、厳しい現実と
直面することになる。テレビドラマは一転して現実とは一定の距離を置き、バブ
ルに酔えなくなった人々に興奮剤を提供した。ポスト・トレンディドラマと称さ
れるこうしたテレビドラマでは、衝動的な性愛に対する欲求が目立って描かれる
ようになり、ふつうの「恋愛関係」であってもセックスの部分に重きが置かれて、
物語の展開を変えようとすると決まったようにレイプ、妊娠、不倫が出てくるよ
うになった[53]。

　しかし、日本のトレンディドラマという概念を直輸入して制作され始めた韓国
のトレンディドラマは日本でいうホームドラマとトレンディドラマの特徴を両方
持っている。히라타 유키에［ヒラタ・ユキエ］（2005年）が指摘するように、「韓
国のトレンディドラマでの危機は個人と個人、そして個人と社会の関係の中で生
じる危機でもあるが、そのほとんどが家族と関連して起こる危機である」[54]。日
本の漫画を脚色したトレンディドラマとして作られた韓国版『花より男子』から
も、日本のポスト・トレンディドラマにおけるそういった特徴は見受けられない。
その原因として第一に韓国の放送法の審議基準について考えなければならない。
1963年の放送法から2000年の統合放送法に至るまで、韓国の放送法は廃止と新
設、部分的な改正を経ながらも、放送は「家庭生活の純潔」の保護、「公衆道徳
と社会倫理の伸張」、そして「児童および青少年の善導」に反するものへの規制
などの審議基準はほとんど変わらず適用されてきた[55]。しかし、何より韓国版『花
より男子』がより幅広い年齢層の視聴者を獲得するために「家族」というツール
を利用していることを再度強調したい。トレンディドラマとして原作の世界観を

華麗な映像で再現した韓国版『花より男子』は、物語の中に「家族」をうまく融合させたことによって、「韓国の『花より男子』」を作り上げることに成功したのである。

IV　韓国版『花より男子』における「家族」と韓国社会の「家族」

　ここまで女性主人公のジャンディ（つくし）と男性主人公の司（ジュンピョ）の家族を中心に、テレビドラマ『花より男子』の家族について考えてきた。以上に述べたように、韓国版『花より男子』には「家族」の要素が非常に強く表れており、これは日本版『花より男子』と比べるとその違いが明確に分かる。

　ではなぜ韓国版『花より男子』では家族の関係と葛藤、回復が強く表れているのか。한진만[ハン・ジンマン]（2011 年）は「放送は同調性を持つ」と主張する[56]。放送の内容はその社会が追及する価値観や慣習または規範を反映する傾向がある。一般的にテレビ番組で描写される道徳と価値観、生活様式はその社会が要求する水準で提示される。放送の内容は自然に破格の変化や改革よりは安定して中立・中庸的であり、中間的多数に従う傾向がある。ここからは韓国社会で「家族」がどのような意味を持つのか考えていきたい。

　韓国社会で家族は社会や個人より尊いものとして認識されてきたため、家族の安泰は個人の幸せより優先されてきた[57]。これは急速な産業化などの一連の社会の変化によって家族構造と形態、家族関係の側面で多くの変化を経験している現代韓国でも持続されている。韓国の場合、核家族化が家族の解体もしくは家族機能の弱体化に直結しなかった。家族の社会的な機能の遂行は相変わらず重視されており、これは韓国社会の最も重要な特徴の一つとして見なされている。現代韓国の家族は外見では核家族の形態を見せるが、相変わらず伝統的家族が社会の中心として考えられており、家族の生活規範は伝統的な「家族主義」に基づいている[58]。

　「家族主義」とは父系の血縁の排他的家族範囲の中で個人よりは家族を優先して家族内の役割の階級性を強調し、家筋の継承と発展を家族の目標とする価値体制である。강명구[カン・ミョング]他（2008 年）は韓国社会に家族主義が強く表れているのは「植民地時代と朝鮮戦争、急速な産業化など社会の激変を経験し、「頼みの綱は家族しかない」状況が長く続いていて、また国家も戦後の再建と産業

二十世紀研究

化のため家族を積極的に活用していた」社会的背景があると主張する[59]。また 백 진아［ペク・ジンア］（2007 年）も、現代韓国の家族主義が社会、政治、経済的な環境に対応しながら深化したものであると主張する[60]。朝鮮戦争と南北分断による社会的な不安、権威的な政治体制の抑圧、差別的な産業化の進行と成果の分配などは、他の集団と家族を分離させて排他的な家族内部の結束を強化させる「家族の絶対化現象」を招き寄せた。特に経済的利益の達成のための家族の道具的性格は産業化の過程で競争を通じて強化された。韓国の産業化は国家が主体になって特定の地域と集団に経済的な支援とチャンスをまとめて与える独占的な形態で進行し、この過程で血縁と地縁などの閉鎖的なネットワークと情実主義が支配的な影響力を持つようになった。合理的な規範と競争原理の不在の中で家族の生存と利益のためのあらゆる方法が動員され、血縁でつながった家族ネットワークの外部集団に対しては不信と排他的な態度が形成された[61]。

　韓国社会における「家族への執着」は韓国版『花より男子』にもよく表れている。 実は韓国版『花より男子』では男女主人公だけではなく、他の登場人物たちも葛藤の中心に家族の存在がある。たとえば、知力、財力、ルックスすべてにおいて完璧にみえる F4 が持ち得ていない唯一のものは幸せな家庭であると設定されている。ジフ（原作名:花沢類）は子供のとき両親を交通事故で亡くしているが、彼の唯一の肉親である祖父は大統領である自分の身代わりに息子夫婦がテロに遭い死んだと思っており、孫に合わせる顔がないと思うあまり 10 年以上ジフがいる家に帰ってきていない。ソ・イジョン（原作名：西門総二郎）は浮気を繰り返す父親とそれが原因でノイローゼになった母親を見ながら育ち、父を心から憎む。またソン・ウビン（原作名：美作あきら）も裏組織である家柄に対して非常に強いコンプレックスを抱いている。裕福ではあるが不遇な彼らの家庭事情は、常に経済的な困難に立たされながらも決して不幸ではない女性主人公ジャンディの家族と常に対比される。韓国版『花より男子』はお金では買えない大切なものについて視聴者に語りかけ、それが家族であると諭す。

　韓国版『花より男子』において「家族」は最終的な判断の根拠であり、葛藤の始発であり終着である。そしてその「家族」は最終的に親と子供が揃った父系中心の家族の形態を志向している。では実際、韓国版『花より男子』が放送された2000 年代の韓国社会の家族像はどのような様相を見せるのか。

　韓国の統計庁によると、夫婦と未婚の子どもで構成された典型的な核家族の形態は 1990 年の 58％から 2020 年には 41.1％まで減少する見通しであるという[62]。

その反面、単身世帯、ひとり親世帯、夫婦のみの世帯、高齢者世帯、多文化家族[63]など様々な家族の形態が増加していき、特に単身世帯に関しては2000年の15.6%から2020年には29.6%にまで上昇し、人口の1/3を占めると予測されている。また、実際の韓国社会では「家族」の解体が急スピードに進んでいる。韓国保健社会研究院の発表によると、2015年現在韓国の粗離婚率[64]は2.3件であり、これは日本の1.8件を上回る結果である[65]。さらに、1960年代には5.6名だった一世帯の家族数は1995年には3.34名に減り、2000年には3.1名までに減少している。三世代以上の世帯の比率も1960年には29.27%だったのだが2000年には8.4%までに激減している[66]。この背景には近年韓国でも急激に進んでいる少子化の影響はもちろんのこと、「家族の義務」として考えられていた親の扶養責任についての認識が大きく変わってきたことも影響している。「親の老後の扶養責任は誰にあると思うか」という質問に対して、1998年は「家族にある」と答えた人が89.9%で圧倒的に多かったが、2014年には「家族・政府・社会の共同責任」と認識している人が47.3%で最も多い結果となった[67]。また扶養を受ける側である60歳以上の高齢者を対象に行った調査を見ても、「子どもとの同居を希望しない」と答えた人の割合は2002年には半数を切った45.8%だったのに対して2013年は73%まで急上している[68]。このように、韓国版『花より男子』が放送された2000年代、実際の韓国社会は家族形態の多様化と「家族の解体」が進んでおり、この作品に表れているような一家団欒とした父系中心の家族への執着はそれほど強くないと言える。しかし2006年に韓国で行われた家族観に関する調査によると「自分の幸福よりも、家族の幸福や利益を優先するべきだ」という問いに対して賛成派が79%に上り、これは日本の50.1%を大きく上回っている結果である[69]。つまり韓国の人々が考える「家族」は相変わらず個人よりは尊重すべきものとして存在している。

　上述のように韓国版『花より男子』の家族は、父系中心の安定した家族の形態を目指して、家族の団結と関係の回復にある種の執着を見せる。そしてそれらは一種のファンタジー的な性格を持つ。韓国の家族主義に基づく家族の在り方がこの作品に自然と再現されているのは、もちろん現実での家族の機能と役割に対する韓国人の常識を反映したものである。しかしそれと同時に、実際よりはるかに父系中心的な拡大家族と一家団欒の家族形態に執着をみせるのは、理想的な家族に対するファンタジーを提示し視聴者の「理想」に対する愛着を刺激し説得しようとしているものでもあると考えられる。

二十世紀研究

おわりに

　ここまで韓国版『花より男子』の特徴を、その家族像から分析してきた。家族の要素を強く押し出している韓国版の『花より男子』の成功は、台湾・日本・韓国の三国で、原作の発行年まで合わせると 20 年に渡る時間の中で、人気を得た「検証された物語」である原作がなくては不可能なものであった。ではなぜテレビドラマ『花より男子』は各国で成功を収めることができたのか。최민영［チェ・ミンヨン］は台湾版『流星花園〜花より男子〜』の成功を「世間に一次的に検証され、認知度が確保された作品であるほど失敗する確立が低い」という放送界の公式を立証した良い例として挙げている[70]。そしてその人気の理由を「全部知っている内容を誰が観るのかとも思うが、全部知っている内容をどう映像化したかを確認したい大衆の心理」にあると話す[71]。しかし『花より男子』は台湾だけではなく、日本・韓国でも同じ原作をもとにほぼ 10 年という長い時間に渡って制作され成功を収めた初めての作品であるということに我々は注目しなければならない。これは台湾・日本・韓国の三国に共通している普遍的な価値がある証明でもあると同時に、三国で制作されたそれぞれの作品がその時代と各国のトレンドを反映することに成功した証明でもある。『花より男子』という物語に内在する台湾・日本・韓国の三国における共通した価値はなんなのか、ということについては次の課題として残し、今後も三国におけるメディア研究が活性化することを祈る。

資料編―『花より男子』基本情報

1. 原作漫画『花より男子』

・神尾葉子（1966−）作。『マーガレット』（集英社）にて 1992〜2004 年連載。

・1997 年ソウル文化社が正式ライセンス版を出版。2008 年には完全版が出版。

2. 漫画『花より男子』のメディアミックス

・1995 年　映画（フジテレビ・東映版）『花より男子』

・1996 年 9 月〜1997 年 8 月　ABC・テレビ朝日系列　アニメ『花より男子』（全 51 話）

・2001 年 4 月〜8 月　台湾 CTS　ドラマ『流星花園〜花より男子〜』（全 24 話）

　―最高視聴率 6.43%[72]

・2005 年 10 月〜12 月　日本 TBS 系　ドラマ『花より男子』（全 9 話）

—最高視聴率 22.4%

・2007 年 1 月～3 月　日本 TBS 系　ドラマ『花より男子 2（リターンズ）』（全 11 話）

　—最高視聴率 27.6%

・2008 年 6 月　映画（TBS・東宝版）『花より男子 F』—日本国内興行収入 77.5 億円（2008 年日本国内興行収入ランキング 2 位）

・2009 年　韓国 KBS　ドラマ『花より男子〜 Boys Over Flowers 』（全 25 話））

　—最高視聴率 35.5%

3. 韓国版『花より団子』の詳細情報

　—ドラマ制作会社 group8 制作。

　—放映期間　2009.01.05~2009.03.31（毎週月・火放送）。

　—監督　전기상［チョン・ギサン］

　—出演

금잔디［クム・ジャンディ］（牧野つくし）	구혜선［ク・ヘソン］
구준표［ク・ジュンピョ］（道明寺司）	이민호［イ・ミンホ］
윤지후［ユン・ジフ］（花沢類）	김현중［キム・ヒョンジュン］
소이정［ソ・イジョン］（西門総次郎）	김범［キム・ボム］
손우빈［ソン・ウビン］（美作あきら）	김준［キム・ジュン］

　—平均視聴率 25.7%、最高視聴率 35.5%

　—キャッチコピーは「想像、それ以上のハイ・ファンタジー・ロマンス」

　—あらすじ

　　「一般庶民家庭の平凡な女子高生のジャンディ（原作名:牧野つくし）はひょんなことから金持ち学校、神話学園に奨学生として編入することに。だが、正義感の強いつくしは学園を掌握する財閥子息 4 人組「F4」の横暴な行動に憤慨し宣戦布告。彼らの標的となるが、そんな中でつくしをピンチのたびに救い出したのがユン・ジフ（原作名：花沢類）だった。F4 なのに他の 3 人とは違った雰囲気を持つジフにジャンディは恋心を抱くが、彼の心には初恋の女性藤堂 静がいた。一方、F4 のリーダー、ジュンピョ（原作名:道明寺司）は果敢に立ち向かってくるジャンディに惹かれ、猛アタックを開始。彼の一途な愛にジャンディも心が動くが、2 人の前にはジュンピョの母親の反対、

二十世紀研究

ジフとの三角関係など様々な障害が待ち受けていた。」[73]

註

1) 고재완 [コ・ジェワン]「한국판 '꽃보다 남자',대만·일본판 능가할까? [韓国版『花より男子』、台湾·日本版をしのぐのか?]」『아시아경제』（2008 年 12 月 22 日）、김고은 [キム・コウン]「한국판 '꽃보다 남자' 무패행진 이어갈까 [韓国版『花より男子』無敗行進 継いでいけるのか]」『PD 저널』（2008 年 12 月 22 日）、이재호 [イ・ジェホ]「'꽃미남 4 인방' 마법 한국서도 통할까 [「美男子 4 人」魔法 韓国でも通じるのか]」『연합뉴스』（2008 年 12 月 23 日）.

2) ちなみに海賊版『花より男子』は『オレンジ・ボーイ』というタイトルで出回っていたのだが、これは当時富裕層の若者を「オレンジ族」と呼んでいたことから名づけられたものと考えられる。

3)「청소년 인기만화 1 위는 [슬램덩크] [青少年 人気漫画 1 位は [スラムダンク]]」『연합뉴스』(1997 年 4 月 19 日).

4) 이영희 [イ・ヨンヒ]「드라마 5 편 영화 2 편 애니 2 편… '꽃남 무한확장' [ドラマ 5 編 映画 2 編 アニメーション 2 編…「花男 無限拡張」]」『중앙일보』（2009 年 1 月 5 日）.

5) 이정연 [イ・ジョンヨン]「꽃남 'F4' 경제효과는 94 억원+@ [花男「F4」経済効果は 94 億ウォン+α]」『동아일보』（2009 年 2 月 4 日）.

6)『花より男子~Boys Over Flowers』DVD-BOX2.2009. 第 12 話。

7) KBS (Korean Broadcasting System、保有している地上波チャンネルは 2 つで KBS1 と KBS2 に分かれる)、MBC (Munhwa Broadcasting Corporation)、SBS (Seoul Broadcasting System)、EBS (Educational Broadcasting System)。

8) 조민선 [チョ・ミンソン]「KBS 월화 미니시리즈 3 년 만에 인기 부활 [KBS 月火ミニシリーズ 3 年ぶりに人気復活]」『헤럴드경제』（2009 年 1 月 13 日）.

9) 第 7 話は韓国の旧暦の元日にあたる 2009 年 1 月 26 日に放送されたためテレビの視聴率が全体的に下がった。しかし同時間帯の視聴率の順位だけみるとここから MBC を抜いて 1 位になっていることが分かる。また 2009 年 3 月 2 日放送分は主演俳優の怪我により本編を放送できず総集編や撮影の裏側をまとめたスペシャル特番が放送された。

10) 전기상 [チョン・ギサン]「한국 TV 드라마의 글로벌화를 위한 제언 –본인 연출작 <꽃보다 남자>를 중심으로- [韓国 TV ドラマのグローバル化のための提言――本人演出作<花より男子>を中心に―]」（中央大学校芸術大学院公演映像学科修士学位論文、2012 年）81.

11) 이문원 [イ・ムンウォン]「10 대를 TV 앞에 앉힌 '꽃남' 의 힘 [10 代を TV 前に座らせた「花男」の力]」『PD 저널』（2009 年 2 月 11 日）.

12) 김환표 [キム・ファンピョ]『드라마,한국을 말하다 [ドラマ、韓国を語る]』（인물과 사상사、2012 年）243–247.

13) 전기상 [チョン・ギサン]、前掲論文、81.

14) 전기상 [チョン・ギサン]、前掲論文、36.

15) Mark Schilling. *The Encyclopedia of Japanese Pop Culture* (New York: Weatherhill, 1997), 272–275.

16) 강준만 [カン・ジュンマン]『세계문화사전 [世界文化辞典]』（인물과사상사、2005 年）436–437.

17) 同上。*括弧筆者。

18) 이동후 [イ・ドンフ]「한국 트렌디 드라마의 문화적 형성 [韓国トレンディドラマの文化的形成]」125–153、조한혜정 외 [チョハン・ヘジョン他]『한류와 아시아의 대중문화 [韓流とアジアの大衆文化]』（연세대학교 출판부、2003）.

19) 황인성 [ファン・インソン]「'트렌디 드라마'의 서사구조적 특징과 텍스트의 즐거움에 관한 이론적 고찰 [「トレンディドラマ」のナラティブ構造の特徴とテキストの楽しみに関する理論的考察]」『한국언론학보』43-5（1999 年）233.

20) 同上、231–237.

21) 김승현 [キム・スンヒョン]、한진만 [ハン・ジンマン]『한국 사회와 텔레비전 드라마 [韓国社会とテレビドラマ]』（한울아카데미、2001）147–148.

22) 2011 年 1 月 24 日、純情漫画専門誌『Wink』編集長とのインタビュー。インタビューメモは筆者所蔵。（『Wink』を出版しているソウル文化社はドラマ＜花より男子＞の原作漫画『花より男子』のライセンス版を韓国で出版しており、『Wink』編集部は 2006 年、同制作会社で作られたドラマ＜宮＞の原作漫画『宮』の掲載誌としてマネジメントを担当しており、制作会社とは一定の関係性が認められる。）

23) 이만제 [イ・マンジェ]김영덕 [キム・ヨンドク]「국내 드라마 제작 시스템 개선 방안 연구 [国内ドラマ制作システム改善方案研究]」（한국콘텐츠진흥원、2007 年）86–90.

24) 전기상 [チョン・ギサン]、前掲論文、78–79.

25) 조은영 [チョ・ウンヨン]「오늘 밤 첫 방영,'꽃보다 남자' 3 가지 관전포인트 [今夜初放映、『花より男子』の 3 つの観戦ポイント]」『매일경제』（2009 年 1 月 5 日） *括弧筆者.

26) 이영수 [イ・ヨンス]「꽃보다 남자 F4 의 귀공자 페이스 분석 [花より男子 F4 の貴公子フェイス分析]」『국민일보』（2009 年 2 月 9 日）.

27) 전기상 [チョン・ギサン]、前掲論文、36.

28) Nielsen Korea Media 〈https://www.nielsenkorea.co.kr/default.asp〉（2018 年 12 月 1 日最終確認）.

29) 이수아 [イ・スア]「'꽃보다 남자' 열풍…10 대소녀들 덕! [『花より男子』熱風…10 代少女たちのおかげ！]」,『data news』（2009 年 2 月 4 日）.

30) 윤고은 [ユン・コウン]「'꽃남' 은 '꽃보다 여자' 로 기억될 듯 [「花男」は「花より女性」として記憶に残りそう]」『연합뉴스』（2009 年 3 月 30 日）.

31) 최나영 [チェ・ナヨン]「'꽃보다 남자',2009 년 순정 만화의 반란을 꿈꾼다 [『花より男子』、2009 年純情漫画の反乱を夢見る]」『마이데일리』（2008 年 12 月 22 日）*括弧筆者.

32) 登場人物名等に関しては文末の参考資料を参照.

33) 韓流☆セレクト『花より男子』(2011 年) 人物相関図〈http://www.tbs.co.jp/hanryu-select/hana-dan/chart/〉（2018 年 7 月 4 日最終確認）.

34) ジャンディの母の名前나공주 [ナ・コンジュ] は韓国語で「私・お姫様」という意味である.

35) 原作で花沢類は道明寺と同じく財閥の御曹司として登場するが、韓国版『花より男子』では元大統領の孫として登場し、原作には登場しない祖父との確執を見せる.

36) 『花より男子～Boys Over Flowers』DVD-BOX2.2009. 第 10 話.

37) 韓流☆セレクト『花より男子』、前掲ウェブサイト.

38) 『花より男子～Boys Over Flowers』DVD-BOX3.2009. 第 17 話.

39) 韓流☆セレクト『花より男子』、前掲ウェブサイト.

40) 『花より男子～Boys Over Flowers』DVD-BOX2.2009. 第 12 話.

41) 原作漫画にジュンピョに当たる道明寺司の父は登場しない.

42) ジュンピョの父は実は死んだわけではなく植物人間状態であったのだが母ヒスの「プライドが許さなかった」ため表向きには死んだことにされた。そのため子供たちも父の生存を知らなかった。『花より男子～Boys Over Flowers』DVD-BOX3.2009.第 24 話.

43) 『花より男子～Boys Over Flowers』DVD-BOX2.2009.第 14 話.

44) 『花より男子～Boys Over Flowers』DVD-BOX2.2009.第 14 話.

45) 『花より男子～Boys Over Flowers』DVD-BOX2.2009.第 14 話.*括弧筆者.

46) 『花より男子～Boys Over Flowers』DVD-BOX3.2009.第 24 話.

47) 『花より男子～Boys Over Flowers』DVD-BOX3.2009.第 25 話.

48) 홍석경 [ホン・ソクギョン]「텔레비전 드라마가 재현하는 가족관계 속의 여성 [テレビジョンドラマが再現する家族関係の中の女性]」『한국반송학회 학술대회 눈문집』（1998 年） 183.

49) 『花より男子』DVD-BOX.2006.第 8 話. *括弧筆者.

50) 『花より男子 2』DVD-BOX.2007.第 10 話.

二十世紀研究

51) 『花より男子 2』DVD-BOX.2007.第 11 話
52) 강명구 [カン・ミョング] 他、前掲論文、30–31.
53) 岩男壽美子『テレビドラマのメッセージ—社会心理学的分析』（勁草書房、2000 年），3–21 頁。
54) 히라타 유키에 [ヒラタ・ユキエ]『한국을 소비하는일본·한류,여성,드라마 [韓国を消費する日本—韓流、女性、ドラマ]』（책세상、2005 年）32.
55) 韓国のテレビドラマの放送規制に関しては백미숙・강명구 [ぺク・ミスク、カン・ミョング]「'순결한 가정'과 건전한 성윤리：텔레비전 드라마 성표현 규제에 대한 문화사적 접근 [「純潔な家庭」と性倫理：テレビドラマの性表現の規制に対する文化的な接近]」『한국방송학보』21-1:（2007 年）138–181 を参照。
56) 한진만 [ハン・ジンマン]『한국방송의 이해 [韓国放送の理解]』（한울、2011 年）31.
57) 김혜영 [キム・ヘヨン]「한국 가족 문화의 재고 [韓国家族文化の再考]」『보건복지포럼』 115（2006 年）21.
58) 백진아 [ぺク・ジンア]「한국의 가족 변화：가부장성의 지속과 변동 [韓国の家族変化：家父長性の持続と変動]」『현상과 인식』107（2009 年）215–216.
59) 강명구・김수아・서주희 [カン・ミョング、キム・スア、ソ・ジュヒ]「동아시아 텔레비전 드라마가 재현한 가족과 가족 관계 [東アジアのテレビジョンドラマが再現した家族と家族関係]」『한국언론학보』52(6)（2008 年）28.
60) 백진아 [ぺク・ジンア]「한국 기혼여성의 가족경험：가족주의의 변형적 친밀성의 결합 [韓国既婚女性の家族経験：家族主義の変形的親密性の結合]」『담론 201』10(3)（2007 年）241–269.
61) 同上、247–251.
62) 통계청 정보공개자료[統計庁情報公開資料]
〈http://kostat.go.kr/portal/korea/kor_ip/13/1/1/index.board〉（2018 年 7 月 3 日最終確認）。
63) 国際結婚などによって構成された異なる文化的なバックグラウンドを持った家族。
64) ある一定期間における平均人口総数（ここでは 1000 人）に対する離婚数の比率。
65) 한국보건사회연구원 [韓国保健社会研究院]『통계로 보는 사회보장 2015』[統計で見る社会保障 2015]』한국보건사회연구원（2015 年）76.
66) 山中美由紀編『変貌するアジアの家族—比較・文化・ジェンダー—』（昭和堂、2004 年）143 頁。
67) 홍승아 [ホン・スンア]・최진희 [チェ・ジンヒ]他『가족변화 대응 가족정책 발전방향 및 정책과제 연구 [家族変化対応家族政策発展方向及び政策課題研究]』（한학문화、2015 年）102.
68) 同上、102.
69) 岩井紀子・保田時男編『データで見る東アジアの家族観—東アジア社会調査による日韓中台の比較』（ナカニシヤ出版、2009 年）14 頁。
70) 최민영 [チェ・ミンヨン]「인기 있으면 무조건 내세운다 [人気があれば無条件に押し出す]」『경향신문』（2003 年 7 月 15 日）.
71) 同上。
72) 台湾には 100 を超えるチャンネルがあり、1%以上の視聴率で高視聴率とされる。
73) 韓流☆セレクト『花より男子』、前掲ウェブサイト。*括弧筆者。

（京都大学大学院文学研究科非常勤講師）

初期コミンテルンの外国資金援助試論

山内　昭人

はじめに

　本稿は、1919年3月初めに創設された共産主義インタナショナル（コミンテルン）による1921年6-7月の第3回大会直前までの外国資金援助に関する試論である。周知のようにソ連邦崩壊直後にコミンテルンの一大史料群が公開され、外国資金援助に関する史料の公開は世界的規模でセンセーショナルな波紋を投げかけ、そのため関係史料はすぐに再び非公開とされ、研究の進展は阻まれている[1]。それゆえ本稿は史料的制約の中での「試論」にならざるをえないのだが、それでも現時点で追究可能な到達点を明らかにする利点はあるであろう。従来、本テーマに関しては研究者が関心をもつ事例だけが取り上げられ、しかもその数字だけが通貨間の換算を十分果たすことなく列記されるにとどまってきた。本稿ではまず、数字のいわば独り歩きを防ぐため、資金援助額の決定から資金調達時の変更等を経て仲介者（さらに現地）受領に至る供給側の過程をヨリ包括的に捉えることがめざされる。次に、初期コミンテルンによる最初の組織立った諸在外ビューローを通じての資金援助の実態把握に努め、とりわけビューロー間の資金着服問題の解明が初めて実証的にめざされる。

　本稿は、短期間だけ公開された関係史料を閲覧できた少数の研究者による史料紹介の活用だけではなく、当該期間のコミンテルン執行委員会（以下 ИККИ と略記）および同ビューロー（のちに小ビューロー）のほとんどすべての会議議事録から本テーマに関する項目を抜き出し、さらに公刊されている（部分的には筆者が直に閲覧できた）ロシア共産党（ボ）中央委員会（以下、党中央委員会と略記）等の会議議事録からも同様の作業をし[2]、現時点で最も網羅的であろう外国資金援助一覧表を作成した上でのいわば叩き台としての論考になっている[3]。

『二十世紀研究』第19号（2018年12月）

二十世紀研究

I　コミンテルン創設前夜の外国資金援助

　ロシア10月革命直後、1917年12月25日の『プラウダ』、『イズヴェスチヤ』
等に以下のソヴェト政権の布告が載った。「人民委員会議は国際革命運動の必要
性のために200万ルーブリを外務人民委員部の外国諸代表の自由裁量に任せるこ
とを決定する」[4]。このように「国際革命運動の必要性のために」外国諸組織への
資金援助は当初、外務人民委員部が担った。その外務人民委員部の管轄が、1919
年3月初めに創設されたコミンテルンへスムーズに委譲されたわけではないこと
は、次章で取り扱うことになる。

　ロシア2月革命勃発を機にベルンからストックホルムへ移転したツィンメル
ヴァルト運動の機関、国際社会主義委員会（ISK）の書記A.バラバノフは、ソヴェ
ト政府からの巨額の外国資金援助に関わる重要な役割を担っていた。その点につ
いては今日ほとんど未解明のままだが、バラバノフの回想によれば、それは表向
きはツィンメルヴァルトの仕事への資金供給となっていたけれども、彼女や（在
ストックホルムのソヴェト・ロシア政府代表であった）B.B.ヴォロフスキーらを通じて
各国の「ボリシェヴィキ的な」運動や機関紙発行をめざす活動家を対象としてい
た。既にコミンテルン創設前にISKのバラバノフとZ.ヘグルンド（スウェーデン
左派）の手にロシアからの基金が委ねられ、管理されていたとの記録もある[5]。

　西・中欧の「国際革命運動」の側からも資金援助要請があった。近年公表され
た2種類の史料を紹介しよう。一つは、ハンガリーにおいてソヴェト共和国宣言
が発せられる2カ月半前の1919年1月5日にブダペシュトのB.クン（元ЦФИГ
〔後述〕議長）がレーニン宛に送った書簡であり、それにはこうあった。Ф.〔F.ルー
ビナー；ドイツ共産党（KPD）党員〕が伝えたであろう金額をP.〔おそらくE.ルドニャ
ンスキ；クンの後継ЦФИГ議長〕を介して我々は請う。この金額は我々には大いに
緊急に必要だ。なぜなら非常に多くの文献を刊行する必要があるから。この金額
を受け取らないうちは、日刊新聞を刊行することができない、と。5日後も、ク
ンはレーニンに繰り返し訴えた。同志フリート〔・ルービナー〕を通して我々が請
うた金をすぐに送ることを切に請う。これは我々の活動の継続のために不可欠な
最小限のものである、と[6]。

　もう一つは、1919年2月4日にベルリンのJ.ティシュカことL.ヨギヘスが
レーニン宛に送った書簡であり、補足説明をしたうえで紹介する[7]。

　エドゥアルト・フックス（本文では「エドおじさん」）が1918年12月20日に

54

ローザ・ルクセンブルクのレーニン宛同日付短信を携えてベルリンを発ち、12月27日か28日にモスクワに到着し、そして翌年1月18日に戻ってきた。ここでは、記録が破棄されたため、フックスに手渡された（あるいは送られた）総額に関する正確な（つまり受領書にもとづき作成され、以下への回答を含む）報告書を急使を通じて大至急送り届けるよう依頼されている。

　1）どれほど、いかなる通貨において、手形、小切手、あるいは現金で、ストックホルムにおけるあなたがたの財務代理人は、最近11-12月にエドおじさんとの個人的な面会〔詳細不明〕の際に彼へ支給したのか？　もしも金がストックホルムで両替されたならば、両替後、金額はいくらだったか？　2）どれほど——小切手、手形、あるいは現金で——ストックホルムのあなたがたの代理人は、当地のスウェーデン人を通じてエドおじさんへ送ったか？　金に添えられたあなたがたの代理人の（破棄された）手紙の内容は、どのようだったか？　3）どれほど、いかなる通貨でエドおじさんへモスクワのちにペテルブルク滞在時に手渡されたか？

　つい数日前にドイツ政府は銀行がロシア通貨を両替することを完全に禁じた。もしもあなたがたが外国通貨（どんなものでも）を持っているならば、できるだけ大金を送り届けてほしい。旅行鞄に詰めて、まっすぐこちらへ、あるいはスウェーデンを通して送り届けることは可能だ。スウェーデンやデンマークで両替し、銀行を通してこちらへ送金することも可能だ、と。

　ここには、フックスへの疑念あっての依頼かは不確かだが、ヨギヘスがローザ・ルクセンブルク亡き後、KPD指導の要であったことが窺える。しかし、彼はひと月後の3月10日に逮捕され、即日殺害された。そのことをA.A.ヨッフェから報じられたレーニンは、3月24日に以下の短信をJ.ハネツキ〔人民銀行支配人〕へ送った。今日あなた（とН.И.ブハーリン）はドイツ人たちと話さなければならない。明日すべてを送るために、彼らに是非とも金を支給することを早めよ、と[8]。

　これらハンガリーとドイツでの革命勃発が創設直後のコミンテルンにとって、いかに重要な関心事であったことか。そこから最初の在外ビューローが両革命の地に真っ先に創設されることになる。

二十世紀研究

II　組織的整備と資金援助へ向けての準備

　本題に入る前に、創設されたばかりのコミンテルンが当初、どのように組織的に整備し、どのように外国資金援助へ向けて準備していったかを概括しておく。

　コミンテルンの組織的整備は、党中央委員会での審議から始まった。1919 年 3月 17 日の党中央委員会会議において、ИККИ の国際共産主義ビューロー（コミンテルン創立大会で創設が決まった 5 名から成るビューロー；最初の呼称で、国際ビューローと略記された）の長である Г.Е.ジノヴィエフは、ソヴェト・プロパガンダ部（ロシア 10 月革命直後に設置された外務人民委員部附属国際革命宣伝部を前身として、干渉戦争により革命的宣伝強化の必要性が高まる中、1918 年秋に全露ソヴェト執行委員会〔ВЦИК〕管轄下に設置された）での事業のやり方を見直す必要性と外国人グループ〔中央〕連盟（ЦФИГ；1918 年 3 月ドイツ軍の攻勢が再開された困難な時期に戦時捕虜諸組織からロシア共産党附属外国人諸セクションがそれぞれ形成され、各 2 名ずつの代表から成る最高指導機関として創設され、同年 5 月に党中央委員会に追認された）について問題提起した。その結果、ジノヴィエフとブハーリンが両者について調査し、外務人民委員 Г.В.チチェーリンとも話し合い、機能区分や両活動の ИККИ 国際ビューローへの移管の詳細な計画を提示することを一任された[9]。

　一任されたジノヴィエフは、3 月 25 日の党中央委員会総会で外務人民委員部、ЦФИГ、そしてソヴェト・プロパガンダ部の相互関係の調査結果をもとに報告し、外国人グループへの財政援助をまるごと国際ビューローに移管することを提案し、それは承認された（傍点引用者）。問題視されたソヴェト・プロパガンダ部は、個々のスタッフが点検され、部長であった左翼共産主義者 В.В.オボレンスキーだけが外され、同ビューローの管轄下に置かれることになった。

　さらにジノヴィエフは、ビューローで働いている J.ライヒ（偽名トーマス、ジェイムズ・ゴードン）や Н.М.リュバルスキー（偽名カルロ）のほかに、М.М.リトヴィノフ、ヴォロフスキー、G.K.クリンガー（ヴォルガ流域出身のドイツ人）、そしてブハーリンを追加し、バラバノフについて（彼女の出身地である）ウクライナへの休暇を与えることを提案した。ブハーリンが次長に任命される一方で、コミンテルン創設後ひと月も経たぬ間に、しかも ИККИ 最初の会議の前日に既に党中央委員会の方で ISK 書記であったバラバノフを遠ざけることが画策されていたのである[10]。

　翌 3 月 26 日に ИККИ 最初の会議が開催され、出席者は議事録記載順にバラバ

56

ノフ、ヴォロフスキー、ジノヴィエフ、クリンガー、リトヴィノフであった[11]。バラバノフが筆頭なのはコミンテルン創立大会で **ИККИ** が ISK を継承した、その正統性を謳うために ISK 書記の顔を立てたものと考えられる。ここで決議された事項を拾うと、まずジノヴィエフの提案で **ИККИ** 総務部長にクリンガーが任命された。ソヴェト・プロパガンダ部は、党決定どおりコミンテルン管轄下に移されることになり、国際プロパガンダ部に改称され、部長にヴォロフスキーが任命された。チチェーリンと話し合ったバラバノフとジノヴィエフの報告にもとづき、リトヴィノフを外務人民委員部でのコミンテルン代表に任命し、外務人民委員部には自らの代表をコミンテルンに送ることを許可した（その代表に外務人民委員代理Л.М.カラハンが翌々日の同会議で認められる）。両組織はただでさえ下記の役割分担・管轄問題ですぐに競い合うことになるのに、リトヴィノフの立場は事をややこしくしたであろうが、その一方で後述する外国資金援助に関する両組織の相互乗り入れを可能にしたであろう。

4 月 5 日の **ИККИ** ビューロー会議で、党中央委員会が第 3 インタナショナルの名で同志を外国へ派遣することについて、ビューローとの事前の合意なしに第 3 インタナショナルの名で働き手を派遣することは許しがたい、と指摘する書簡を党中央委員会へ送ることになった[12]。それを受けた党中央委員会は、4 月 13 日の会議で同ビューローへの支援のために以下に抜粋する 6 項目を決議した。2)チチェーリンにビューローを妨害しないように求める。3) 問題の財政面を外務人民委員部からまるごと取り上げ、ビューローの管轄に移す。4) 煽動はビューローにまるごと委ねられ、外務人民委員部の運営から取り上げられる[13]。

それらの決議に関わる事項は、コミンテルン創設大会準備に重要な役割を果たした外務人民委員部のチチェーリンにとって重大な関心事であり、4 月 30 日のジノヴィエフ宛書簡で、コミンテルンが外国へ送った全電報の写しを外務人民委員部へ引き渡すよう要求もしている。その意向に沿わなかった背景にレーニンの考えがあったと、ヘーデラーとヴァトリンは典拠なしだが解釈している。つまり、レーニンは「外交折衝」（Diplomatisieren）の時はブレスト－リトフスク条約破棄以降過ぎ去り、革命的攻撃の部類に再び入っていると考え、チチェーリンよりジノヴィエフの方がヨリ適しているとみた、と[14]。

しかし、その後も外国派遣と資金供給に関する役割分担について党と **ИККИ** と外務人民委員部とで話し合われ、解決のための決議が繰り返されるけれども、この問題は以下の例が示すように 2 年を費やしても解決をみなかった。

二十世紀研究

　1921 年 5 月 14 日の党中央委員会政治局会議で外務人民委員部と **ИККИ** の相
関関係について、以下の決議が依然繰り返されるだけであった。外国でのソヴェ
ト政府の諸個人による、また急使や他のあらゆる勤務者による、責任ある務めと
してのあらゆる非合法作業と活動を無条件に禁ずる、と[15]。にもかかわらず、同
年 8 月 13 日にはジノヴィエフと K.ラデクは党中央委員会政治局へ以下のように
強い語調の書簡を送った。外務人民委員部において最近、我々から活動に責任を
負う可能性を奪っているそのような関係が確固としたものになっている。〔いく
つかの例を挙げたあと〕我々は中央委員会へ外務人民委員部に適切な指示を与える
ことを求める。さもなければ我々は活動への責任を解いてもらう、と[16]。

　本題に関わる最初の取組として、上記 1919 年 3 月 26 日の最初の **ИККИ** 会議
で資金の支給方法に関して、資金はバラバノフとクリンガー、またはヴォロフス
キーとクリンガーの指示と署名によってのみ支給されることになった[17]。ただし、
前者の組み合わせの方が当初は重要だったとみられる。なぜならヴォロフスキー
には国家出版所長との兼務が控えており、最初の国際プロパガンダ部長も 5 月 4
日に J.ベールジンと交代せざるをえなかったからである。そのバラバノフが 5 月
15 日の **ИККИ** ビューロー会議から欠席し、ウクライナへ向かうことになった。
そのため彼女に代わってベールジンを **ИККИ** 書記に選出し、ベールジンとクリ
ンガーの指示と署名によってのみコミンテルンの金庫から資金が支給されること
になった[18]。

　ここで、1921 年 9 月初めに幹部会へと改称されるまでの間、**ИККИ** の指導的
機関の役割を果たしていく小ビューローについて付記しておく。1919 年 7 月 18
日の **ИККИ** ビューロー会議で、ブハーリンは党中央委員会の決定、つまり **ИККИ**
のメンバーからベールジン、ルドニャンスキ、クリンガー、そしてブハーリンに
よる小ビューローを分離することを報告し、それは採択された。ブハーリンは小
ビューローに党中央委員会代表として入ることになったが、外国への代表および
急使の派遣に関する審議のため外務人民委員部代表を小ビューロー会議へ参加さ
せる問題は、党中央委員会の審議に回されることになった[19]。ここでも、**ИККИ**
と権限等をめぐって綱引きをしていた外務人民委員部に代表選出を委ねることな
く、党が主導権を握っていた。

　その党からコミンテルンへの資金供給について、最後にみておく。

　説明の都合上、最初に **ИККИ** 書記ベールジン、総務部長クリンガー、総務会計
係 H.フリシュが作成した 1919 年 8 月 18 日付書類「1919 年 4-8 月における

58

ИККИ の会計支出に関する計算書からの 3 つの抜粋」を紹介する[20]。それは以下の 3 つから構成されている。

一つ目は、計算書「秘密の総計」（外国への宝石類）からの抜粋であり、5 月 29 日のイタリアへ 30 万ルーブリ相当の宝石類から 8 月 14 日のハンガリーへ 2.1 万ルーブリ相当の宝石類まで 10 カ国・地域へ総計 3,423,500 ルーブリ分が記載されており、そのうちカフカスだけは通貨で 20 万ルーブリだった。

二つ目は、人民銀行支配人ハネツキを通じて受け取られた通貨と宝石類の総計であり、記載されている 3 件はいずれも次章で紹介する資金援助一覧を考察する際に言及される。

三つ目は、党中央委員会からの受領計算書の抜粋およびその総額の割当〔支出〕表であり、計算書には「1919 年 8 月 15 日にロシア共産党（ボ）中央委員会を通して受け取られたすべては、614 万ルーブリと 130.5 万ルーブリ相当の宝石類である」、つまり 4 月 23 日から 4 カ月弱の間に 10 回に分けて支給された合計は 744.5 万ルーブリとある。その使途はというと、ペトログラート、モスクワ、キエフの各支部の維持費がそれぞれ 227 万、2,291,035、100 万ルーブリであり、外国送金が 150.5 万ルーブリ、そして残り 38 万ルーブリ弱が 3 箇所での留保金である。維持費に 4 分の 3 が必要で、外国送金には 2 割を充てるしかない状況であった。

その史料の決算日である 8 月 15 日までに ИККИ が党中央委員会から支給される資金は、他の史料でも認められる。つまり、1919 年 3 月 26 日の最初の ИККИ 会議が、コミンテルンにとって早速必要な運営資金を加入諸党からしかるべき納付金として受け取るまでの間、党中央委員会にそれを要請し、中央委員会が引き受けることになった前納金 100 万ルーブリ。3 月 29 日の党中央委員会組織局会議が、ИККИ からの資金、家屋、自動車などについての申請に対して支給を決議した 100 万ルーブリ[21]。

1919 年 5 月 4 日の ИККИ 会議では、党中央委員会にコミンテルン予算として 1,000 万ルーブリにものぼる支出を請い、併せてコミンテルン会計簿の監査を党の監査委員会か他の委員会に委任することが決議された[22]。翌日に ИККИ は書記バラバノフの署名の申請書を党中央委員会に提出し、5 月 7 日の党中央委員会組織局会議は、大幅に減額したうえで 300 万ルーブリを支給することを決定した[23]。7 月 4 日の ИККИ ビューロー会議でも、党中央委員会へ 800 万ルーブリの支給依頼が決議されたが[24]、しかし党がかなり減額してでも応答したのかはわか

二十世紀研究

らない。

　資金援助一覧（次章）で、上記 4 カ月間に支出した外国援助資金は、ルーブリ通貨とルーブリ換算の宝石類だけでも 3,711,500 ルーブリあり、その出処は 8 月 18 日付文書中の 150.5 万ルーブリ分しかわからない。残りの 2,206,500 ルーブリは、例えば上記 5 月 7 日の 300 万ルーブリの支給決定が実施されていた場合、賄える額ではある。

　その党が援助額を決定しても、肝心の資金は当然のことながら銀行等から調達しなければならず[25]、以下の 1919 年 10 月 5 日の党中央委員会組織局会議議事録はその一例を示すものであるとともに、様々なことが垣間見られるので、第 6 議題の全文を引用する。

> 同志ハネツキの以下の報告〔があった〕。中央委員会の負担で人民銀行によって外国の共産主義的活動のために外務人民委員部へ 5,432,500 ルーブリ 80 コペイカ，第 3 インタナショナルへ 7,163,765 ルーブリ、個々人へ中央委員会の指示で 32,314,102 ルーブリ 50 コペイカ、総計 44,910,368 ルーブリ 30 コペイカが支給され、そして個々人の前線への出発を考えて、この総額を銀行に緊急に預けることは不可欠である。〔以下が決議された。〕　1）ВЦИК 幹部会へ、党中央委員会に煽動用に 44,910,368 ルーブリ 30 コペイカを支出し、この総額を中央委員会の負担で人民銀行へ振り込むことを提案する。／2）すべての支給が中央委員会の監督下で行われておらず、それゆえ中央委員会にはこの支給に関する書類の写しがないことを考慮して、同志〔И.Э.〕グコフスキー〔元財務人民委員〕に人民銀行ですべての文書を調べることを要請し、総計額をチェックし、中央委員会の会計係のために受領について一覧表のコピーを手配する[26]。

　本史料の要点のうち、本稿に特に関わるのは以下の 2 点であろう。①コミンテルンによる外国資金援助の一元化からはほど遠く、外務人民委員部への支給も依然多い。②すべての支給が党の監督下に行われておらず、人民銀行での調査を行い、受領一覧表のコピーを党会計係のために入手しようとしている。

　章を改めて紹介するのは、その受領一覧表の一つであり、計 30 件のうち私が作成した一覧表（「はじめに」参照）と重なるのは 8 件（3 割弱）にとどまる。なお、後者の表には前者の表の対象期間（下記の約 1 年間）に限定して 45 件があり、両者を合わせると（重複分を除き）計 67 件にのぼる。

	提供先	仲介者	提供先		日付	文書No.	宝石類	独マルク	典クローナ	芬マルッカ	露ルーブリ	米ドル	英ポンド	モルヒネ	その他
1	ハンガリー共産党	[E.]Rudnyánszky pour Ditche.	ハンガリー共産主義政府	Rudnianok for Dige	19190901	1/7	250,000								
2	ハンガリー共産党	Dverley	ハンガリー共産主義政府	D. Zerlei	19191206	2	207,000								
3	ハンガリー共産党	Brasler Kalusc	ハンガリー共産主義政府	Brasler Kalush	19191215	3	194,000								
4	チェコ	Iv. Simski pour [J.]Handlir et Mus	ボヘミア	Iv. Sinekom for Genglerzh and Mush	~~19201224~~ 1920??24	4	288,000								
5	チェコ	(判読困難)	ボヘミア	(判読困難)	19191119	5	215,000								
6	ドイツ	[J.]Reich pour Thomas	ドイツ	Reich for Thomas	19190530	1/2	300,500	100,000	~~100,000~~ 3,000	~~4,500~~	~~6,500~~ [65,000]			7,500	
7	ドイツ	Promtofer-Thomas	ドイツ	Proletariat	19190909	1/8a	250,000								
8	ドイツ	Rudolph Rothegel	ドイツ	Rudolf Roth[k]egel	19190928	6	639,000								
9	ドイツ	Rozovski pour Reich	ドイツ	Rozovski for Reich (all 3) for Thomas	19200220	7	275,000								
10	イタリア	Liubarski-Carlo	イタリア	[N.M.]Liubarskii-Carlo	19190530 ~~19190520~~	1/2		15,200	13,000	331,800	300,000				
11	イタリア	par Berzine	イタリア	via [J.]Berzin (判読困難)	19190921	8	487,000								
12	米国	Kotliarovitch	米国	Kotliarov [Котляров]	19190716	1/4	209,000								
13	米国	Khavkine	米国	Khavkin [Хавкин]	19190930	1/9	500,000								
14	米国	[J.P.]Anderson [K. Beika]	米国	Anderson	19200131	9	1,011,000								
15	米国	John Reed	米国	John Reed	19200122	10	1,008,000								
16	英国	Levine	英国	Levin	19190705	1/3	500,000								
17	英国	Levine	英国	Levin via [B.I.]Kantorovich (誰にか解読困難)	19190705 ~~19190715~~	11	1,039,000								
18	英国	Krassine	See what is for Engl.	[L.B.]Krasin	19190829 19190929	12	7,040,000								
19	バルカン諸国		バルカン諸国		19190730	1/5	1,000,000								
20	ユーゴスラヴィア	Belosevic	ユーゴスラヴィア	Beloshevich [Белошевич]	19191229	13	300,000								
21	オーストリア共産党	Mikhaïl	(?) 共産党	(Shchao?) Mikhail	19191226	14	503,000								
22	オーストリア共産党	Ogourski	どの国か不明	Sgurski	19190813	1/6	298,000 ~~297,000~~								
23	オーストリア共産党	Balabanova	どの国か不明	Inoderev gr. Balabanov	19191001 19190901	1/8		[墺]クローネ? 83,300							
24	オーストリア共産党	(判読困難)	どの国か不明	Leo (解読困難)	19191028	15	2,020,000								
25	オーストリア共産党	(記載なし)	どの国か不明	誰にか不明	19200505	16	5,239,000								
26	[S.J.]Rutgers		Roiters		~~19190914~~ ~~19191019~~ [19191014]	17	4,050,000	5,000	10,000				~~50,000~~ 50		
27	スウェーデン・ビューロー	A. Ioffe	スウェーデン・オフィス	A. Ioffe	19191202 ~~191912??~~	18		25,000	52,000			4,000	4,000		
28	ポーランド	(宝石類のようだが受け取られていない)	ポーランド	貴重品のように思われる 領収証なし	~~?~~ [192003??]	19	10,000,000								
29	Groupe [F.]Loriot		Group Loriot Kost	(both) to A. Groshov	19191227	20	2,500,000 280,000								
30	Thomas		Thomas	to him also	19200618	21	1,000,000	~~1,606,000~~ 1,600,000							(判読困難) 150,000
〃	〃		〃	〃	〃	〃		35,600							roman. 150,000
							41,322,500 39,101,500	~~1,786,800~~ 1,780,800	~~175,000~~ 78,000	331,800 ~~336,300~~	~~306,500~~ [365,000]	4,000	~~54,000~~ 4,050	7,500	150,000 150,000
								[墺]クローネ? 83,300							

表1　コミンテルンの外国共産主義諸組織への資金援助一覧（ca. 1919 年 5 月～ 1920 年 6 月）

二十世紀研究

III　外国資金援助一覧表

　前頁の表はクルーミナが取り扱った受領証にもとづく資金援助一覧（以下、資金援助一覧と略記）である。原史料は **ИККИ** 予算委員会のもので[27]、一時公開中に利用できた研究者たちによって仏語版と英語版でそれぞれ公刊され、前者には複製版も載せられている[28]。ただし、史料は手書きで摩損もあり、両訳の間でかなりの異同がある。それを明示するため両者を一部和訳せず並置し、数字で差がある場合は上段に仏訳、下段に英訳を載せ、複製版で誤りと判定できる方は一本線で消してある。（　）内は編注、［　］内は筆者注である。

　資金援助一覧は 1919 年 5 月 30 日～1920 年 6 月 18 日の記載である（仏語版では 1920 年 12 月 24 日の記載があるが、12 月とは判読できず、そのうえ 7-11 月の空白期が長すぎて不自然）。併せて複製されている記載開始 2 日前の文書によると[29]、ソヴェト政府よりコミンテルンへ計 21 組の宝石類、30 万ルーブリ相当が支給されているが、それは 5 月 30 日以降の原資の一部となったと考えられる。その原資の大半は宝石類であり、没収されて国庫に納められたそれらは（複製版で見られる限りで）1～67 個の単位でそれぞれまとめられ、組毎に 2,000～36 万ルーブリの評価額が付けられており、整理番号 167～384、923、1443～1512 のさらに飛び飛びの番号のものである。

　実は外国資金援助に関しては、決定から実際の支給までの間に変更がみられるのが通例で、特に留意すべきだが、決定額が支給に際して減額されていることが多く、時には支給された形跡が見あたらないものさえある。そのような変更を他の史料で確認できるものを以下、見ていくことにする（ただし、資金援助一覧 No. 6 と 26 と 27 は次章で扱う 3 つの在外ビューローにそれぞれ関わるので、各箇所で触れる）。

　No. 10　1919 年 4 月 29 日の **ИККИ** ビューロー会議で、リュバルスキーをイタリアに急使として派遣することが決まり、旅費・給料が 5 万ルーブリ支給されることになった。少し間が空いて、5 月 22 日の党中央委員会組織局会議における **ИККИ** ビューローからのリュバルスキー外国派遣依頼への承認を経て[30]、5 月 26 日の **ИККИ** ビューロー会議で、先の決議が取り消され、旅費・滞在費として 5 万フラン支給が再決議された。と同時に、彼を通じてイタリアの党に 20 万ルーブリ相当の宝石類が支給されることになった[31]。5 月 27 日に人民銀行から受け取っ

たのは、30 万ルーブリ相当の宝石類と 3 種の外貨（下記）となっている。「秘密の総計」には 5 月 30 日にイタリアへ 30 万ルーブリ相当の宝石類とあるが、同日の実際の支給内訳は一変していて、30 万ルーブリは通貨に変わり、そして 15,200 ドイツ・マルク以外の 2 つの通貨は 5 月 27 日の 3,000 スウェーデン・クローナと 31,800 フィンランド・マルッカが、それぞれ 13,000 と 331,800 に増額されている。

　No. 16　1919 年 7 月 1 日の **ИККИ** ビューロー会議で、イギリスにおける宣伝と煽動のために 50 万ルーブリ相当の宝石類を支給することが決議された[32]。実際の支給は資金援助一覧にある 7 月 5 日で、決定通りの宝石類がレヴィンに渡され、「秘密の総計」にも仲介者名を除いて同じ内容で記載されている。ただし、後日 9 月 11 日に作成された外務人民委員部の **Б.И.**カントロヴィチ署名の文書中に、「イギリスのために 19 年 7 月 5 日、同志レヴィンの旅行鞄の中に隠されて渡された」50.5 万ルーブリ相当の計 11 個のダイヤ（総カラット数 53.75）とあり、わずかに差があるが、額面どおりに揃えられなかったからであろう[33]。ここで、カントロヴィチ署名文書について付言しておこう。そこには他に 2 つの記載がある。つまり「オランダのために 19 年 7 月 5 日に同志ツェブリコフの旅行鞄の中に隠されて渡された」20.1 万ルーブリ相当の計 4 個のダイヤ（総カラット数 19.65）と「フランスのために、19 年 7 月 5 日に同志ザブレジエフの旅行鞄の中に隠されて渡された」30 万ルーブリ相当の計 9 個のダイヤ（総カラット数 32.65）である。両方とも、「秘密の総計」に仲介者名を除いて記載されているが、オランダについては 20 万ルーブリ相当とあった。

　No. 17　人民銀行から **ИККИ** は日付なしで 100 万ルーブリ相当の宝石類と 4 万ドイツ・マルクを受け取り、仲介者はカントロヴィチとの記載がある[34]。それが No. 17 に該当するのであろう、1919 年 7 月 5 日に「カントロヴィチ経由レヴィン」へ 1,309,000 ルーブリ相当の宝石類とあり、ドイツ・マルクがなくなり、その分を考慮してか宝石類が増やされている。実は、カントロヴィチは 3 年後の 1922 年 10 月 16 日に **И.А.**ピャトニツキー[35]へ資金提供に関する自らの潔白を証明するため手書き書類を作成し、それに 1919 年 10 月 24 日と 25 日の 2 つの領収書を添付している[36]。24 日のにはカントロヴィチの署名が、25 日のにはエフゲニア・シェレピナの署名があり、それぞれに 35 個のダイヤ（総カラット数 59.25）と 3 本の真珠の首飾り、計 103.9 万ルーブリ相当の同じ内訳が記されている。カントロヴィチの手書き書類には、チチェーリンと **Л.М.**カラハンによって私に与

63

二十世紀研究

えられた命令に応じて、アーサー・ランサムと同夫人が一緒に出発する際、私は人民銀行のハネツキから受け取ったそれらを彼女に渡した、とある。実際、その時期にランサムは母国イギリスから再入露を果たしたものの、途中エストニア政府の密使役を引き受け、得られた応諾を直ちに伝えるためエストニアに引き返すことになり、その際、（初代外務人民委員トロツキーの私設秘書と恋仲となり、再婚を願っていた）エフゲニアを出国させるべく同伴した[37]。資金は 7 月にレヴィンではなく 10 月にエフゲニアに手渡された可能性が高い。

No. 20　1919 年 12 月 27 日の **ИККИ** ビューロー会議で、ベルシェヴィチを介してユーゴスラヴィアの党に 30 万ルーブリ相当の宝石類を提供することが決まった[38]。実際の支給は 2 日後で、内容に変更はない。

No. 28　1920 年 3 月 12 日の **ИККИ** ビューロー会議で、1,000 万ルーブリ相当の宝石類がポーランド・ビューローに支給されることが決議された[39]。資金援助一覧では日付なしとなっているが、1920 年 3 月時点のものであることがわかる。しかし、「受領書なし」とあり、果たして資金援助一覧中最高の金額が記載されているものが実際に支給されたかは、不明である。

IV 在外ビューローへの資金援助

ИККИ 在外ビューロー全般については、拙著で概説しているので[40]、ここでは資金援助を中心にみていく。

1919 年 4 月 14 日の **ИККИ** ビューロー会議において、国外に向けての活動等に関していくつか重要な決議がなされた。以下、議題番号を付して抜粋する[41]。

1）あらゆる党に檄文、回状、書簡を国外発送することに関して **ИККИ** 書記バラバノフの報告があり、急使やあらゆる他の方法によって発送することが承認された。

2）モスクワの第 3 インタナショナル・ビューロー〔**ИККИ** ビューロー〕とペトログラートの支部との相互関係について討議され、ビューロー・メンバーとの事前の相談や許可なしにペトログラートから無線電信を〔国外に向けて〕発するなどの自立的な示威行動は望ましくなく、両者間にヨリ緊密な接触を確立することが決定された。

3）「ハンガリーとバイエルンからの最新報道に関連して様々な国に **ИККИ** 支

部を開設するロシア共産党中央委員会決議に関する同志ジノヴィエフの報告」が
なされ、「第3インタナショナルのビューローをキエフ、ハンガリー、バイエル
ン、そしてスカンディナヴィアに創設することを非常に重要かつ不可欠と認める」。

　重要な決議なので説明をはさむと、ハンガリーとバイエルンについては、それ
ぞれ1919年8月1日と5月3日の共和国崩壊と運命を共にした。残り2つは南
部支部とスカンディナヴィア・ビューロー（委員会）としてそれぞれ創設されるの
だが、キエフの重要性については、同4月14日の晩に開かれた **ИККИ** ビュー
ロー（6名）と職務上の責任を担当する協力者（16名）の会議でのジノヴィエフ
発言がよく説いている[42]。つまり、彼のビューローの活動に関する報告の中で、
目下のところ革命運動の核心はハンガリーやバイエルンでの出来事と関連して南
ロシアにさっと移っている、との現状認識が示され、**ИККИ** を支援する同志グ
ループの拡大の必要性と重要性が強調され、そして既にペトログラートにある第
3インタナショナル附属の協力者細胞を即刻モスクワにも創設することが提案さ
れた。その認識は党の認識でもあり、4月20日の党中央委員会組織局会議議事録
をみれば[43]、ハンガリー革命とそれに関わる我々の西方への軍事行動との関係で
国際的活動のためオデッサには極端に重大かつ重要な意味がある、と認識され、
それゆえバラバノフに西方との必要な関係維持のためオデッサでの活動で出発す
ることが提案される。ストックホルムを中心としたスカンディナヴィアについて
は、上述のようにスウェーデン左派の ISK メンバーとの協力関係が維持されてい
たのであり、コミンテルンによる外国資金援助の格好の起点となりえたからであ
る。

　4)外国諸党へ助成金を与え、分配し、また政治的急使を外国に派遣することを、
第3インタナショナルの運営に完全に移すことが改めて決議された。

　9) 2) に関連して、モスクワのビューローとペトログラートの支部との間の資
金の分配について、党中央委員会から **ИККИ** が受領した100万ルーブリのうち
半分の50万ルーブリがペトログラート支部へ移されることになった。

　さらに1919年9月から10月にかけて、**ИККИ** ビューロー会議はオランダお
よびドイツにコミンテルンの重要な在外支部をそれぞれ開設することを決定する。

1．キエフのビューロー（南部支部）

　上記1919年4月14日の **ИККИ** 会議で、キエフのビューローの担当者として
バラバノフ、C.ラコフスキ（ウクライナ・ソヴェト政権首班）、J.サドゥール（党中

65

二十世紀研究

央委員会附属 ЦФИГ（フランス語グループ議長）が任命された。5月4日の同会議で、南ロシアに第3インタナショナル支部の組織化が議題となり、支部を実際に開設し、それを ИККИ 南部支部と名付けることが決まった。そして同支部の運営に100万ルーブリの融資枠を設け、既に支出された当地への35万ルーブリを組み入れないことになった[44]。

7月4日の ИККИ ビューロー会議で、南部支部へ50万ルーブリの送金を決議しているが、同時に以前の支出の内訳報告を即刻求めているように、その使途に疑念が抱かれていた[45]。7月22日の ИККИ ビューロー会議では、200万ルーブリをキエフの南部支部に支出し、うち半分はオデッサの第2支部での活動のためにサドゥールへ送ることが決められた。続く8月5日の（レーニンが初めて臨席した）同会議では、バラバノフによる南部支部のための900万ルーブリ支給依頼が議題に上るが、誰を何のために派遣するのか、ヨリ詳しい情報が求められ、それを得て再審議となり、当面の活動費として100万ルーブリを支給することが決まった[46]。

1920年1月21日の ИККИ 小ビューロー会議の決定により、改めてウクライナ〔ハリコフ〕に支部〔新南部支部〕を組織することとなり、同支部に対して ИККИ によってさしあたり総額で500万ルーブリが融資されることになる。メンバーは上記3名のうちバラバノフが抜けて、ルドニャンスキ、I.ミルキチ、F.コーンが加わる。その決定について、翌々日に ИККИ は書記ベールジンと総務部長クリンガーの署名でもって党中央委員会宛に書簡で知らせた。その融資については、党に対して支部活動のために500万ルーブリを支出し、それらをモスクワ国立銀行 No. 255218/A の自分たちの当面の口座に送金することが請われた[47]。

1920年8月11日の ИККИ 小ビューロー会議の決定により、ミルキチとサドゥールにひと月で ИККИ 南部ビューローを解散し、オデッサに信任された個人から成る細胞を組織することが委任される[48]。それは8月6日の党中央委員会政治局での決議を受けて、2日後 ИККИ が下した以下の決定を即刻実施するための措置であった。つまり、すべての在外ビューローを廃止し、代わって個人的責任の下に一定の任務を委任されたエイジェントだけを許可する、と[49]。

その解散、再組織化の流れの中で、8月19日の ИККИ 小ビューローにおいて「オデッサにおける技術ビューロー」が議題の一つとなり、オデッサ〔第2支部〕の負債を付録 No. 1 の抜書に従って弁済し、このことについてミルキチとサドゥールに知らせることとなった[50]。同付録を見ると、オデッサ第2支部は当面

の仕事に対する資金不足のため必要に迫られて借金をして、別の組織へと変わったとあり、詳細は省くが、弁済総額は 77.5 万ルーブリで、うち 10 万ルーブリは旧帝政時代の通貨でであった。

2. スカンディナヴィア委員会（ビューロー）

ISK のスウェーデン・メンバーはコミンテルン創設後も自らの国際活動を継続した。1919 年 6 月に一同志がロシアから帰国の際、上記 4 月 14 日の ИККИ ビューロー会議でスカンディナヴィア・ビューローが創設され、ヘグルンド、F. ストレム、K.チルブムの 3 名が指名されたことの口頭による通知をもたらし、その時点で ISK の機能は同ビューロー（委員会）へ移された[51]。しかし、「スカンディナヴィア」を冠した組織である限り，スウェーデン左派だけの構成は十分とはいえず，同ビューローは同年 10 月，同じ目的で活動していたもう一つの（フィンランドの）委員会と統合し，（E.ギュリング，M.ヘイモらが加わって）6 名の構成となった。この後も、1921 年 8 月 14 日の ИККИ 書記局による委員会の部分廃止、改組まで組織変遷が続く。

ベールジンのジノヴィエフ宛 1919 年 8 月 28 日付覚書には、以下のように外国共産党への資金援助に関する重要な記述があるが、ここではヘグルンドらが仲介者としてなお必要であったことに着目したい。

レーニンと話し合って我々は、500 万では少なく、送金総額を 2,000 万フラン（約 100 万ポンド・スターリング）まで増やす必要があるとの結論に達した。直ちにそのような総額を集めるか、わからない。本日、エレナ・ドゥミトゥリエヴナ〔・スタソヴァ〕〔党中央委員会書記〕がペトログラートへ行き、あなたに金銭と宝石類を運んで来るだろう。／ヘグルンドへ、いかに彼らが受け取られた資金を配分しなければならないかを書き送ることは不可欠だ。一定額（例えば、半分）は予備の基金として取っておき、残りは即座に西欧とアメリカの共産主義・左翼社会主義グループ間で分配し、その上スパルタキストには直ちに大金（数百万）を与えなければならない。／とにもかくにも外国で我々の決定等を実行するようなある程度の中心が非常に不可欠である。誰にこの事業を委任するか。ヘグルンドと他のすべてのスカンディナヴィア人はぐずぐずしていたし、エネルギーとイニシャティヴのない人々だが、しかし暫定的にはまさに彼らを通じて活動しなければならない、と[52]。

1919 年 12 月 1 日の ИККИ ビューロー会議で、国際的宣伝のためにヨッフェ

二十世紀研究

へ 100 万ルーブリ相当の外国通貨を支給し、さらにそれをスウェーデン・ビューローのためにリトヴィノフ〔コペンハーゲン駐在の外務人民委員部参事会員〕へ渡すことが決議された[53]。資金援助一覧 No. 27 では、翌日に 4 種類の通貨で支給されている。ちなみに、1920 年 1 月 20 日の同会議では、リトヴィノフが外務人民委員部用にスウェーデン・ビューローの金庫から非常時に限り 100 万クローナまで借金できる許可を決議している[54]。本件から窺われるのは、コミンテルンと外務人民委員部が、上述のコミンテルンへの権限移管の取り決めに反して、相互乗り入れを機能面でも資金面でも維持し続け、またスカンディナヴィア委員会からは外国援助のための資金不足の窮状は見られないことである。

　そのリトヴィノフからのチチェーリン宛 1919 年 12 月 14 日付電報がある[55]。それは「コミンテルン・ビューローのために」で始まる暗号電文で、以下のように様々な具体的内容が盛り込まれていた。

　多くの宝石類と金銭が〔スウェーデン商船〕エシルストゥナ〔3 号〕でストックホルムへ大事に守られ、送り届けられたが、ほんのわずかが失われた。随行したプラッテン夫人〔スイス左派 F.プラッテンの夫人とは別人〕が一つの旅行鞄を送り届けて、それで 2 万スウェーデン・クローナが手に入れられる。もう一つの旅行鞄はフィンランド人たちに盗まれた。／S.H.リンデルト〔スウェーデン左派〕によって〔ソヴェト・ロシアから〕送り届けられた 100 万ルーブリで 1 万〔クローナ〕が、宝石では 6 万クローナが手に入れられる。／リュトヘルスはなぜかまだスカンディナヴィアの人たちと接触していない。〔アムステルダム・サブビューロー用資金の西欧書記局による着服問題に関連して（後述）〕オランダに形成された書記局が、ベルリンの人たちの手にある金の集中管理へ向けて措置を講じていることは、非常に重要だ。／いかなる総額で M.M.グルゼンベルク〔ボロディン〕に金銭と宝石類が与えられたか、またヤホントフにストックホルムでスイスのために与えられたが、そこへは届けられていない 1.5 万クローナで彼は活動報告をしたか、即刻知らせよ。／コミンテルン・スカンディナヴィア委員会は、ヴォロフスキーによって残されたフィルムの宣伝のために彼〔ボロディン〕にまかせることを頼み、ヴォロフスキーに尋ね、知らせよ、等々。

　1 年強の間をおいて、1921 年 1 月 23 日の ИККИ 小ビューロー会議ではストックホルム・ビューローの報告があり、以下に決定事項を抜粋する[56]。

　1)『クラルテ』(Clarté) グループにストックホルム・ビューローを通じて 6,000 スウェーデン・クローナを支給する。／2) 総額 264,100 スウェーデン・クローナ

の半年（3月1日〜8月31日）の予算見積、同じ時期の総額15万スウェーデン・クローナのスウェーデンの党の見積、そして総額7万スウェーデン・クローナの半年（1月1日〜7月1日）のノルウェーの党の見積を承認する。／3）ストックホルム・ビューローをスェーデンの党の管理下に置く。

翌月12日の同会議では、スウェーデン同志からの提案に応じ、ストックホルム・ビューローに100万スウェーデン・クローナを、専ら小ビューローの指示に従って使い、その報告を毎月小ビューロー内の監査委員会へ提出することを条件に、基金として支出することが決議された[57]。

また、スカンディナヴィア委員会は、ロシア通信社（通称ロスタ；1918年9月に当初 ВЦИК 附属で設立）のストックホルムとクリスチャニア（オスロ）の両支部と連携していた。ストックホルムからの無署名（同委員会メンバーと推定される）のチチェーリン宛1920年7月1日付書簡によれば、先の6月23日付書簡で両支部の危機的な資金状況が訴えられたところ同月末までに二度にわたり計4.5万クローナ（両支部の運営費3カ月分相当）がリトヴィノフから届けられた[58]。上記のようにスウェーデン左派自身が携行してきたり、外務人民委員部コペンハーゲン駐在員から提供されたり、複数の資金調達ルートがあった。

最後に、ストックホルム委員会が、後述するように ИККИ との関係悪化に伴い連絡も追加支給も途絶えたアムステルダム・サブビューローに対して協力の手を差しのべたことについて付言しておく。1920年4月6日、ストックホルム（おそらくストレム）からのリュトヘルス宛暗号数字入り書簡を抜粋する[59]。「〔資金問題〕はまた、我々にとって非常にむずかしい。第一に〔リトヴィノフが非常に多くの金銭を〕必要としており、第二に〔良好な価格での現金化〕が非常に困難であるからである。我々はあなたがたに最初の〔5万クローナの価値をもったもの〕を送る。新しい送付が、最初の安着の報告が届きしだい続く」。

この5万クローナ相当の宝石をはじめ数度にわたる送付に関する記述が両者間の通信にあるが、目下受領が確認できるのは1、2しかなく、通信の数字暗号部分の十分な解読が俟たれる[60]。

3. アムステルダム・サブビューロー

1919年9月16日の ИККИ ビューロー会議において、オランダへ帰国するS.J.リュトヘルスの旅費として4万ルーブリ、党活動費として50万ルーブリを支給することが先行して決議された[61]。なお、その50万ルーブリについては、翌日の

二十世紀研究

党中央委員会組織局会議へ **ИККИ** 総務部長クリンガーが出向き、アメリカへの 50 万ルーブリなどとともに支給を申請し、その承認を得た[62]。

　続く 9 月 28 日の同会議で、**ИККИ** のオランダ支部を組織することとなり、同支部用に 2,000 万ルーブリを支出することが決まった[63]。その額は 4 つの在外ビューローへの支給決定額としては最高で、いかにオランダ支部への期待が大きかったかを示している。しかし、オランダ司法省情報部の密偵報告によれば、それはダイヤモンド、真珠等で得られるはずであったが、1920 年 2 月 3-8 日のオランダ支部主催のアムステルダム国際会議の席上リュトヘルスは未だそれを受け取っていないとのこと[64]。たとえその報告の信憑性が疑われるとしても、下記のように状況証拠から見ても支給はありえない。

　リュトヘルスへの資金提供は、資金援助一覧 **No. 26** にあるように 10 月 14 日になされているが、内訳は以下のように大幅に変わっていた。1 万スウェーデン・クローナ、5,000 ドイツ・マルク、宝石類 405 万ルーブリ相当、50 ポンド（原史料には"~~50,000~~"とこの金額だけが二重線で訂正されているようにも見え、5 万と 50 と解釈が分かれており、後者を私が採った理由は少しあとで述べる）[65]。

　これら 4 種類の通貨のギルダー換算率が、帰国したリュトヘルスによって 1919 年 12 月 15 日にまとめられた出納文書中にある[66]。つまり、1 クローナが **0.5615 ギルダー**、1 マルクが **0.084 ギルダー**、1 ポンドが **10.06 ギルダー**、そして 1 ルーブリが **0.0696 ギルダー**と。それらをもとに提供資金をギルダー換算すると、1 万クローナが 5,615 ギルダー、5,000 マルクが 420 ギルダー、50 ポンドが 503 ギルダーとなる。それらに宝石類 405 万ルーブリ相当の 281,880 ギルダーを足すと、合計 288,418 ギルダーとなる。

　上記のように、**ИККИ** によって決定されたオランダ共産党およびアムステルダム・サブビューローへの援助資金は、2,050 万ルーブリ（上記換算率で 1,426,800 ギルダー）だったが、10 月 14 日にリュトヘルスが資金を受け取った以外に受領の形跡は認められず、翌 10 月 15 日にモスクワを発ったことからみても、実際の支給は上記の 288,418 ギルダー分だったのではないか。

　そのリュトヘルスが受け取った資金のかなりが、帰国途次ベルリンに立ち寄った際に着服された。その経緯については、G.L.トロッターことリュトヘルスがヴィンターことベールジンへ宛てた 1919 年 12 月 20 日および 1920 年 3 月 9 日付両書簡[67]によっておおよそつかめるので、それらによってみていこう（もう一方の当事者からの発言等は見あたらず、**ИККИ** 書記であった書簡受取人が本件を **ИККИ** も

70

しくは同小ビューローの会議に提起した形跡もない）。

　10月末にベルリンに到着した私〔リュトヘルス〕は、まずフックス、次にP.レーヴィに会った。私はKPDの財政上の問題で少なくともフックスやレーヴィのような同志を信用でき、国際的な目的のために金銭が使われると考えたので、すぐに40万マルクを後に残すことを決し、そのため自らの荷物〔ダイヤ〕を換金しなければならなかった。残りは危険を避けるために完全に信用できる急使によってオランダへ伝達されることになり、ちょうどベルリンにいた急使にヨリ大きいの〔ダイヤ〕と中ぐらいの〔イエロー・ダイヤ〕を持って行ってもらい、売られることになった。ジェイムズとは、残念ながら少し後に出会い、彼はすぐに私が〔両者に〕だまされて損をしたと思った。私によって譲渡された総額はすぐにもっぱらKPDの利益となるだろう。〔ベルリンから2個のダイヤが送られてきたあと〕我々が絶対的に信用する急使をベルリンに送り、彼はフックスが〔レーヴィと共謀して〕金塊か現物を引き渡すことを拒絶するとの報告を持って戻ってきた。ジェイムズもまた、この詐欺師の悪行を快く思っていない。私がそのためにフックスに既に8万マルクを残したところの、その〔国際〕会議費用の一部の支払いをなおジェイムズはさせられたように思える、と。

　本文からはジェイムズことライヒへの信頼の高さが窺われるが、フックスは西欧書記局の出納担当でもあり、またライヒはのちにコミンテルンから離反することになることから、果たしてライヒが着服問題に全く関与していなかったかはわからない。

　ベルリンが着服・流用した総額は、いくらだったであろうか？　トロッターの「博士」（おそらく駐独コミンテルン代表M.ブロニスキ）宛1920年2月14日付書簡によれば、少なくとも500万マルクが受け取られたはずだとあり[68]、また、上記アムステルダム国際会議に出席した密偵J.ノソヴィツキーのロンドン警視庁報告にはリュトヘルからの情報が記録されているが、それによるとドイツの同志がその宝石を換金して400万マルクを得たとある[69]。

　果たしてその総額は500万マルク（上記換算率で420,000ギルダー）または400万マルク（336,000ギルダー）にも上ったであろうか？　上記のようにリュトヘルスが携行した宝石類は405万ルーブリ（281,880ギルダー）相当だった。そのうち、2個だけは無事に彼のもとへ届き、25,975ギルダーで換金されたので、それを差し引くと（40万マルク提供用の換金分〔33,600ギルダー〕を含めて）255,905ギルダー相当の宝石類がベルリンに残されたと推定される。それの約1.6倍が500万マル

ク、1.3 倍が 400 万マルク相当となるが、宝石類がルーブリ通貨の悪化を免れやすいことを考えれば、リュトヘルスの言う総額はあながち誇張ではないだろう。

　残るポンドの問題についてみていこう。リュトヘルスへ支給されたのが 5 万ポンド（上記換算率で 503,000 ギルダー）の場合、総計は 790,915 ギルダーとなり、50 ポンド（503 ギルダー）の場合、288,418 ギルダーとなる。前者だと（宝石類のうち 2 個分を除く相当額 255,905 ギルダーが着服・流用されたとしても），その着服分のなお約 2 倍もの資金的余裕がある。サブビューローは創設時点から既に資金不足にあえいでいたことを考えれば，50 ポンドだった可能性が高い。

　そうだとすれば、ベルリンに着服・流用されたとみなされる 255,905 ギルダー相当の宝石類が当初の支給額 288,418 ギルダーに占める比率は約 88.7％となろう。残ったのは 32,513 ギルダーで、実際の支出とリュトヘルスの証言からみて約 3 カ月分の活動費にすぎなかった[70]。

　加えて、サブビューローと ИККИ の議会主義と労働組合問題をめぐる意見対立（別稿で論じる予定）が顕著になるや、ИККИ による追加資金提供の道が閉ざされていった。それは、もう一つの有力拠点、つまり（1920 年 8 月の在外ビューロー全廃決定にもかかわらず存続し、資金援助も継続された）西欧書記局の ИККИ による取り扱いとあまりにも対照的であった。ИККИ の政治的立場が反映されやすいかどうかが、資金援助の増減にも響いていた。

4.　西欧書記局

　資金援助一覧 **No. 7** に見られるように、1919 月 9 月 9 日にトーマス（ライヒ）へ宝石類 25 万ルーブリ相当が提供されており、それが先立つ開設資金とみなされる。既にモスクワを発ったジェイムズ（ライヒ）に対して、10 月 25 日の **ИККИ** ビューロー会議で 1）ドイツの党と出版事業のために 200 万ルーブリ相当の宝石類を急使 **Л.А.**オシポフによって送らせること、2）カラハンを通じて外務人民委員部に、ドイツの党用に 1,000 万ルーブリまで融資することを **В.Л.**コップに一任するよう依頼することがそれぞれ決まった[71]。かつてコミンテルン全史料を閲覧することができたフィルソフは、最初の決議だけを引用して、2 番目の決議に言及していない（ただし、挿入された複写版議事録には載っている）。彼をしても融資が実現した証拠を得られなかったのかもしれないが、むしろアムステルダム・サブビューローへの 2,000 万ルーブリ支給と同様に、この 1,000 万ルーブリ融資も実現しなかったのではないか。最初の決議に関してフィルソフは、オシポフの 10

月 29 日付受領証までも紹介して、総額 2,022,400 ルーブリ相当の宝石類であったとのこと（ただし、その内訳には漏れか誤記がある）[72]。

　それらに先だって、資金援助一覧 **No. 6** に見られるように、ИККИ は 1919 年 5 月 30 日にトーマスへ宝石類 300,500 ルーブリ相当、10 万ドイツ・マルク、3,000 スウェーデン・クローナ、モルヒネ 7,500 ルーブリ相当、そして 65,000 ルーブリ（仏語、英語両版とも 6,500 と記しているが、誤記であることは複写版で一目瞭然）の資金を提供していた。それに至る経過を追っていくと、4 月 29 日の **ИККИ** ビューロー会議で、出版−情報の仕事のためにドイツへライヒを派遣することが決議され、旅費と活動開始のため 25 万から 30 万ルーブリまでが支給されることになった。その支給枠が 5 月 15 日の同会議で 50 万ルーブリまで増額され、外国およびロシア紙幣で 20 万ルーブリと宝石類 30 万ルーブリ相当が支給されることになった[73]。人民銀行から **ИККИ** は 5 月 26 日に 300,500 ルーブリ相当の宝石類、5,000 スェーデン・クローナ、5 万オーストリア・クローネ、7 万ドイツ・マルク、45,500 フィンランド・マルッカ、そして 15 万〔ルーブリ？〕兌換券を受け取っている。「秘密の総計」ではドイツへ 5 月 30 日に 300,500 ルーブリ相当の宝石類とあり（その内訳は、14 点の多種にわたるものであることが「ジェイムズ・ライヒ／モスクワ、1919 年 5 月 30 日」と署名のある複写版領収書でわかる[74]）、同日の実際の支給は 5 月 26 日のと比べて外貨の種類と額に変更があり、兌換券がなくなり、モルヒネが加えられている。

　「1919 年秋の終わりに」ベルリンに到着したライヒの最初の数週間の活動に関する情報が、**ИККИ** で働いていたエストニア共産党員 V.キンギセップからジノヴィエフへ上げられた 1919 年 12 月 30 日付報告書にみてとれる。以下が資金に関する記述である。「リュトヘルスが宝石類も持ってうまく〔モスクワから〕やって来ている。彼はそこでフックス、レーヴィ、そしてライヒと会った。ドイツとオランダでいま良き関係が築かれている。フックスに彼は 40 万マルク引き渡した。金は至急必要とされている」と[75]。40 万マルクが提供されたことだけしか報告されていない。

　以上、**ИККИ** から得られた資金を列記し、上記換算率でギルダー（f.）換算したものを括弧内に小数点を四捨五入して出してみる。

　1919 年 5 月 30 日分：300,500 ルーブリ相当の宝石類（f. 20,915）、10 万マルク（f. 8,400）、3,000 クローナ（f. 1,685）、7,500 ルーブリ相当のモルヒネ（f. 522）、65,000 ルーブリ（f. 4,524）

二十世紀研究

1919 年 9 月 9 日分：25 万ルーブリ相当の宝石類（f. 17,400）
1919 年 10 月 29 日分：2,022,400 ルーブリ相当の宝石類（f. 140,759）
　これらの合計は 194,205 ギルダーとなる。これに上記着服したとみられる宝石
類 255,905 ギルダー相当を加えると、450,110 ギルダーとなる（着服したのは KPD
党員とのことだが、KPD とライヒとの共同は西欧書記局以前から始まっており、一括して
取り扱っている）。
　当初の支給額は、アムステルダム・サブビューローが約 28.8 万ギルダー、西欧
書記局が（開設以前も含めて）約 19.4 万ギルダー、そして実際に使えた資金は、前
者が約 3.3 万ギルダー、後者が約 45 万ギルダーという比較がなされる。いかにサ
ブビューローの資金難が深刻であったかが初めて実証されたことになる。

おわりに

　最後に、コミンテルン第 2 回大会直後の 1920 年 8 月 8 日にもたれた ИККИ
会議で「党の金銭的援助の問題」を議題にした際のブハーリン発言を紹介してお
こう。彼は外国への資金援助の問題点を以下のように語っている。

　　我々はそれらの金銭問題で多くの経験を積んできており、一部非常に悪いものになっ
　　ている。例えば〔いわゆるベッテルハイム事件を念頭に〕オーストリアに我々は多く
　　を送金してきたが、その結果、党内は全く不健全な状態になった。にもかかわらず、
　　この時期は既に過ぎ去った。しかしその時、共産党は完全に堕落していた。……金は
　　兵士を堕落させる。つまり、彼らは金を得るだけのために党の仕事をすることを欲し
　　た。それゆえ我々自身の党を堕落させないためには最も厳しい統制が必要である、と
　　私は考える[76]。

そしてジノヴィエフのまとめの発言に以下があった。

　　あなたがたは新聞類の費用を自らもたなければならない。それが党の原則だ。我々は
　　金を個人の同志に与えるのではなく、〔各党の〕中央委員会に与え、そして個々の要
　　求を個別に審査するだろう[77]。

指摘された問題点への対処が「最も厳しい統制」および「個別の審査」であり、その結果が当日の会議の続きで在外ビューローの全廃と個人的エイジェントだけの許可であったことは改めて問題だった。それは抜本的な解決とは言いがたく、既に私が指摘したことだが、個人的エイジェントは ИККИ の一存で容易に解散させられる性格の機関で（政治的ばかりか財政的にも）あったことを意味する[78]。1919 年早秋、ИККИ 議長ジノヴィエフ自身が西洋の在外ビューローについて最初に構想したこと、つまり「あらゆる国の共産党が外からの物的支援なしでやってゆく目的を追求しなければならないことから出発して、ИККИ はその代表——在外ビューロー——に初めは以下の要求のため資金援助をさせる。〔後略〕」が、いかに現実とかけ離れたものになったことか[79]。

　本稿の考察によって以下がまとめられる。①資金供給にはロシア共産党を中心に ИККИ、外務人民委員部、そして人民銀行が互いに関与し合ったのだが、外国資金援助の管轄は決して ИККИ に一元化されたわけではなかったし、外務人民委員部との綱引きがあった。②決定から実際の支給までの間、金額等の変更はしばしばであり、大幅減額とか不支給とかも例外ではなかった。③リュトヘルスが記録していた 5 種類の通貨間の換算率をもとに各通貨の金額の比較が可能となり、それを用いて西欧書記局に資金を着服されたアムステルダム・サブビューローの資金不足がいかに深刻であったかが判明した。④サブビューローへ ИККИ から追加資金が提供されなかったことの背景には、資金供給に際して対象組織への政治的判断が加えられ、それが供給額の増減の前提としてあった。

　その上に、⑤決定から調達、仲介、そして受領に至る過程にはそれぞれのストーリーがあったこと、⑥受領した資金がどのように使われ、それは有効であったかどうか、その追究が運動の解明・評価に深く関わること、⑦ИККИ は各国各組織に立ち入って政治的に統制を強めていくのだが、それと財政支援が連動しえたことの新たな検討課題がみえてきた。目下、私は⑤、⑥について考察を進めており、アムステルダム・サブビューローについては、その使途まで含めた分析を終え、別稿を用意しており、また在外ビューローの後継機関、パンアメリカン・エイジェンシーについて「活動資金の問題」に関する包括的な研究を発表していることを言い添えておきたい[80]。

二十世紀研究

註

1) 本稿で取り上げる関係史料は、すべてロシア国立社会-政治史文書館（通称ルガスピ；Российский государственный архив социально-политической истории, Москва）所蔵のもので、以下РГАСПИ と略記する。

2) Victor Loupan/Pierre Lorrain, *L'argent de Moscou. L'histoire la plus secrète du PCF* (Paris: Plon, 1994); Harvey Klehr/John Earl Haynes/Kyrill M. Anderson, *The Soviet World of American Communism* (New Haven: Yale University Press, 1998); *Коминтерн и идея мировой революции. Документы* (Москва: Наука, 1998); *Политбюро ЦК РКП(б)-ВКП(б) и Коминтерн. 1919−1943. Документы* (Москва: РОССПЭН, 2004). 以上 4 冊に収録されている原史料もすべてルガスピ所蔵であり、それぞれ Loupan/Lorrain、Klehr et al.、*КИ и идея мир. рев.*、*Политбюро и КИ* と略記する。

3) 紙幅の関係で、大部の一覧表の掲載をはじめ、かなりの史料の直接引用や細部の説明を本稿では割愛していることを予め断っておきたい。

4) Hermann Weber/Jakov Drabkin/Bernhard H. Bayerlein (Hrsg.), *Deutschland, Russland, Komintern*. II. Dokumente (1918–1943), Teilband 1 (Berlin: De Gruyter, 2015), 43.

5) Angelica Balabanoff, *My Life as a Rebel* (New York: Harper & Brothers, 1938), 175–176; 山内昭人『戦争と平和，そして革命の時代のインタナショナル』(九州大学出版会, 2016), 125, cf. 163–164.

6) *КИ и идея мир. рев.*, 78–80, 81–82. 下線は原文。

7) *КИ и идея мир. рев.*, 98–100; cf. Wladislaw Hedeler/Alexander Vatlin (Hg.), *Die Weltpartei aus Moskau. Der Gründungskongress der Kommunistischen Internationale 1919. Protokoll und neue Dokumente* (Berlin: Akademie Verlag, 2008), 9, 20–22; Ulrich Weitz, *Der Mann im Schatten. Eduard Fuchs* (Berlin: Karl Dietz Verlag, 2014), 225–235.

8) *КИ и идея мир. рев.*, 117. 下線は原文。

9) РГАСПИ, 495/1/1/23; *Политбюро и КИ*, 26.

10) РГАСПИ, 495/1/1/23; *Политбюро и КИ*, 25. バラバノフのコミンテルン早期離脱に行き着くこの問題は、別稿で論じる予定。

11) РГАСПИ, 495/1/1/1–2; *КИ и идея мир. рев.*, 118–120.

12) РГАСПИ, 495/1/1/9.

13) РГАСПИ, 495/1/1/22; *Политбюро и КИ*, 27–28.

14) Hedeler/Vatlin, *Die Weltpartei aus Moskau*, lxxxvi-lxxxvii.

15) *КИ и идея мир. рев.*, 273; *Политбюро и КИ*, 76.

16) *КИ и идея мир. рев.*, 306–307; cf. *Политбюро и КИ*, 92–93.

17) РГАСПИ, 495/1/1/3–3 об.

18) РГАСПИ, 495/1/1/31–32.

19) РГАСПИ, 495/1/1/45; *Политбюро и КИ*, 29.

20) *КИ и идея мир. рев.*, 150–152.

21) РГАСПИ, 495/1/1/21. なお、同決議の後半には、残りの問題はすべて[B]ЦИК 幹部会へ移管するとあり、以後ソヴェトとの関係も稀にだが記録されていく。

22) РГАСПИ, 495/1/1/27–29.

23) *Политбюро и КИ*, 28.

24) РГАСПИ, 495/1/1/43–44.

25) ちなみに、コミンテルン基金への寄付金として 1920 年 7 月 1 日までにペトログラートの支部へ 190.5 万、モスクワのビューローへ 18.5 万、計 209 万ルーブリが 54 のロシア各地の党、軍、企業等の組織から寄せられていた。G. Zinoviev, *Report of the Executive Committee of the Communist International to the Second World Congress of the Communist International* (Petrograd: Editions of the Communist International, 1920), 42–44.

26) РГАСПИ, 17/112/9/17–20.

27) РГАСПИ, 495/82/1/?.

28) Loupan/Lorrain, 46–48, 254–255; Klehr et al., 22–24. 日本では以下がいち早く本表を一部項目を省いて紹介しているが、残念ながら誤記が散見する。和田春樹「ソ連システムの挑戦とコスト」、東京大学社会科学研究所編『20 世紀システム　1 構想と形式』(東京大学出版会, 1998), 127–129.

29) Loupan/Lorrain, 257.

初期コミンテルンの外国資金援助試論

30) РГАСПИ, 17/112/4/70–72.
31) РГАСПИ, 495/1/1/25; 495/1/1/34.
32) РГАСПИ, 495/1/1/42.
33) Loupan/Lorrain, 53, 256.
34) *КИ и идея мир. рев.*, 151.
35) コミンテルンの外国資金援助体制は、1920 年 8 月に創設された秘密工作部に端を発し、非合法活動部を経て 1921 年 6 月に改称された国際連絡部（通称オムス）の部長となり、まもなく ИККИ 会計主任および予算委員会常任書記を兼務したピャトニツキーを中心に整備されていった。
36) Loupan/Lorrain, 66–67, 259–261.
37) 詳しくは以下を参照。『アーサー・ランサム自伝』神宮輝夫訳（白水社, 1999), 357–377.
38) РГАСПИ, 495/1/1/124.
39) РГАСПИ, 495/1/6/50.
40) 山内昭人『初期コミンテルンと在外日本人社会主義者――越境するネットワーク――』（ミネルヴァ書房, 2009), 20–32.
41) РГАСПИ, 495/1/1/12–13; *КИ и идея мир. рев.*, 122–124.
42) РГАСПИ, 495/1/1/15.
43) РГАСПИ, 17/112/3/26–28; 495/1/1/24.
44) РГАСПИ, 495/1/1/27–29.
45) РГАСПИ, 495/1/1/43–44.
46) РГАСПИ, 495/1/1/47, 48.
47) РГАСПИ, 495/1/6/16; *КИ и идея мир. рев.*, 157–158.
48) Г.М. Адибеков/Э.Н. Шахназарова/К.К. Шириня, *Организационная структура Коминтерна. 1919–1943* (Москва: РОССПЭН, 1997), 29–30.
49) РГАСПИ, 17/3/100/1; 495/1/8/64–65; cf. 山内『初期コミンテルンと在外日本人社会主義者』55–57.
50) РГАСПИ, 495/2/1/47–47 об., 48–48 об.; 495/2/1/49.
51) РГАСПИ, 510/1/1/20–25.
52) *КИ и идея мир. рев.*, 125–127; *Политбюро и КИ*, 31–32.
53) РГАСПИ, 495/1/1/85–87.
54) РГАСПИ, 495/1/6/2–3.
55) *КИ и идея мир. рев.*, 155–156.
56) РГАСПИ, 495/2/3/26–29; 495/2/3/30–33; 495/2/6/15–17; *КИ и идея мир. рев.*, 229–233.
57) РГАСПИ, 495/2/3/43–47.
58) РГАСПИ, 510/1/1/16–18, 19.
59) РГАСПИ, 581/1/95/10–11. 鉤括弧内は解読された箇所をさす。
60) さしあたり以下を参照。山内『初期コミンテルンと在外日本人社会主義者』45–47.
61) РГАСПИ, 495/1/1/52.
62) РГАСПИ, 17/112/8/106–107.
63) РГАСПИ, 495/1/1/78–79.
64) Inlichtingendienst, A No 41 Geheim (11.II.1920), Verbaalarchief en Kabinetsarchief van het Ministerie van Justitie 1915–1955, Geheime verbalen 1915 –1931, Inv. nr. 16453, Nationaal Archief, Den Haag; 山内昭人『コミンテルン・アムステルダム・サブビューローの基礎的研究』平成 11〜12 年度科学研究費補助金（基盤研究(C)(2)）研究成果報告書, 2001, 24, 32.
65) Loupan/Lorrain, 47–48, 254–255; Klehr et al., 22–24.
66) Archief S.J. Rutgers, Map I–16, Internationaal Instituut voor Sociale Geschiedenis, Amsterdam; 山内『初期コミンテルンと在外日本人社会主義者』34. リュトヘルスの換算記録では、1918 年 7 月時点で 1 ルーブリは 0.25 ギルダーであったことから、わずか 1 年半足らずで約 4 分の 1 に急落している。ルーブリの換算率が悪化の一途をたどっていることは留意すべきだが、その一方で宝石類はその悪化を相対的に免れるのでルーブリ通貨と同等に扱うには無理がある。ここではギルダー換算率をあくまで目安の基準として取り扱う。
67) РГАСПИ, 495/18/3/50–53, 495/172/59/6–9; 497/2/8/1–7, 581/1/95/33–39.
68) РГАСПИ, 497/2/4/29–31

二十世紀研究

69) Correspondence of the Military Intelligence Division of the War Department General Staff, 1917–1941, RG 165, File No. 10058–342–50, National Archives and Records Administration, Washington, D.C.; Records of Federal Bureau of Investigation [1908–1922], RG 65, OG349701, ibid.; 山内『コミンテルン・アムステルダム・サブビューローの基礎的研究』51–52.

70) РГАСПИ, 497/2/8/1–10; 581/1/95/33–39.

71) РГАСПИ, 495/1/1/81.

72) Фридрих Фирсов, *Секреты Коммунистического Интернационала. Шифропереписка* (Москва: РОССПЭН, 2011), 118.

73) РГАСПИ, 495/1/1/25; 495/1/1/31–32.

74) Loupan/Lorrain, 258.

75) РГАСПИ, 324/1/549/105–106.

76) РГАСПИ, 495/1/8/191–192.

77) РГАСПИ, 495/1/8/195.

78) 山内『初期コミンテルンと在外日本人社会主義者』55–57.

79) РГАСПИ, 495/18/33/20–21; cf. 山内『初期コミンテルンと在外日本人社会主義者』20–22.

80) 山内昭人『コミンテルン・パンアメリカン・エイジェンシーの総合的研究』2012～2014 年度科学研究費補助金（基盤研究(C)）研究成果報告書, 2016, 58–68.

（九州大学名誉教授）

文化財移動の中にみる日米関係
―戦後占領期における刀剣の移動―

平岡　ひさよ

はじめに

　近代から現代にかけての、日本よりアメリカへの文化財移動を概観すると、近代的国家体制を樹立した明治維新に起因する文化財移動、そして GHQ/SCAP（連合国最高司令官総司令部）の進駐した戦後占領期の文化財移動が顕著である。これらの移動はともに文化財に対する価値観の混乱や喪失と関わるものであった。二つの文化財移動のうち、明治国家の祭祀体系の変更により惹起された廃仏毀釈を主な原因として明治期に移動した文化財の多くはボストン美術館やフリーア美術館等で展覧されている。ボストン美術館には日本美術の再発見者とされるアーネスト・フランシスコ・フェノロサ（1853-1908）や医師でのちにボストン美術館の理事となったウィリアム・スタージス・ビゲロー（1850-1926）の助力による良質な日本の美術品/文化財[1]の所蔵があり、その数はフェノロサ・ウェルド・コレクションが 749 点[2]、ビゲロー・コレクションは日本画だけでなく版画、刀剣、刀装品などの多岐にわたり約 41000 点である[3]。これら明治期の文化財移動についてはフェノロサ、モース、キヨッソーネ[4]など、お雇い外国人との関係で論じる研究がなされている。しかし戦後占領期の美術品/文化財の移動については、展覧会貸出という一時的移動とその作品を扱った「シアトル美術館日本古美術展覧会（1949 年）について」[5]の研究、また藤田嗣治らが描いた戦争記録画の GHQ による接収と 1970 年の東京国立近代美術館への無期限貸与についての研究「GHQ と 153 点の戦争記録画」[6]があるものの、太平洋戦争敗戦後、占領期の日本からアメリカへの恒久的な文化財移動に触れる研究をいまのところみていない。これは日本側での資料が限られていること、占領期という特殊な時期の日米関係を取り扱うことへの躊躇、また難航が予測される文化財返還問題へ繋がる可能性などがこの問題を取り掛かりにくいものとしていると考えられる。

『二十世紀研究』第 19 号（2018 年 12 月）

二十世紀研究

　ここでは戦後占領期の恒久的な文化財移動の一例として刀剣[7]を取り上げることにする。今回、刀剣を扱うことになったのは、GHQ/SCAP の CIE（民間情報教育局）文書に[8]、まとまって刀に関する資料が出てきたという極めて偶発的な理由による。それらは GHQ/SCAP Records RG331, Box No.5858, Folder Title :Swords, Folder Number：(13)（60 頁分）と GHQ/SCAP Records RG331, Box No.5858, Folder Title：Protection(Swords), Folder Number：(14)（188 頁分）というものである。研究の方法として、歴史の文献資料である GHQ/SCAP 文書から実体のある文化財としての刀剣（主に日本刀）へと知見を広げる。

　時代を超えて日本刀は、由緒ある近世の家宝のみならず近現代の軍刀も侵しがたい聖域にあるものとされてきた。そして所持や蒐集は高尚な大人が関わる気迫に満ちた趣味であるとされてきた。しかし 2015 年、実在した名刀を擬人化して登場人物とする女性向けゲーム『刀剣乱舞』が出現し若年層に受容され状況が変わった。ゲームは名刀の背負う物語を踏襲し擬人化された刀剣男士が、歴史を改竄させないように戦うというものである。この受容により博物館の刀剣をテーマにした特別展には女性の姿が多く見られるようになった。刀剣女子と呼ばれる彼女たちはゲームの登場人物である刀剣男士への思い入れもさることながら、刀剣が関わった歴史について注目し始めている。このような時期に太平洋戦争後の刀剣に起こった、そう遠くない歴史を非力ながら提示することは意味のあることだと考える。

　本稿では、皇統や武家社会において徴として存在し近代の戦時においても武士の魂を引き継ぐものとして軍人の徴となった刀が、いかにして武器として日本から消え、そして美術品として日本人の手にもどったのか、またもどらなかったのかを GHQ/SCAP、CIE 文書を中心に明らかにする。

I　日本の刀とポツダム宣言受諾

1.　日本の刀

　日本の刀は単なる武器また単なる美術品の扱いはされていない。歴史や由緒が尊重され高い精神性が求められるのが日本刀である。先行研究の主だったものが建国神話を含む『日本書記』を紐解き[9]、伊邪那岐命、伊邪那美命の国生み神産みに続き、火の神軻遇突智を切ったという十握剣（遂抜所帯十握剣、斬軻遇突智為

三段、此各化成神也[10]）が登場、その剣で素戔嗚尊が八岐大蛇を退治した時に大蛇の尾の部分から出てきたものが草薙剣[11]（天叢雲剣）である（時素盞嗚尊乃抜所帯十握剣、寸斬其虵、至尾剣刀少缺。故割裂其尾視之。中有一剣。此所謂草薙剣也。…一書曰、本名天叢雲剣。[12]）という部分に触れるのは皇統との関わりを中心とした歴史や由緒に重きを置く証左である。刀は神道との関わりも深く熱田神宮や石上神宮では御神体として、厳島神社ほか多くの神社には神宝として納められていて刀は神聖かつ侵し難いものであることが伺える。時代が下がると立派な大小を帯びることにより、他と区別される武士という身分が表された[13]。武士にとって刀は主従、血縁等の結びつきを確固たるものにする下賜や献上また贈答にも使われ、室町時代の同朋衆から続いて代々鑑定や研磨を行っていた本阿弥家に、慶長元年（1596年）豊臣秀吉から池田輝政を通じ刀剣極め所として折紙発行の独占権が許され[14]、刀剣目利が本阿弥家の公的な職業となった[15]。

　刀に精神性を求める言葉に「刀は武士の魂」がある。しかし、これは平安時代の武士の出現とともにあった言葉ではなく[16]、江戸中期または明治期、新渡戸稲造（1862-1933）著の英文『武士道』を待つ必要があった。新渡戸はその著作の中で

　　…血腥き制度より見るも、また武士道の一般的傾向より見ても、刀剣が社会の規律および生活
　　上重要なる役割を占めたことを推知するは容易である。刀を武士の魂と呼ぶは一の格言となっ
　　た。[17]

と記す。また同書には The Sword, the Soul of the Samurai（刀・武士の魂）という章があり[18]、刀は「単なる工人ではなくして霊感を受けたる芸術家」である刀鍛冶が毎日「斎戒沐浴をもって工を始め」「厳粛なる宗教的行事」のようにして作るという作刀における精神性が強調される[19]。そして武士の心構えとしては、武士の少年は5歳の時に碁盤の上に立ち、本物の刀を腰に差すことで始めて武士の資格を認められ15歳にして成年に達すると、「凶器の所有そのものが、彼に自尊ならびに責任の感情と態度を付与する」「彼が帯に佩ぶるものは心に佩ぶるもの──忠義と名誉の象徴である」とする[20]。

　新渡戸が書名とした「武士道」は戦国時代から江戸時代に形成された、武士たちの精神や行動の規範である。言葉としては江戸時代初期の軍書で甲州流の軍法や兵法を記した『甲陽軍鑑』に初めて使われたとされる。ところが『武士道』執

二十世紀研究

筆から 30 年程後の新渡戸の回想に「その頃武士道と言う言葉は、あまり世の中で使はなかった」[21]と記されていて、武士道の明治期における「創出」という問題がでてきている[22]。近代の武士道は、「日本に対する世界の認識のなおいまだ極めて幼稚なる時代」[23]日清戦争の勝利で欧米において日本人に関心が高まっていた 1899 年、外国へ向けた新渡戸の『武士道』が出版される以前には、剣と禅に精進した山岡鉄舟（1836-1888）口述の「武士道講話」（1887 年）で論じられたぐらいであった。1872 年より 10 年間、明治天皇の侍従であった山岡の武士道は仏教の理を基として四恩（父母の恩、衆生の恩、国王の恩、三法の恩）を説き、国体思想に結びつくような「武士道が、古代から天皇への忠誠とともに発達してきているという解釈」[24]もそこにはあった。刀の精神性と密接な関係にある武士道再発見の問題や、それと国体や国家主義との結びつきについては稿を改めて論じたい。

　日本人と共にあり、高い精神性また歴史や由緒が求められ武士の魂とまで尊ばれた刀であった。そしてその数も 1933 年（昭和 8）に著された『日本刀の研究』によれば「現在我日本人の家庭には、大抵一、二本の刀剣を所蔵して居る」[25]と書かれる。にもかかわらず、太平洋戦争終結と時を同じくしてその多くが姿を消し、市井で殆ど目にすることのない刀である[26]。刀はどこへ行ったのであろうか。

2.　武装解除が刀の行く末を定めた

　ポツダム宣言以降、旧国宝または重要美術品を含む日本の刀に何が起こったか、それらが日本から消えていった過程を前出の GHQ/SCAP,CIE 文書、RG331 Box no.5858 Folder no.(13)と RG331 Box no.5858 Folder no.(14)を手掛かりに組み上げることにする。

　手許の 248 頁分の GHQ/SCAP 文書は占領開始以降のものである。しかし、それ以前から武器（刀）の処遇についての流れは始まっていた。戦争終結への端緒となる 1945 年 7 月 26 日のポツダム宣言のなかに日本の刀の行く末を定める文言が含まれていた。

　　九　日本国軍隊は完全に武装を解除せられたる後各自の家庭に復帰し平和的且生産的の生活を
　　営むの機会を得しめらるべし[27]

文化財移動の中にみる日米関係

　ポツダム宣言第九条は平和構築に向けて日本国軍隊の武装解除、動員解除、社会復帰につき述べる。武装解除の対象として軍刀をはじめとする刀類が含まれていた。

　そして戦争終結後の 1945 年 9 月 2 日、東京湾上に浮かぶ米国戦艦ミズーリ上で外務大臣重光葵らによって署名された降伏文書の、武装解除にかかわる事柄は以下のようであった。

> …一切の船舶、航空機並びに軍用及び非軍用財産を保持し之が毀損を防止すること、及連合国最高司令官又は其の指示に基き、日本国政府の諸機関の課すべき一切の要求に応ずることを命ず[28]

　これによれば日本にある全ての財産を良好な状態に保ち、連合国最高司令官の要求、そして、その指示に基づく日本政府諸機関の要求に応じることを求めるとある。時期を遡ってアメリカは、ハーグで 1899 年採択され 1907 年に改定された「陸戦の法規慣例に関する規則」（46 条、私有財産は没収できない、47 条、略奪はこれを厳禁とする）に記名調印していた。降伏文書ではこれに抵触しない文言が記されている。にもかかわらず、日本の刀類は、美術的歴史的刀であるとして国宝や重要美術品に指定されているものを含め個人から接収され、差し出されたものの多くが武器として没収され所有者に戻らなかった。

　日本の刀にかかわる公文書の 3 番目は「一般命令第一号」である。降伏文書の調印と同日の 1945 年 9 月 2 日に連合国最高司令官の指示により発せられた命令となる。そこには、軍の兵器及装備について（①）と、一般日本国民の武器について（②）の二つの武装解除に対する指示があった。

> ①
> 一般命令第一号　陸、海軍〈Ｉ〉…日本国大本営は更に日本国国内及国外に在る其の指揮官に対し何れの位置に在るを問わず一切の日本国軍又は日本国の支配下に在る軍隊を完全に武装解除し且前記連合国司令官に依り指定せらるる時期及場所に於て一切の兵器及装備を現在の儘且安全にして良好なる状態に於て引渡すべきことを命ず[29]
> ②
> （十一）日本国大本営及日本国当該官憲は連合国占領軍指揮官の指示ある際一般日本国民の所有する一切の武器を蒐集し且引渡す為の準備を為し置くべし[30]

83

二十世紀研究

　一般命令第一号の部分①により軍隊を完全に武装解除し兵器及装備を引き渡すことが求められ、部分②により一般日本国民の所有する一切の武器を蒐集し引き渡す為の準備が求められている。ここでの一切の武器とは火器、刀剣、銃剣、弾薬、火薬類等を包括していて[31]、刀剣は大きな武装解除の流れの中の一部である。

　このように武装解除の対象物としては特別な存在でない刀ではあったが、日本人の精神性を慮ると特別なものであったことは連合国側も理解していたと推測する。連合国軍最高司令官ダグラス・マッカーサー（1880-1964）の腹心であったサザーランド参謀長の「もし日本刀を許したなら、軍国主義復活の芽を残すことになり、日本人は草の根を分けても日本刀で復讐を企てるだろう」、という言説を大本営参謀であった浦茂氏が「日本刀保存についてマッカーサー司令部との交渉経過」[32]の中に書き留めている。一般大衆のアメリカ人に向けたメディアで刀剣を特別な存在とみなした例としては、降伏文書調印と同じ週のアメリカの雑誌『ザ・ニューヨーカー』（1945年9月8日号）に、「SAMURAI SWORDS」（Folder no.(13),書誌番号59）という、戦時に米大陸間問題調整局の文筆活動に関わったジェフリー・T・ヘルマン（1907-1977）が書いた記事をあげることができる。同号の表紙は、おぼつかない小さな船に、おそらく日の丸（赤ではなく黒）の旗がかかり、その小船を巨大な軍艦の窓から眺めている幾人ものGIハットをかぶったアメリカ兵という図柄であった。時節柄、太平洋戦争の終結に目を向けている号である。「SAMURAI SWORDS」は刀を概説したもので、その一部に新渡戸稲造の『武士道』の文章が使われていた。アメリカのジャーナリズムは、直近に降伏した日本に興味があり、プロパガンダが何であるかを知るヘルマンのような経歴の人物は、国家主義日本の精神性を支えたものの一つである武士道の中で刀が重要な役割を果たし、刀は軍人の象徴的存在であったことにも気づいていた。

　武装解除を目的とする「連合国軍の刀狩」[33]では、武器とみなされるものすべての接収は当然であった。しかし刀には殺傷に関わらない美術的歴史的な刀という範疇があり、また家宝という感情的要素も絡み合うことにより複雑な様相を示すことになる。

II 美術的歴史的な刀の接収

1. 二転三転する占領軍の命令

本稿で問題とする、市民の手にあった美術的歴史的刀がいかにして日本から消え、それらが戻ったか戻らなかったかに直接関わる、刀の接収に対する占領軍の命令は混迷を極める。これらの命令や覚書などの概略を時系列で整理した機密文書がGHQ/SCAP, CIE A&M（美術記念物課）により作成されていた。1946年3月16日の日付を持つRG331 Box no.5858 Folder no.(14)（書誌番号117-118-仮-) [34]である。この覚書はヨーロッパのMFAA（The Monuments, Fine Arts, and Archives section）に参加した経歴もある、戦後はイザベラ・スチュアート・ガードナー博物館に関わり、また映画『ミケランジェロ・プロジェクト（Monuments man）』(2014年)の主役のモデルにもなった、美術保存が専門のジョージ・L・スタウト少佐（1897-1978）により書かれたもので、「美術品とみなされた日本刀の取り扱いについて一覧（Summary of treatment of Japanese Swords Defined as Works of Art）」という表題を持つ。一覧に示される時系列順の1番から14番の文書には、GHQ/SCAPがCLO（終戦連絡中央事務局）を通じ日本帝国政府に出した指示、CLOがGHQ/SCAPに向けた要望書、また錯綜する情報も含まれていた。スタウト少佐作成の文書にある1番、10番、14番以外は、実際のGHQ/SCAP文書と照合することができた。これにより明らかになった、美術品とみなされる刀の取り扱いにかかわる命令や覚書き等の内容を検証する。

2. GHQ/SCAP文書に現れる刀の取り扱い

占領軍による刀の取り扱い覚書等（GHQ/SCAP文書または一部他より）を前出の「美術品とみなされた日本刀の取り扱いについて一覧」（書誌番号117-118）に沿って照合すると以下のようになる。

文書1番（以下、文書①と記す）―――1945年9月24日付、SCAP radio, ZAX5981は手許のGHQ/SCAP文書では欠落、『警察に関する連合国指令集』(1947年)のなかに「銃器刀剣の蒐集に関する最高司令部信号隊メッセージ(1945-9-24)」として採録があった。日本帝国政府宛の信号隊メッセージZAX5981の一部を引用すると、

二十世紀研究

1、…又美術の目的物として特殊的価値を有するものを除き、既に民間私有の刀剣の回収を開
始した様であるが…
　　美術の目的物と考えられる刀剣に関しては右の如き区別を設ける事は認められるが、この認
定は刀剣が事実美術の目的物であって且つ軍隊から復員した者と異なり真実に民間人の手
中にある場合にのみ行われる。[35]

　ここには美術の目的物でかつ、真実に民間人の手にある場合は回収しない、ま
た復員した人々は民間人から除外されることが記されている。
　文書②———1945 年 10 月 23 日付、AG388.3(23 Oct. 45)CIS（書誌番号 149-
151）は高級副官部、対敵諜報局（Counter Intelligence Section）から終戦連絡
中央事務局（CLO）を通じて日本帝国政府に出された文書である。

1、a、日本帝国政府はすべての火器、刀、銃剣、剣、その他の武器、弾薬、爆発物とその構
成物を一般市民から集めて、第六軍、第八軍、そしてアメリカ海軍第五艦隊の司令官の発
する指示により、アメリカ軍代表者へ引き渡す。
　　（1）以下の例外を認める.
　　　（a）狩猟のための火器とナイフ、そして、美術品だとみなされる刀
　　　（b）正当な事業や工業機構のために必要とされる爆発物[36]

　ここでも文書①と同じくアメリカ軍代表者へ引き渡す武器類から、美術品だと
みなされる刀は例外とされている。
　文書③———日付不明、書誌番号 162-164 は文部省社会教育局長より府県知事
への文書である。国宝や重要美術品に指定されているものが押収されている現実
の下、国宝や重要美術品またはそれに準ずるものであることの証明書を文部省が
出すことにしたという通達である。
　文書④———日付不明、書誌番号 157-158。文書④は後出文書⑤の添付書類 1
だと考えられる。第 25 歩兵師団司令部[37]によりだされた 1945 年 12 月 3 日付の
文書を CLO が添付書類として転載したもの。元となった文書は第 25 歩兵師団司
令部から CLO 名古屋の、後にベルギー大使など歴任した倭島英二（1905-1982）
へ届けられたもので、内容は以下のとおり。

86

1、以前に、この司令部が発した家宝や美術品として分類される刀の保持についての指示は、太平洋地域の連合最高司令官の命令により無効にする。

2、刀、短刀、短剣、その他、類似する本質を持つ武器を、日本国民は保持することも売却することもできない。

3、現在、岐阜、静岡、愛知の日本国民が保持している、この分類にある武器は市民警察に押収され、近くのアメリカ軍に移動される。

　　［中略］

5、すべての差し出される武器には所有者の名前と住所を記したタグをつけること。[38]

　美術品の刀も例外ではなく日本人が保持することはできないと記されたこの命令が、上記引用１にあるように太平洋地域の連合最高司令官（the Supreme Commander of the Allied in the Pacific）からのものだとすれば、日本を所轄する連合国軍最高司令官（the Supreme Commander for the Allied Powers）より広範囲からの命令と考えられる。しかしこの名称は不明であり、「アメリカ太平洋陸軍総司令部」（GHQ/United States Army Forces, Pacific）は目にするものの前者の名称は見つからず幾分か錯誤の可能性がある。何れにせよ 1945 年 12 月 3 日付第 25 歩兵師団司令部からの命令である本文書は GHQ/SCAP 組織内の混乱を露呈するものの一つではあるが、その文言は武器を保持することも売却もできない、すべての武器を押収するという厳しいものであった。

　文書⑤―――1945 年 12 月 13 日付、書誌番号 155-156 は CLO 東京総務部長の、後に外務事務次官となった井口貞夫（1899-1980）により GHQ/SCAP に向け書かれた要望書である。内容は文書①（1945 年 9 月 24 日付）で美術品は除外されるはずなのに、また文書③（時期不明、「美術品とみなされた日本刀の取り扱いについて一覧」では同年 11 月とされている）を踏まえ国宝や重要美術品等の証明を文部省がしているにもかかわらず、添付書類１（文書④、1945 年 12 月 3 日付）では「日本当局によって家宝や美術品として分類されたものを含むすべての刀を収集して、近くのアメリカ軍へ移動させるよう命令している」[39]という事実を報告のあと、「総司令部が、以上述べている地方のアメリカ軍の行動を制止するのに必要な十分に良い措置をとり、蒐集した刀を返還し、日本政府に刀が真の美術品であるかどうかの決定権を残すよう」[40] に CLO 東京総務部長の井口貞夫は要求している。なお、文書⑤添付書類２、文書⑤-（1）（書誌番号 159）は上記命令の発せられた県の一覧で、同文書添付書類３の文書⑤-（2）（書誌番号

二十世紀研究

160）には地方のアメリカ軍に移動されたと報じられている秋田県の柴田政太郎氏（東京の有馬家旧蔵の国宝正恒を含む）と茨城県の石川清晴氏の刀の名称が列挙されている。

文書⑥———1945年12月21日付、書誌番号162は事務所の記録で、大津の136連隊からの命令を内容とする。命令は京都にある国宝、美術品、個人所有すべての刀を同年12月31日午前9時までに地方当局に引き渡せというもので博物館所蔵の刀も除外されないとある。これに対し阻止を求めたCIEのウォルター・ポファム中尉とスタウト少佐の努力の結果、GHQ連絡事務局将校のマール少佐から「GHQは第六軍に対して、彼らの意見のなかの命令は違法であると、そしてこの措置は第六軍を通じて第31軍政府軍団第33師団第1軍団へ、そして136軍政府軍団へ伝えられた」41)という言葉が届く。

文書⑦———1946年1月5日付、書誌番号161は文部省により作成された刀のリストを、CLOの井口貞夫が文書⑤の添付書類3の参照資料として提出するという書簡。参照資料とされるリスト⑦-（1）（書誌番号167）には前出の有馬家旧蔵の国宝正恒をはじめ昭和18年出版の文部省教化局編纂『重要美術品等認定物件目録』に掲載の重要美術品がならぶ。

文書⑧———1946年1月10日付、書誌番号152は高級副官補佐H・W・アレンによる、1945年9月24日の方針（「銃器刀剣の蒐集に関する最高司令部信号隊メッセージ(1945-9-24)」）を再確認して真の美術品で真正な市民の手にある刀の所持を許可するもの。

文書⑨———1946年1月10日付、書誌番号153は第八軍憲兵司令官 C・V・キャドウエル大佐によるもので、内容は、家宝や美術品と考えられるサムライの刀に日本の警察は証明書を発行できない。また狩猟用武器の証明は警察でしてよいが、その他については連合国軍の司令長官が第八軍に証明書を発行する権限を与えているというものである。

文書⑩については、対応する書誌を確認できていない。

文書⑪———1946年1月29日付、Folder no.(13)書誌番号30-33、書誌番号34、書誌番号35、これらの文書はCLO犬丸ヒデオ、文部省松宮カズヨ、本間順治とCIE美術記念物課スタウト少佐出席の会議「歴史的美術的刀の保護について」議事録などである。C・P・マルカム中佐（CIS作戦本部企画課）へのインタビューでは、押収から刀（歴史的）を免除するという基本指令の違反が、一つの軍団の二つの師団で起こっていることをCIS作戦本部は承知しているという言及がある。

文書⑫──1946年2月19日付、書誌番号130は14:30の会議内容。押収より除外された刀は専用の倉庫に入れられ、そこで市民の専門家が鑑定し証明書は第八軍が発行するというもの。文書にはスタウト少佐のサインあり。

　文書⑬──1946年2月21日付、書誌番126-127はスタウトによる、第八軍司令部書簡の下書きに対する推敲提案。

　文書⑭の書誌は確認できていない。

3. 混乱と収束

　武装解除にあたって出された前節の GHQ/SCAP 文書の命令や覚書き等の中で、混迷を極めた歴史的美術的刀の取り扱いを示すと（表1）のようになる。

表1　GHQ文書 RG331 Box no. 5858 Folder no. (14)（書誌番号117-118ほか）より作成

	日付/文書作成者→受領者	内　容
文書1	1945年9月24日/最高司令部信号隊→日本帝国政府	真実に民間人の手中にある美術刀剣、回収の除外
文書3	1945年11月/文部省社会教育局長→府県知事	国宝や重要美術品またはそれに準ずるものである刀の証明書を文部省が出す
文書4	1945年12月3日/第25歩兵師団司令部→終戦連絡中央事務所名古屋、倭島英二	歴史的美術的刀の保持を取り消し、全ての刀、短刀、短剣等武器を押収、確保する
文書5	1945年12月13日/終戦連絡中央事務局井口貞夫→連合国最高司令官総司令部	地方の米軍当局が家宝や美術品として分類されたものを含む全ての刀を集め近くの米軍へ移動させるよう命令しているという報告
文書6	1945年12月21日/事務所記録、136連隊からの命令について。署名W.D.ポップマン	136連隊からの命令。京都なる国宝、美術品、個人所有全ての刀を12月31日午前9時までに地方当局に引き渡す。博物館所蔵品も除外されない
文書9	1946年1月10日/キャドウエル大佐→終戦連絡中央事務局東京	美術刀剣保持の証明書は、日本の警察では発行できない。できるのは狩猟用。それ以外は第8軍が発行する

　1945年9月24日付文書では美術の目的物である刀剣は回収しない、同年10月23日付文書でも美術品の刀は除外であった。それが同年12月3日付文書で以前の家宝や美術品に対して出された指示は太平洋地域の連合最高司令官の命令により無効とされ、また、大津の136連隊からは京都の国宝を含む全ての刀剣を同年12月31日までに引き渡せという目まぐるしさである。また文書⑧と⑨をみる

二十世紀研究

と、同じ 1946 年 1 月 10 日に出された覚書であるにもかかわらず異なった論調であり、アメリカ太平洋陸軍司令官幕僚部（差出人：H.W. アレン大佐）と連合国占領軍（差出人：キャドウエル大佐）の齟齬がうかがえる。

　この時期、日本の刀剣関係者はどのような考えを持っていたかの記録も同じくGHQ/SCAP 文書に残る。日本刀研究家で文部省や東京帝室博物館とも関わりのある本間順治（1904-1991）が第八軍のキャドウエル大佐と会談をしたさいの言説（The Statement of Mr.Homma, 書誌番号 169.170、日付不明）に「占領軍の第一線が差し出された刀を正しく扱っていないことにつき苦情を言った」「いずれにせよ、刀の美術的価値を占領軍も日本の警察も精査するのは不可能なので、日本刀の専門家にそうさせるように」「もし日本政府が所有許可の証明書を出せるなら、筋が通っている」とあり、占領軍による美術的歴史的刀の取り扱いの不適切を指摘している。言説の中にある、日本刀の専門家に刀の美術的価値を精査させるようにという本間の進言は実現化していて内務大臣大村清一により審査員60 名が任命（日付なし、1946 年 5 月 14 日のキャドウエル覚書以降）されて 1946年 8 月 15 日から 10 月 14 日まで審査が行われ約 8 万口が所持許可となった[42]。

　刀所持についての混乱は GHQ/SCAP による占領後一年ほどの間に主に起こり、1946 年 6 月 1 日の勅令第三百号「鉄砲等所持禁止令」「第一条、三、刀剣類で美術品として価値のあるもの」は地方長官の許可により所持できることになり収束した感があるが、GHQ/SCAP,CIE 文書の中には 1946 年 10 月、11 月、1947年 8 月になっても返還されない刀について係争の跡が残る。そのなかの一口である徳川家、徳川家正氏の所有にかかる本庄正宗に着目する。

III　帰らずの名刀

1. 伝家の宝刀本庄正宗

　アメリカのテレビドラマ Warehouse13、シーズン 1 (2009 年)の第 7 話『Implosion』で、かつて支配者一族の所有であった行方不明の本庄正宗[43]、沖縄でみつかり大統領へ贈られる刀として登場する。ドラマで扱われるということは本庄正宗が一部のアメリカ人に歴史を包括した形で認識されていて、大衆にもそれがメディアを通じ伝えられたことを示す。本庄正宗とは将軍家代譲りの節、必ず世子に伝える由緒正しい徳川家の「伝家の宝刀」である。フィクションでは

文化財移動の中にみる日米関係

なく現実では、昭和14年（1939）旧国宝に指定され占領期に目白警察署へ提出されたまま、日本人の大半が忘れ去った今も行方不明の、書き写された絵[44]が残る刀である。

資料1　国立国会図書館憲政資料室蔵
元所蔵機関：米国国立公文書館

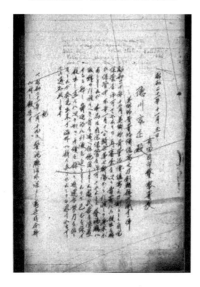

CIE 文書 RG331 Box no.5858 Folder no.(14)の中で書誌番号51〜63までが本庄正宗についてである。文書中、書誌番号51〜55の有田目白警察署長の1946年11月5日付書簡（資料1）が、旧国宝本庄正宗に何が起こったかを伝える。書簡は目白警察署長である有田氏が徳川家正氏に宛てたもので、概略は自宅保管を許可されていた本庄正宗等が再審査のため警察に提出され保管中の1946年1月18日、騎兵第7連隊から引き渡しの要求があり脅迫的に引き渡しを求められやむをえず提出、その後、返還の手続きをしたものの発見できなかった。このようなことで本庄正宗等は海外に持ち去られたものと思われるというものである。

脅迫的に引き渡しを求められ提出した後の、目白警察署長の返還の努力を当該書簡により整理すると以下のようになる。

1、1946年1月19日、警視庁渉外課より憲兵司令部に報告
2、1946年1月28日、保安主任上野警部補を、騎兵第七連隊本部に派遣、返還請求をさせる。それに対して日本側審査員に委嘱して、再審査をさせるので、返還は暫く待ってもらいたいという通告。
3、1946年2月9日、刀剣鑑定専門家　第八軍憲兵司令部に調査を依頼。
4、1946年2月14日、各署に蒐集した自宅保管許可刀剣再審査の為警視庁に取りまとめ騎兵第七連隊に引き渡し。
5、1946年9月中、同部隊において該刀剣の審査を行い合格品を一括警視庁に引き渡される。
6、「然るに、曩に当署から提出した分が全然含まれて居ないので、警視庁に於て再調査致しましたが該刀剣は発見されません」

二十世紀研究

　7、「即ち海外に持ち去られたものと認められるのでありまして貴殿の提出分は次の如きもの
　　であります」[45]

　目白警察署長の書簡に付随する文書として、上記7に言及される徳川家正氏提
出分の刀のリストが添付されていなかったので他の文書をさがしてみと、書誌番
号63に機密文書（民間検閲支隊　傍受　POJ-3965 209-9-15）の1947年8月22
日付、徳川家正氏から文部省社会教育局宛ての、検閲でチェックされた書簡の英
文による報告書があった。そこに提出された刀の名称が記されていて、徳川家正
氏の問題にしていた刀は「本庄正宗」（国宝）「長光」（重要美術品）「（来）
国俊」（重要美術品）であることがわかる。警察署長の書簡に付随していないリ
ストはこれらを含むものであったと推測できる[46]。
　11月5日付書簡により目白警察署長は、本庄正宗等につき海外に持ち去られた
と徳川家正氏に知らせたことになる。「知らせた」ということが気になり本庄正
宗が本来あるべき場所、徳川記念財団に問い合わせたところ、この書簡は財団の
近現代史料のなかに入っていないという。またこの時期、刀についての史料はい
くつかあるが目白警察署長からの書簡はないという。内容から考えて書簡が検閲
にかかり届かなかった可能性が考えられる。しかし前出の機密文書1947年8月
22日付書誌番号63、徳川家正氏の書簡（英文）に「…前記警察署長が、それらの
ものは占領軍によって国外へ持ち出されたと知らせてきた」とあるので、国外へ
持ち出されたという情報は1946年11月5日の書簡以降に、なんらかの方法で目
白警察署長から徳川家正氏へ知らされている。
　有田目白警察署長の書簡（書誌番号51-55）やCCD（Civil Censorship
Detachment 民間検閲局）[47]に傍受された徳川家正氏の書簡（書誌番号63）が
GHQ/SCAP 文書中に残ることとなったのは、「海外に持ち去られたものと認め
られる」[48]「占領軍によって国外へ持ち出された」[49]と記述されていたからだと
考えられる。検閲に係るプレスコード4には「連合国進駐軍に破壊的批判や、軍
に対する不信や恨みを招来することのなきよう」[50]というものがあった時代であ
る。

2.　守られなかった刀たち

　1947年8月22日付書簡で徳川家正氏が問題にしていたのは国宝1点（本庄正
宗）と重要美術品2点（長光、国俊）[51]であった。武装解除の名の下にこれら国

宝や重要美術品という文化財を被占領の場所から占領軍側に持ち去ることは、武器ではない美術品である私有財産の略奪とみなされる可能性がある。1907 年改定のハーグ「陸戦の法規慣例に関する規則」では、47 条に略奪しないことが定められている。本庄正宗に関わる資料から読み取れる事実と略奪との相違は認め辛い。

　占領軍の組織がアメリカ太平洋陸軍司令官幕僚部と連合国最高司令官幕僚部という二重、また占領を実践する下部の軍組織を加えると三重の構造となっていて、その間の意思の疎通や断絶などが刀の取り扱いを複雑にしたと理解できる。GHQ/SCAP の組織については、竹前英治『GHQ』によると 1945 年 10 月 2 日以降 「日本の占領軍のほか西太平洋陸軍や中部太平洋陸軍を所轄するアメリカ太平洋陸軍司令官の GHQ と、日本の占領行政を所管する連合国最高司令官の GHQの二重の機能を果たすことになった」とあり、日本を占領していた当時のGHQ/SCAP はアメリカ太平洋陸軍司令官幕僚部と連合国最高司令官幕僚部という二つの系統を持ち、前者には高級副官部（AG）、対敵諜報部（CIS）憲兵部（PMS）などが連なり、後者には民政局 （GS）、民間情報教育局 （CIE）、経済科学局（ESS）などが連なった構図を見る[52]。書誌番号 155（1946 年 12 月 13 日付）でCLO の井口貞夫が「日本政府は、没収やそのような刀の調査のための蒐集でさえも、地方の US 軍と司令部の真意は合っていないと感じている」と訴っているように軍部と司令部も一体ではなかった。占領軍関係の文書作成者と内容をみると（表1）、高級副官部、民間情報教育局美術記念物課、第 25 歩兵師団など、それぞれの立場でばらばらな内容の指示を出しているのはこの三重の構造からだと推測する。

　守られなかった刀の現実は、「占領軍へ引渡され戻っていない国宝と重要美術品の刀」（文部省、英文、書誌番号 5 ～ 8）（表 2）というリストが物語る。リストの 30 口のうち 10 口が旧国宝で、ほかは重要美術品である。その中には徳川家3 口、上杉家 7 口、近現代の武器には程遠い「狛剣」と呼ばれる五島列島小値賀島の環頭大刀、また後に日本へ戻ったものとしてアメリカの愛刀家ウォルター・A・コンプトン氏が昭和 38 年に返還（寄付）した鹿児島の照国神社の国宝国宗などもある。最上ランクのこのようなものまでも、戦利品つまりお土産として占領軍の兵士たちがアメリカへ持ち帰っている。持ち帰った数を想定する手がかりとなるのは 1945 年 11 月 30 日までに警察に届けられた歴史的、美術的価値があると考えられる刀について各県ごとにまとめた表（書誌番号 165-166、資料 2）である。

二十世紀研究

表2　占領軍へ引渡され戻っていない国宝と重要美術品の刀、書誌番号 5-8 より作成

	種類、銘	取扱い警察署、提出日	所有者	関係した占領軍、部隊等
1	刀、銘/肥前国住人忠吉作（重要美術品）	土浦警察署、茨城県 1945年9月29日	石川清晴（茨城県土浦市930）	第637対戦車連隊、1945年10月8日差出し（Nathaniel Word中佐）
2	刀、無銘/伝青江（重要美術品）	同上	同上	同上
3	太刀、銘/成宗（重要美術品）	同上	同上	同上
4	太刀、銘/相州住正廣（重要美術品）	土浦警察署、茨城県 1945年10月1日	浅野重夫（茨城県土浦市1161）	同上
5	太刀、銘/備後国（豊後国か？）行平（重要美術品）	高崎警察署、群馬県 1946年1月15日	井上正三郎（群馬県高崎市連雀町61）	第7陸軍軍政部、1946年4月17日に差出す
6	刀、無銘/伝三原正家（重要美術品）	同上	同上	同上
7	刀、無銘/本庄正宗として知られる（国宝）	目白警察署、東京 1946？年12月	徳川家正（東京府渋谷区代々木大山町1064）	第7騎兵隊へ目白警察署経由で差し出される。1946年1月18日引渡す。責任者、Colly D.Beimo軍曹
8	太刀、銘/備前国長船住長光（重要美術品）	同上	同上	同上
9	太刀、銘/ 来国俊（重要美術品）	同上	同上	同上
10	短刀、銘/相州住秋廣（重要美術品）	小千谷警察署、新潟県北魚沼郡小千谷 1945年10月5日	西脇済三郎（新潟県北魚沼郡小千谷町）	第97師団303連隊第2大隊第26中隊 M.P.(陸軍憲兵）たかうわ市駐屯に差出し。1945年11月29日（憲兵長代理Dafeld Dengman中尉）
11	小太刀、銘/則房（重要美術品）	甲府警察署、山梨県 1946年5月	内田よしひこ（甲府市桜町）	他の刀と共に甲府警察署を経由、第97野戦砲大隊へ差し出し。1946年5月
12	太刀、銘/正恒（附糸巻太刀拵え）（国宝）	空欄	熊野速玉神社（和歌山県新宮市新宮町）	第98師団第390歩兵大隊へ他の3口とともに差出す。Word H.Marlis中尉 1946年1月17日
13	太刀、銘/来国光（国宝）	佐賀警察署、佐賀市 1945年10月13日	松原神社（佐賀県佐賀市松原町）	連合軍Bに、1945年10月差出す（Antonio中佐）
14	短刀、銘、国広 （国宝）	同上	同上	同上
15	太刀、銘/ともむら（重要美術品）	大分警察署、大分市 1946年1月19日	（大分県大分郡八幡村八幡）	1946年12月、地域に駐屯の占領軍に引渡された。（連隊の名前は不明。赤い矢のしるしから判断して第32野戦砲兵連隊であろう）
16	刀、銘/主馬首一平安代敬白（国宝）	指宿警察署、鹿児島県 1945年12月6日	宮坂神社	1946年2月24日、第8海兵隊第3大隊に差出す（Howel中佐）
17	刀、銘/相州住秋広、明徳三（国宝）	国分警察署、鹿児島県 1945年12月31日	鹿児島神宮（隼人町）	1946年1月2日、第8海兵隊第3大隊に差出す（Heyword中佐）・2003年アメリカのオークションにて神社が落札、所蔵。（・は筆者加筆、以下同じく）
18	刀、無銘/則重作であろうと考えられる（国宝）	同上	同上	1946年2月4日、第8海兵隊第3大隊に差出す（Heyword中佐）
19	太刀、銘/国宗 （国宝）	鹿児島警察署 1946年1月30日	照国神社（鹿児島市山下町）	1946年2月4日、第8海兵隊第3大隊に差出す（Howel中佐）・1963年アメリカの愛刀家コンプトン氏より返還
20	大刀、環頭大刀 （国宝）	相浦警察署、長崎県 1946年4月28日	神島神社（長崎県北松浦郡小値賀町）	1946年5月8日、海軍第10連隊第2大隊に差し出す（J.C.Gasser中尉）
21	太刀、銘/伯耆国安家	能代警察署、秋田県 1945年10月10日	安西九郎（秋田県能代市万町7）	Hoscar大佐、秋田に駐留の457空挺。軍政部チーム、公安課Ch、Moran大尉に引渡す。
22	太刀、銘/国行 （国宝）	熊本北警察署、熊本市 1945年12月10日	もただ たけひこ（保田？）（熊本市大江町）	1945年12月21と22日に警察署を通じて占領軍へ差出す。連隊の指導官McHarland大佐、熊本軍政部チームCh．Link中佐：管官Sobel少佐
23	太刀、銘/備前国長船住兼光、延文二年八月（重要美術品）	米沢警察署 1945年10月5日	上杉憲章（米沢市南堀端町）	同上
24	太刀、銘/ 長光 （重要美術品）	同上	同上	同上
25	長刀、無銘、則房の作とされる	同上	同上	同上
26	槍、銘/城州埋忠作文禄二年十二月日（重要美術品）	同上	同上	同上
27	太刀、銘/長谷部国信、附打刀拵（重要美術品）	同上	同上	同上・近年、刀身のみがアメリカより返還されたという。
28	薙刀、無銘、伝光忠（重要美術品）	同上	同上	同上
29	薙刀、無銘、伝助吉？（重要美術品）	同上	同上	同上
30	太刀、銘/元重、嘉元二年九月日（重要美術品）	南警察署、熊本市 1946年4月21日	島田真富（熊本県熊本市島崎町）	1945年4月22日、警察署を通じて占領軍へ差出す。McHarland連隊大佐、軍政部チームCh．Link中佐、管理官Sobel少佐

文化財移動の中にみる日米関係

資料2　国立国会図書館憲政資料室蔵
元所蔵機関：米国国立公文書館

これによると提出された刀は1都2府42県1庁で569,013口、その中で、日本市民が保持してよいという証明書を得ることができたものは86,462口であった。単純に計算して482,551口の、日本人にとって歴史的美術的刀が接収されどこかへ消えたことになる。加えて、この表に示される数も、1945年12月3日、第25歩兵師団によって出されたすべての武器を差し押さえるという前出の文書（書誌番号157-158）により意味をなさないものとなる。前述の本庄正宗を例にとると、証明書を得ていたものを徳川家から再審査のために目白警察へ提出させ、その保管中に占領軍に引き渡されている。つまりこの表の中では証明書が発行され日本に残ったと思われる86,462口の美術刀剣のなかにも、表が作成された1945年11月30日以降に接収されたものがあるということになる。

　刀類の接収や没収の様子を垣間見るものとして「没収された日本刀の山の前に立つアメリカ軍将校　1945年」（図1）[53]という写真がある。これが処分される前の刀たちの姿である。差し出された刀は海洋投棄、また焼却されたなどといわれる。実用の軍刀たちはこの可能性がある。しかし、手許の刀関係のGHQ/SCAP,CIE文書には、刀の海洋投棄や焼却に言及するものはない。その証言として、本間順治『いわゆる赤羽刀の発端から現状まで』の中で佐藤貫一(1907-1978)が、そのような廃棄を「数多く目撃している」[54]と記したものが見つかるぐらいで、没収された日本刀廃棄の記録はほとんど残っていない。

　日本刀の接収と対のようにして語られる赤羽刀とは、当時、赤羽にあった米第八軍兵器補給廠に没収され集積されていた刀剣類の中から、本阿弥宗家22代目本阿弥猛夫や、のちに『伊勢神宮宝刀図譜』他を著す辻元直男などの刀剣審査委員20名により1947年5月1日から審査が行われ、

図版1　大阪歴史博物館蔵
『大阪新刀』2004年出版より

95

二十世紀研究

提出者が明瞭または調査すれば判明するものを選びだし日本側に引き渡された美術的価値のある刀である。これを一つの範疇として刀は三つの範疇に分類された。この赤羽刀の次の範疇は若干美術的価値があり提出者の不明のもので進駐軍将兵のお土産品となるもの、さらにその下はスクラップというように日本人委員の審査により範疇が決められたのである。これに従い第八軍兵器補給廠に集積された刀たちは分類され処理された[55]。『1947年　時事年鑑』170頁に接収刀剣類の大部分が「米軍の記念品」となったと記されていることから、二つ目の範疇に分類された帰らずの刀たちはアメリカへ帰還する兵士の戦利品として移動したと考えられる。それでも刀に不足が生じたことは、占領軍がPX（酒保）で兵士のお土産として販売するための日本刀を刀鍛冶に納入させる際の契約トラブルの記録文書（書誌番号93-94、1946年9月9日付）が出てきたことにより察せられる。戦利品の代替として作られた新しい刀がGHQ/SCAP側へ納入されていた。

　アメリカの帰還兵士とともに太平洋を渡った戦利品としての刀、その後について現在みいだしている情報は、アメリカのABC、NBCと並ぶ三大テレビ・ラジオネットワークの一つCBS、MinnesotaのニュースЬ番組記録[56]にあった。第二次世界大戦の退役軍人アムダール氏が、元の所有者である日本人の家族に日本刀を返したという2013年の番組記録は以下のとおりである。

　　2013年に94歳であったアムダールさんは、日本の戦後占領期に、原爆投下後の長崎で従軍をおえたあと、キャプテンなので接収された武器の倉庫へ入ることができ、戦利品を選ぶ身分証をもらった。そして、彼が手にしたのは美しい武士の刀であった。アムダールさんが、元の所有者を探す際に頼りとした木片のタグに書かれていた名前は、モトムラタダヒロさん。

　このように戦後占領期に戦利品としてアメリカへ渡った刀は68年の時を経て、木片のタグをたよりにアムダール氏からモトムラタダヒロ氏のもとへ返還された。日本人（日本兵）にたいして許しの心を持ち、これは私の元にあるべきものでないと思い返還したアムダールさんであった。長い時間の後に許しが訪れアムダールさんのように返還しようとする人が少ないからなのか、または刀への思い入れのない人々の土産物として日本刀がアメリカへ渡り、そのまま朽ち果て人々に忘れ去られ情報がないのか、多くの帰らずの刀の消息は不明である。

おわりに

　CIE（民間情報教育局）二代目局長 D・R・ニュージェント中佐が 1948 年 10 月 29 日付書誌番号４の中で、「国宝や重要美術品に指定されている幾らかの刀が誤って連合軍に警察署を通じて移動させられ、いまだに所有者に返還されていない。またそれらが国宝や美術品である事実を知らない個人によって土産物として持って行かれた」という問題を留意のため国務省へ提起することを DS（外交部）に対して求めている。これに対する国務省から外交部を通じての回答と思われるものが、1949 年５月３日付の書誌番号２であった。GHQ/SCAP、CIE 文書の中の Protection(Swords) － Official letters と題されるフォルダー(14)に所蔵された、帰らずの刀に関わる 188 頁の結末と考えられる文書はあまりにあっけないものである。かつて機密文書であった書誌番号２を要約すると、刀を受け取った人は散らばっている。所有者が次々かわっているかもしれない。武器を探し返還することは費用も時間もかかる仕事であるという。外交部を通じ民間情報教育局にもたらされた、軍も同意したアメリカ国務省の結論は、これらの刀の返還を企てるのは急場凌ぎの方法としてでも実際的でもない、というものであった。

　戦後占領期の刀の接収や没収に関して混乱の原因の一つとなった、刀剣類にかかわる武器と美術品の機能については今後の課題とする。

註

1) 現在の文化財保護法（1950 年）第 1 章総則の定義により、文化財とは「有形の文化的所産で我が国にとつて歴史的または芸術上価値の高いもの」である。美術品も含まれる「有形の文化的所産」イコール文化財ではないが、美術品それぞれが文化財になる可能性を持っていると考えられる。加えて重要文化財や国宝に指定されていなくとも歴史上または芸術上価値の高い有形の文化的所産は文化財であるということになる。
2) 平岡ひさよ『コスモポリタンの蓋棺録』（宮帯出版社、2015 年）159 頁。
3) 東京国立博物館他編 『ボストン美術館　日本美術の至宝』カタログ（NHK、2012 年）12 頁。
4) 日本の紙幣印刷の基礎を築き、お札の原版で人々に記憶されているキヨッソーネの収集した日本美術は、イタリアのジェノバにあるキヨッソーネ東洋美術館に収められている。
5) 志邨匠子「シアトル美術館日本古美術展覧会（1949 年）について」『秋田公立美術大学研究紀要』2（2015 年）11-21 頁。
6) 増子保志「GHQ と 153 点の戦争記録画—戦争と美術—」『日本大学大学院総合社会情報研究科紀要』7（2006 年）, 13-22 頁。〈http://atlantic2.gssc.nihon-u.ac.jp/kiyou/pdf07/7-13-22-masuko.pdf〉（2018 年 5 月 3 日最終確認）

二十世紀研究

7) 刀は片刃であり剣は諸刃であるが、日本では剣道（片刃を想定した竹刀を使う）という言葉からもわかるように刀と剣の混交が起こっている。

8) CIE とは教育、メデイア、芸術、宗教、文化財保護等、文化や教育について指導し国民を啓蒙し、長期戦略的に日本人の思想を民主化、非軍国主義化させたとされる局。

9) 小笠原信夫『日本刀：日本の技と美と魂』文春新書（文藝春秋、2007 年）16 頁、また、小川和祐『刀と日本人』（光茫社、2000 年）38-44 頁。

10) 佐々木信綱他監修『日本古典全書　第一分冊　日本書記』（朝日新聞社、1948 年）日本書紀巻の第一〔31〕、78 頁。

11) 後の三種の神器の一つ。

12) 佐々木、前掲書、115 頁。

13) 浮世絵によると、江戸時代において武士だけが刀を持っていたわけではない。相撲力士の地位や権威（勧進相撲で大名抱え）を示すものとして、また、庶民も旅行の折などに刀を持っている。笠谷和比古によれば、街の治安が良くなる元禄時代の前頃まで、町人は脇差という短い刀を護身用としていたという【笠谷和比古『武士道の精神史』ちくま新書（筑摩書房、2017 年）151 頁】。現代では武士の大小拵えのイメージが強く、武士だけが刀を所持していたように理解されている。

14) 折紙とは鑑定書のこと。この折紙が「折紙付」という言葉に関係する。平安時代二つ折りにした紙を贈答品目録などにしていて、それが美術品や刀剣の鑑定書に使われ、確かな品質が保証されるものにこの言葉が使われるようになった。

15) 小笠原、前掲書 、43-44 頁。玉蟲敏子他（2015 年）によれば「天正・慶長期に九代三郎兵衛光徳（1554-1619）が現われ、豊臣秀吉より銅印を拝領して、刀剣の目利きとして確固とした地位を得た」とある。玉蟲敏子他『本阿弥光悦：生涯と作品』（東京美術、2015 年）8 頁。

16) 「少し意味は違うが、『傾城国性爺』の中に『両腰は武士たる者の魂ぞ、...』」また「『おんたましい研処』という幕末期の看板が現存する」と小笠原信夫、前掲書、12-13 頁にある。これらの表す所は「刀は武士の魂」と同一でないにしても、『傾城国性爺』という歌舞伎狂言上演の享保（1716-1736）の頃そして幕末には、刀と魂が結びついていたことになる。

17) 新渡戸稲造著、矢内原忠雄訳『武士道』岩波文庫　第 104 刷（岩波書店、2018 年）120 頁。

18) 同書、122-126 頁。

19) 同書、123-124 頁。

20) 同書、122-123 頁。

21) 新渡戸稲造著、新渡戸稲造全集編集委員会編『新渡戸稲造全集第六巻』（教文館、1969 年）329 頁。

22) 鈴木康史「明治期日本における武士道の創出」『筑波大学体育科学系紀要 24 号』（筑波大学体育科学系、2001 年）48-49 頁。

23) 新渡戸、前掲書、訳者序 3 頁。

24) 勝部真長「文武両道の思想」、山岡鉄舟口述、勝部真長編『武士道：文武両道の思想』（大東出版社、1997 年）168 頁。「思想史的分析の立場からは疑問の大いに出るところであろう」と勝部によって留保がつけられている山岡の解釈である。

25) 小泉久雄『日本刀の近代的研究』（丸善、1933 年）1 頁。

26 銃砲刀剣類登録証に現れる美術品としての刀の数は 230 万口とも言われている。数として少なくはないが実数は定かではない。大阪府教育庁によると、登録は各都道府県ごとになされ登録数は非公開、文化庁による取りまとめはない、また輸出等により登録証が返納されても番号は残っているという。

27) 終戦連絡中央事務局政治部内務課編『警察に関する連合国指令集』（ニュース社、1947 年）11 頁。

28) 終戦連絡中央事務局政治部内務課編、前掲書、12 頁。

29) 外務省外交資料館資料「指令第一号」4頁。〈http://www.mofa.go.jp/mofaj/files/000097066.pdf〉（2018年12月4日最終確認）

30) 同資料、9頁。

31) 1945年10月23日指令1181、1の（イ）として「…一般民間より蒐集した一切の火器、刀剣、銃剣及び其の他の武器、弾薬、火薬類及其の材料」という文言がある。（終戦連絡中央事務局政治部内務課編、前掲書、160頁）

32) 『刀剣と歴史』日本刀剣保存会、2011年3月掲載、30-34頁。〈http://asahitoken.jp/contents/04_ism/ism-katanagari-C.html〉（2018年12月4日最終確認）

33) 本間順治ほか『いわゆる赤羽刀の発端から現状まで』（不明、1964年）2頁、また「マッカーサーの刀狩り」という言葉もある。藤木久志『刀狩り：武器を封印した民衆』岩波新書第6刷（岩波書店、2016年）208頁。

34) 「 RG331 Box no.5858 Folder no.(14)（書誌番号 117-118 -仮-）」について。RG331 は GHQ/SCAP 文書をあらわす。書誌番号に-仮-と書き加えたのは、筆者が整理のために割り振った番号であることを示す。この文書には頁番号は振られていない。以下、-仮-は省略する。

35) 「銃器刀剣の蒐集に関する最高司令部信号隊メッセージ(1945-9-24)」、終戦連絡中央事務局政治部内務課編、前掲書、159頁。

36) RG331 Box no.5858 Folder no.(14)(書誌番号 149-151)拙訳。以下、訳文の出典が示されない資料や訳文は拙訳である。

37) アメリカ軍の師団名、連隊名は管見の資料を踏襲または参考にしている。広汎な資料にあたると、異なった名称がある可能性がある。

38) RG331 Box no.5858 Folder no. (14)（書誌番号 157-158）

39) RG331 Box no.5858 Folder no.（14）（書誌番号 155-156）

40) 同書誌

41) RG331 Box no.5858 Folder no.（14）（書誌番号 182）

42) 本間順二ほか、前掲書、2-4頁。

43) 名称の由来は戦国時代から江戸初期にかけての上杉家の武将本庄繁長が、合戦の際に庄内の城主大宝寺の侍頭である東善寺右馬介から奪い取り所有したことにあるという。そして豊臣秀次に金十三枚で譲渡され、秀吉に献上。秀吉より島津義弘に贈られ、のちに徳川家康に献上されたらしい（もう一つの説には、繁長から家康が購入したというのも）。この後、形見分けで紀州徳川家頼宣へ、そして寛文七年(1667年)家綱へ献上。以来将軍の歴世遷移の時のしるしの宝となり代々に受け継がれてきた。（辻元直男『図説 刀剣名物帳』<雄山閣、1970年>170頁による）

44) 辻元直男、前掲書、171頁。

45) RG331 Box no.5858 Folder no.(14)（書誌番号 53,54）

46) 【表 2】「占領軍へ引渡され戻っていない国宝と重要美術品の刀」に徳川家正氏提出として記されているのも同じ3口である。

47) CCD とは占領開始と同時にフィリピンから日本へ移動してきた陸軍諜報部（G-2）に属する部局で、民間における郵便、電話、電報、映画、放送、出版に対し検閲をおこなった。〈https://www.lib.umd.edu/prange/about-us/civil-censorship-detachment〉（2018年4月10日最終確認）

48) RG331 Box no.5858 Folder no.(14)（書誌番号 54）

49) 同資料、（書誌番号 63）

50) メリーランド大学図書館蔵 1945年9月21日付プレスコード（一次資料）〈https://www.lib.umd.edu/prange/about-us/civil-censorship-detachment〉（2018年12月4日最終確認）

51) 昭和8年（1933年）の「重要美術品等ノ保存ニ関スル法律」により、歴史上または美術上特に重要な価値のあるものの海外輸出には、文部大臣の許可を要することになった。その対象物。

二十世紀研究

52) 竹前英治『GHQ』岩波新書（岩波書店、1983 年）88-89 頁。

53) 財団法人日本美術刀剣保存協会蔵、大阪歴史博物館編『大阪新刀』平成 16 年、43 頁より転載 。

54) 本間順治ほか、前掲書、2 頁。

55) 同書、5-6 頁。ここでの赤羽刀の説明は、藤木久志の前掲書によるものと若干の違いがある。当事者（佐藤貫一）による記述による。

56) CBS ミネソタのニュース番組記録〈http://minnesota.cbslocal.com/2013/09/20/wwii-vet-returns-war-trophy-sword-to-japanese-family/〉（2018 年 12 月 4 日最終確認）。

（京都大学大学院文学研究科非常勤講師）

日本における「現代伝奇小説」の誕生

——平井和正『狼男だよ』（1969 年）と半村良『石の血脈』（1971 年）を中心に——

朴　起兌

はじめに

　2004 年に単行本化された奈須きのこの『空の境界』は、文庫本を合わせて 130 万部という販売部数を記録した[1]。講談社により「新伝綺ムーブメント[2]」というキャッチフレーズがつけられた本作は、笠井潔（2008 年）によって「伝奇小説の新地平を拓」いたものとして高く評価された[3]。本作だけではなく、竜騎士 07「ひぐらしのなく頃に」シリーズや高橋弥七郎「灼眼のシャナ」シリーズなどの人気に支えられて、2000 年代おける「新伝綺」の活況は目覚ましいものとなった。「新伝綺」の特徴として作中の「日常」と「非日常」との関係が重視されることと、新本格ミステリ[4]の影響が著しく、サウンドノベルゲームまたはライトノベルの形式を取っていることとが挙げられる。

　「『新』伝綺ムーブメント」を強調する動きの前提となっているのは「古い」伝奇小説が存在していたとする考え方である。笠井（2008 年）の主張に従うと、半村良『石の血脈』（1971 年）から始まり、1980 年代の活況を経て 1990 年代に沈滞期を迎えた伝奇小説群がそれに該当する。笠井の語る伝奇小説史に対する評価はともかく、これまでの伝奇小説論において『石の血脈』が 1960 年代までの伝奇小説とは異なる、新しい伝奇小説の始まりとして位置づけられてきたことは事実である。笠井（1999 年）は舞台が現代に移され、西洋の幻想的要素が導入されたことと、戦後社会の欲望が解禁されたこととを『石の血脈』における重要な変革として評価している[5]。笹川吉晴（2004 年）は、本作を始めとする一連の伝奇小説群を「過去にとどまらず、現在進行形の世界に対して読み替えを行う現代伝奇」と呼び、「それこそが戦後四半世紀を経て、ようやくエンターテインメントが獲得した〈現実〉への抵抗手段」であったと評価している[6]。縄田一男（2007 年）が指

『二十世紀研究』第 19 号（2018 年 12 月）

二十世紀研究

摘しているように、半村が「新たな伝奇時代小説の書き手」[7]として広く認知されるようになったのは、このような認識に基づいている。

しかし「現代伝奇小説」と呼ばれる新しい伝奇小説の誕生に関しては、多くの課題が残されている。本稿で注目したいのは、大衆文学の歴史と性格とに関するセシル・サカイ（1997年）の言説である。サカイは大衆文学の歴史が出版業の発展と関わっており、「『大衆文学』は他のいかなるジャンルよりも物質的な束縛に従属しており、テキストの性格さえもそうした束縛によって条件付けられている」と指摘している[8]。サカイの指摘を考えると、現代伝奇小説の誕生も出版業の発展に関わっており、その中心となった作品は物質的束縛に従属していた可能性が高い。当時の出版・文学界の状況を通して、現代伝奇小説誕生の歴史的意義と初期作品の性格とを見出すことが可能であろう。

さらに指摘しておかなければならないのは、これまでの伝奇小説史においてほとんど注目されてこなかった平井和正が多くの伝奇小説を残したという事実である。伝奇小説を「『奇』なる事柄を物語のなかに語りこむことで成り立っている小説」とした小松和彦の定義を参考にすると[9]、人狼とゾンビを中心軸として内容が展開される平井の「アダルト・ウルフガイ」シリーズと「死霊狩り」シリーズは、明らかに伝奇小説としての資格を持っている。特に「アダルト・ウルフガイ」シリーズの第1巻『狼男だよ』は西洋的要素が取り入れられ、舞台も現代に設定された新しい形の伝奇小説として『石の血脈』よりも早い1969年に出版された。『狼男だよ』と『石の血脈』は、上記の先行論考で指摘されている現代伝奇小説としての特徴を共有しているもっとも早い時期の作品と考えられるため、本論ではこの二つの作品を分析する。

以上の問題意識を踏まえて、本論ではまずこれらの作品の誕生をめぐる当時の文学場[10]の状況を明らかにする。それを通して、平井と半村が置かれていた状況と、創作にあたって取った態度とを見出す。次に、二つの作品における新しい設定と方法論とを分析して「テキストの性格」を確認した上で、それを当時の二人の方向性と結びつけ、現代伝奇小説誕生の意義を提示する。

I 現代伝奇小説の誕生に関わる文学場の形成

1. 1960年代における伝奇小説の位相と異端文学のリバイバルブーム

「新伝綺」がそれまでの現代伝奇小説の存在を前提にしていたように、現代伝奇小説も1960年代までの伝奇小説を継承した。前近代の「伝奇」はさておき、近代的な伝奇小説の原点として取り上げられるのは国枝史郎の作品である[11]。しかし、国枝の作品は当時の大衆文学の主流であった時代小説と厳密には区別されていなかった。直木三十五が「大衆文藝作法」（1932年）で、伝奇小説を「興味中心的」で「多少は歴史的嘘偽を交ぜても構わない種類のもの」として史実に忠実な歴史小説と区別しているのは、そのような認識の一端を窺わせる[12]。

戦後、特に1960年前後から本格的に現れた忍者小説は、奇異で幻想的な雰囲気の中で前近代の歴史的事件の裏面を語るものが多かった。1950年代から多数の「忍法帖」シリーズを出した山田風太郎は言うまでもなく、『梟の城』（1959年）を書いた司馬遼太郎も忍者小説ブームに一助した。柴田錬三郎『赤い影法師』（1960年）も前近代の歴史的敗北者たちに注目した代表的な作品である。関立丹（2017年）は司馬の忍者小説の登場背景として、60年安保闘争がもたらした「現実社会への不満や経済社会での消費欲求と供給不足の矛盾による現実逃避の読者の希望」と「メディアの発展」とを挙げている[13]。

にもかかわらず、1960年代の伝奇小説は戦前からの認識を変えるほどの力を持っていなかった。次のような指摘から、当時の伝奇小説の位相が読み取れる。

> 山田風太郎による忍法帖シリーズの大ヒットにもかかわらず、六〇年代まで伝奇小説は独立ジャンルというよりも、幻術使い的な忍者や妖怪の類が登場する反リアリズムの時代小説と見なされていた。[14]

> 日下［引用者註：日下三蔵］：「伝奇」っていう言葉は、要するに手垢のついた言葉だったんですよ。古い時代小説のことを「伝奇小説」と言った。
> 山田［引用者註：山田正紀］：小説界で、「伝奇」っていうのは、新作に対して使われることはなかったんだよね。
> 恩田［引用者註：恩田陸］：「空想科学小説」みたいなもの？
> 日下：いや、それよりも、もっと死んでた言葉だったんですよ。[15]

二十世紀研究

　このように、1960年代の伝奇小説には荒唐無稽で古い時代小説としてのイメージが与えられていた。ただし、新作に対して「伝奇」という言葉が当時の小説界で使われなかったという山田の指摘は事実として正確ではない。南條範夫『屈み岩伝奇』（1967年）は最初から伝奇小説として出版され、新聞紙上で好評を得ていたのである[16]。現代が舞台の一部となり、西洋の伝説に刺激されて日本の伝説に注目する内容の本作は、数年後の変革を予告するものであった。

　1960年代末になると、異端文学[17]のリバイバルブームが起こる。その嚆矢となったのは、国枝の『神州纐纈城』の復刊（桃源社、1968年）であった。本作の復刊を、尾崎秀樹は「国枝史郎から角田喜久雄をへて山田風太郎にいたる伝奇小説の系譜を再検討する機会」として評価している[18]。その後、三一書房から『夢野久作全集』（1969年）と『久生十蘭全集』（1969年）が刊行された。立風書房でも「日本伝奇大ロマン・シリーズ」（1970年）が刊行されるが、このような復刊の動きは1970年代まで続く。国枝や久生など、前世代の作家が注目されたのは、「反体制的なロマンへの郷愁が強くなったが、あいにく時勢を洞察した新作家群は現れ」なかったためであると考えられている[19]。

　異端文学のリバイバルブームは、秘境とオカルトのブームが起こっていた当時の日本社会に非日常的・反体制的な内容のエンターテインメント[20]への需要があったことを示している。奇異で幻想的な事柄と歴史的敗北者とに注目してきた伝奇小説ほど、その需要に応えられる可能性を内包した小説ジャンルはなかったと言っても過言ではない。既存の伝奇小説では質的にも量的にもその需要に応えられないことは事実であったが、それは新しい伝奇小説が登場できる条件が備えられたことを意味していた。しかし現代伝奇小説はSF文学場という、それまでとはまったく異なる土壌で萌芽しようとしていた。

2.　SF文学場の形成と作品の誕生をめぐる状況

　日本で本格的にSF文学場が形成されたのは1950年代以降のことである。1950年代には海外のSF小説が翻訳されることが多く、1954年に日本初のSF雑誌『星雲』が創刊される。1955年には世界的に拡散されていたUFOブームによって日本空飛ぶ円盤研究会が発足した。この研究会には後にSF文学場に多大な影響を与える星新一と柴野拓美とが関わっていた。また、『第四間氷期』（1959年）などを書いた安部公房も日本SFの発展に大いに貢献した。

　1957年には、矢野徹、星、柴野が中心になってSF同人誌『宇宙塵』が創刊さ

れ、他の出版社に比べて SF 企画に肯定的であった早川書房がハヤカワ・ファン
タジイ・シリーズ21)で海外 SF シリーズを刊行する。1960 年 2 月には都筑道夫と
福島正実の努力により、『SF マガジン』（早川書房）が創刊される。それによっ
て、『宇宙塵』に短編が発表されると『SF マガジン』がそれを買って転載すると
いう流れができ、アマチュア作家に同人誌と雑誌とを通してデビューできる機会
が与えられるようになった22)。また、新人 SF 作家を募集するため、『SF マガジ
ン』は 1961 年度から 1964 年度にかけて SF コンテストを開催する。

　1963 年 3 月には、SF 関係者の利益を守り、交流を図るための組織として日本
SF 作家クラブが発足した。それについて、福島は「まだ文壇でようやく市民権を
認められかけたばかりの SF 作家、翻訳家、評論家たちが、その利益の拡充と擁
護のための、職能団体としての組織をつくる必要も、当然あった」と言っている
23)。福島も『SF マガジン』の初代編集長として SF 作家クラブに入会していた。

　このように同人誌・雑誌・職能団体が誕生し、コンテストなどの制度が整備さ
れ、SF 小説を中心にする SF 文学場が誕生した。一般ではまだ SF と他のジャン
ルとの区別が曖昧であったものの、SF 文学場では SF を創作・翻訳・編集すると
いう意識が共有され、他のジャンルとは区別される独自の領域が構築された。そ
こで平井と半村は「SF 作家」として、SF 文学場に参入して作品を執筆し、その
構造の中でそれぞれの立場を決定していくことになった。

　平井の場合、1960 年前後から『宇宙塵』に関心を寄せ、1961 年の第 1 回 SF
コンテストで「殺人地帯」が SF 奨励賞を受賞し、1962 年に「レオノーラ」が『SF
マガジン』に掲載されてデビューするが、彼のルートは当時の SF 文学場におい
て新人がデビューする模範的な事例であった。

　次に、半村は 1962 年の第 2 回 SF コンテストで「収穫」が入選してデビュー
する。1963 年の SF 作家クラブ発足の際には初代事務局長に就任し、SF 文学場
の中心人物になる。二人が SF 文学場を選んだのは、当時の SF 小説がミステリ、
時代小説などの属性をも持つ幅広い小説ジャンルとして受け止められており、彼
ら自身、SF 小説を書きたいという意志と SF 作家としてのアイデンティティとを
持っていたからである。

　それでは、『狼男だよ』と『石の血脈』はどのような過程を経て SF 文学場の
中で誕生したのだろうか。まず、平井は小説家としてだけではなく、漫画やアニ
メの原作者としても活躍していたため、漫画やアニメのために書かれたシナリオ
が小説化されることもあった24)。その過程で出版社・編集者と関係を築いた平井

二十世紀研究

は、立風書房で出た『アンドロイドお雪』（1968年）の担当編集者から新作小説の依頼を受ける。平井によると、すでに設定として考えていた「主人公の性格と主題が気に入っていたので、〇〇書房から出版申し入れがあったとき、一夏かけて書きあげること」になったという[25]。その作品が『狼男だよ』である。

　ここで注目すべきことは、本作が連載されることなく描き下ろしで単行本化されたという事実である。当時は雑誌連載を経て単行本になるのが一般的であったため、本作の描き下ろし出版は例外的なケースであった。それは平井の作品が描き下ろしでも商業的成功を収めることを、出版社が期待していたからであったと考えられる[26]。しかし担当編集者によって多数の文章が改竄され、日本SF文学史に残る「『狼男だよ』改竄事件」が発生し、法的紛争を経て1970年に改訂版が出る。本作をめぐるエピソードから、作品に対する編集者と出版社の強い影響力が確認できる。

　『石の血脈』の執筆と刊行をめぐる状況からも、編集者の強い影響力が窺える。『毎日新聞』1977年4月5日付の記事「なぜ伝奇小説を書くか」で、半村は『石の血脈』執筆当時のことを詳述している。彼によると『石の血脈』の構想は1964年から持っていたが、広告代理店の仕事で時間的余裕がなく、他に作品を発表する舞台がなかったために短編「赤い酒場を訪れたまえ」（1970年）を『SFマガジン』に掲載したという。当時の『SFマガジン』編集長であった福島がSFとは言い難い半村の構想に「否定的な見解」を示していたことも長編小説化ができなかった理由であった。ちなみに、この短編も編集者から日本人作家特集号に載せる原稿の依頼を受けて執筆された[27]。

　半村が構想の長編小説化に着手するようになったのは、ある程度は偶然であった。SF作家たちとの不和で福島が編集長を辞任し、森優が1969年8月に編集長に就任したのである。幅広いジャンルを受け入れて『SFマガジン』をより大衆的な雑誌にしようとした森は、半村に構想の長編小説化を勧めた。そこで半村が勇気を得て執筆した結果、1971年に書き下ろしの『石の血脈』が刊行される。当初は「吸血鬼」であったタイトルを「石の血脈」に変え、「伝奇ロマン」というキャッチフレーズをつけるなど、森は本作の誕生に多大な影響を与えた[28]。

　このように『狼男だよ』と『石の血脈』は、SF文学場の中にいた作家の構想が出版社と編集者の強い影響下で長編小説化されたものであった。次節では1970年代までの平井と半村の軌跡と、彼らが創作にあたって取っていた態度とについて検討する。

3. 平井と半村に与えられた課題

平井和正は 1938 年に神奈川県横須賀市で生まれ、戦争中には厚木に疎開していた。中学時代からハードボイルドと SF 小説が好きだった彼は中央大学に入学し、ペンクラブに所属して会誌『白門文学』にハードボイルドを掲載した。1962 年にデビューした彼は、1963 年に漫画『8 マン』の原作を担当し、アニメの成功によって漫画・アニメ原作者として知られるようになる。1965 年には最初の長編『メガロポリスの虎』を出し、1971 年には「ウルフガイ」シリーズの第 1 巻『狼の紋章』が若い世代の間で人気を博する。平井は SF 文学場に参入する過程で、「これこそ我が道だと思い定めて SF 作家になることを決意するに至」った[29]。

少なくとも、平井は 1970 年代までには SF 作家としての強いアイデンティティを持っていた。1960 年代後半における彼の文章には、SF に対する愛情と意志とが感じられるものが多い。

> 文学とは、未知の世界への飛行である。鳥のように飛び、とほうもない経験をしたいという闊達な、ロマンティックな願いなのだ。他人の造った飛行機をかっぱらって、自由の大空にとび立つのが、SF の本質なのだ、[中略]とほうもなく衝動的で、生き生きとしていて、常に面白いことに飢えており、権力に逆らい、どこへでも気ままな探検の旅に出かけて行く、人間の想像力の翼——[30]

> SF がエンターテインメントであろうと、文学であろうと、私にはあまり関心がありません。作家にとってだいじなのは、自分のもっとも書きたいことをどんな表現形式にたくすかということだと思います。[31]

SF 執筆のみを念頭においていた彼にとって、想像力に基づいて自由で面白い経験を提供する SF こそが「書きたいこと」の「表現形式」であったと言える。

同時に、平井は現実に対する強い問題意識を積極的に発信しようとした。疎開地で経験した暴力と、敗戦後の横須賀における米軍の横暴とを見て人間の暴力性に絶望した平井は、さらに 1960 年の日米安全保障条約の改定に反対した 60 年安保闘争の失敗に挫折する。それは彼の創作熱を刺激し、SF 作家としての活躍を支えた[32]。1960 年代から 1970 年代にかけて、彼が人類の振るう暴力によって世界が滅ぶだろうという深刻な危機意識を持つようになったのは、若い時代の経験と

二十世紀研究

同時代的な問題意識とによるものと考えられる。後術するが、1970年前後の「人類ダメ小説」（「アダルト・ウルフガイ」シリーズ、「死霊狩り」シリーズ）にはその問題意識が反映されている。

　しかし、大衆向けのSF作家[33]として、平井は作品の商業的成功を念頭に置かなければならなかった。それをよく示してくれているのが、先述した「『狼男だよ』改竄事件」である。平井は次のように当時のことを述懐している。

　　[引用者註：『狼男だよ』の]注文がばったりととだえ、妻子を抱えて橋の下暮しかと思いましたが、古巣の少年週刊誌編集長の温情で、マンガ原作の仕事をもらい、かろうじて生きながらえることができました。[34]

　当時の状況をやや誇張している可能性もあるが、専業作家として家族を養っていたことと、繰り返し当時の状況を回顧することとを考えると、当時の平井が非常に困っていたことは間違いない。平井が小説の執筆を、生計を立てるための手段として認識していたことは、彼が自分の作品を一つの商品として出していたことを意味する。そうである以上、平井は読者である大衆の反応を念頭に置かなければならず、作家の自由のみを優先することはできなかったと言える。

　それでは、半村良の場合はどうであったのか。1933年に東京で生まれた彼は、1942年から1945年まで石川県に疎開していた。1952年に高校を卒業して、1962年まで「三十近い職業を経験」する[35]。その過程で得られた豊かな社会経験と、敗戦にもかかわらず責任を取らなかった昭和天皇への強い怒りとは、彼に「庶民」としてのアイデンティティを与え、彼の作品における反権力・反昭和天皇という方向性を生み出した。

　半村の目的意識は、先述した記事に詳しく提示されている。幼い頃から好きだった伝奇小説を読みたいと思っていた彼は、1970年当時「SFももうこれきりだ」として伝奇小説に目を向ける[36]。しかし、平井と同様に半村が個人的な好みだけで伝奇小説を選んだわけではない。彼は「小説を書くことで生活して行けたらなあ」と思い、「最初から原稿を金に変えることを目的として」いたのである[37]。世間に何らかの「秘境」を求める雰囲気（需要）があるにもかかわらず、その需要を充足させる「商品」たる伝奇小説の「供給」が行われていないと判断し[38]、伝奇小説を一つのブルーオーシャンとして選択した半村こそ、「時勢を洞察した新作家」であったと言えるだろう。

日本における「現代伝奇小説」の誕生

平井と半村は大衆向けの小説家として、程度の差こそあれ、問題意識を発信することと、面白いエンターテインメントを提供することという二つの目的意識を持ち、それぞれの立場を選択した。テキストの性格が物質的な束縛に条件付けられる大衆文学を書く以上、二人は「問題意識をエンターテインメント、つまり商品としての作品にいかに反映できるか」という課題に直面せざるを得なかった。

本章で述べてきた内容は、大衆文学と出版システムとが「作品のできるだけ広範な普及つまりは商業的成功という、はっきりした目的のために結びついている」としたサカイ（1997年）の指摘と一致している[39]。次章では、平井がこのような課題にどのように対処したのかと、それが現代伝奇小説の変革にどのように関わっていたのかを見ていきたい。

II 『狼男だよ』―ブルーバード SSS に乗って人類を糾弾するウルフガイ

1. 『狼男だよ』における変革

本作の主人公は現代の人狼・犬神明という一匹狼のルポ・ライターである。不死身の能力と並ならぬ勇力を持つ犬神が、CIA や暴力団、国家権力などが関わっている危険な事件に巻き込まれていくというのが本作のあらすじである。本章では、改竄事件に巻き込まれた立風書房版ではなく、平井が信頼できる形で出版された早川書房版『狼男だよ』（1972年）を参考にして論を進めていきたい。

本作における大きな変化として、消費社会化・都市化が遂げられた現代の東京という舞台設定と、登場人物の設定とに当時の時代像が見られるようになったということが挙げられる。次のような記述は、当時の社会的雰囲気を生々しく伝えている。

> 郷子というのは、おれの学生時分からの女友だちで、もと全学連の女闘士である。現在は渋谷のボウリング場のオーナーをやっている。父親が M 財閥系の大立者で、郷子は一種の極道娘として扱われていた。
> 放置しておくと彼女はすぐにふらふらと海外放浪をはじめるので、二四〇レーンのボウリング場は、郷子をひきすえておくためのおもしとしてあてがわれているのだ。[40]

「少年マガジンの世界の妖怪・特集大図解を読んでないな」[41]

109

二十世紀研究

　口調からして赤塚不二夫＜天才バガボン＞の親父そっくりだ。42)

　このような描写は、本作が当時の若い世代をターゲットにしていることを示している。ボウリング場や『少年マガジン』、『天才バガボン』など、学生運動の盛んだった当時の若者たちの文化に触れているのは、読者から共感を得るための文学的装置として理解できる。

　そして、伝奇小説の「「奇」なる事柄43)」（以下、「奇」）として西洋的要素が本格的に導入されたのも重要な変革であった。『赤い影法師』や『魔界転生』など、それまでの伝奇小説は前近代を舞台にしていたため、キリシタン関係の設定以外の西洋的要素を取り入れることは容易ではなかった。南條の『屈み岩伝奇』も西洋の説話に触れているものの、全体的にはまだ奇異な雰囲気の時代小説に留まっていた。

　『狼男だよ』に導入された西洋的要素の一端が、次の引用文から窺える。

　　おれは人狼なのだ。
　　単に狼の特性を持っているだけでなく、常人にはないキチガイじみた超能力をいろいろ備えているが、不死身性もそのめざましい属性のひとつだ。44)

　　人狼のおれの生理は、月という天体の運行に支配されていて、ほかにもいろいろおかしな現象が起きる。45)

　　「ヴァンパイヤのしわざよ。黒魔術の祭壇にそなえられて秘密の犠牲にされるのよ。
　　吸血鬼の鋭い牙に頸動脈を切り裂かれて、赤いバラを咲かせるの」46)

　このような描写は当時流行っていたオカルトブームの反映として理解できる。日夏耿之介がすでに 1948 年に『サバト恠異帖』を通して西洋のオカルト・怪異を紹介したものの、平井が直接参考にしたのは当時の漫画雑誌などによって先導されたオカルトブームであったと考えられる。オカルトブームの絶頂は映画「エクソシスト」（1973 年）の公開（日本では 1974 年）によって到来したと考えられるが47)、1960 年代後半の『週間少年マガジン』にも多数の幻想・オカルト・怪奇特集が掲載されていた48)。その前段階として、1950 年代から平井呈一などによってブラム・ストーカー『吸血鬼ドラキュラ』（1897 年）のような西洋のゴシック・

110

ロマンが多数翻訳されたことも指摘しておくべきだろう。大衆文化における西洋的要素の拡散は、笠井の言うように「幻術使い的な忍者や妖怪の類が登場する」それまでの伝奇小説とは違って、現代を生きる人狼と吸血鬼という新鮮で魅力的な設定を生み出した。つまり、本作の設定は戦後の日本社会において新しいものではなかったが、伝奇小説史においては非常に新鮮なものであった。

しかし、平井が西洋の神話・伝説をそのまま受容したわけではない。

> 「ヨーロッパの人狼伝説ならそういうことになるかもしれない。だが、おれはあいにくと、日本産の人狼なんだぜ。徳島の犬神さまを知ってるかね？おれはその末裔で純国産なのさ。銀の弾丸なんて関係ないね」[49]

このような設定により、犬神はヨーロッパの人狼よりも優れた存在として位置づけられる。白人嫌いだった平井の性格がその理由かも知れないが、敢えて日本の説話・伝説を結びつけたことには他の理由があった。

> いわゆる人狼は、現生人類ホモ・サピエンスと異なる種に属している。古来から妖怪と呼ばれている種族の仲間である。哺乳類であることはたしかだが、生物学的にどう位置づけられるのか、おれはよく知れない。［中略］
>
> 人類の特異性は、時として明瞭になるから、先史時代の人類に、自然の精霊として崇拝の対象となり、あるいは畏怖されてきたのだろう。アニミズムを生みだしたのも、ひょっとすると人狼の先祖かもしれない。人狼の存在は、野生動物の霊がとり憑く、憑依現象として語られ、妖怪伝説の本源となったのではないかと思う。［中略］＜葛の葉伝説＞というのがある。芝居で有名な信太の森の物語だ。女狐葛の葉が人間の美女に化けて、安倍保名の子［引用者註：安倍晴明］を生む。
>
> 河内、大和地方に昔からある異類通婚伝説にもとづくものだそうだが、おれは自分の出生とひきくらべて、あまりの類似性に驚いた。[50]

引用文から分かるように、本作における人狼の姿は日本の犬神信仰・葛の葉伝説・ニホンオオカミのことなど、民俗学的な要素が積極的に導入された結果である。そこで西洋的要素が日本的要素と結合し、現代伝奇小説ならではの独特な設定と雰囲気が生み出された。それは、狼には人間が備えていない徳性が備わっていると主張する平井が「悪」として表象されてきた西洋の狼[51]ではなく、崇拝の

二十世紀研究

対象であったニホンオオカミに注目したからである。1970 年代以降の伝奇小説（竜騎士 07『ひぐらしのなく頃に』など）と伝奇漫画（星野之宣「宗像教授」シリーズなど）とにおいて民俗学的要素が「奇」として設定されるケースが少なくないが、本作は早い時期に民俗学的要素が導入された事例として注目に値する。

　しかし、何よりも重要なのは、舞台の現代化と西洋的要素の導入とによって現代社会への直接的な批判が可能になったということである。本作における新鮮な設定が持つ伝奇小説史的意義も、それを踏まえてこそ見えてくるだろう。

2.　ウルフガイの両面性

　『狼男だよ』以前の伝奇小説においても、現実に対する批判がまったく行われなかったわけではない。しかし、まだ時代小説との区別が明らかではなかった当時、それはサカイが指摘しているように「現代の諸問題をアリバイとして過去に投影する」形で行われたものであって[52]、直接的で露骨な形で発信されたとは言い難い。しかし『狼男だよ』を始めとする「人類ダメ小説」において、平井は人類よりも善良な人狼・ゾンビを「奇」に設定し、彼らの立場から人類のことを相対化して強く批判する。『狼男だよ』では、主人公の犬神明が「奇」としてその役割を果たしている。

> 超技術時代に、いまさら蛇姫や狼男の出る幕なんてあるものか。人類のほうが、よっぽど妖怪じみていてすさまじい。[53]

> 常識というコンクリートで塗りかためられた世間では、もっともらしい話だけが通用する。伝説上の妖怪狼男よりは、超人的なスパイの方が、ありそうな話だからだ。[54]

> おれは人狼だ。人間の法律には拘束されない。地球は人類だけの独占物じゃないのだ。数万年にわたって、おれたち種族と人類は、とにかく共存を続けてきた。ともかくおれは、自然の精霊のようなものだ。人間を除く地球生物の代表として、いまさら人類が勝手気ままに、世界を破滅に導こうとするのを、黙って見すごすわけには行かないのだ。[55]

　引用文から分かるように、犬神はこれまで否定的なものとして認識されてきた妖怪ではなく、現代文明に対して自然を代表する「精霊」として、人類のことを

日本における「現代伝奇小説」の誕生

自由に批判できる立場にいる。また、人狼が前近代的な存在であるからこそ、犬神は逆に現代の文明社会における人類の悪行が批判できる仕組みでもある。犬神が醜悪な人間たちの陰謀に巻き込まれて暴力に晒されるのは、自然と同族とに対する人間の暴力を象徴しており、「悪」として表象されてきた妖怪よりも人間の方が「悪」に近いという問題意識を発信するための展開である。

　平井が批判している人間の悪行は、次の引用文から確認できる。

　　「わたしは、一種の趣味のクラブの主宰者なのだよ。［中略］人類の発明した、最高最
　　上の趣味とはなんだと思うかな？そう、娯楽としての殺人だよ」56)

　　ちょっと気のきいた中学生に、趣味の水爆を製造できるとしたら、世界の破滅を防ぐ
　　ことはだれにもできはしない。［中略］ばら色の未来学ブームなどくそくらえだ。こ
　　んなことで人類が二十一世紀まで保つとは、とても信じられない。57)

　　しかし、理念やイデオロギーは、年齢性別美醜にかかわりなく、精神を支配する。［中
　　略］大義名分という空虚な抽象物に動かされるのは、人間しかやらないことだからだ。
　　これも人間の蔵した狂気の顕われだ。58)

　人類が協力せず空虚な理想に駆られて殺し合った挙げ句、文明・社会そのものが滅ぶかもしれないという平井の憂いが、犬神を通して露骨に表れている。犬神が戦災孤児でもあるという設定により、彼には戦争と国家権力とが批判できる正当性も与えられている。CIAが人類の悪行を総括する「秘密帝国」として位置づけられていることも、日米安保条約と冷戦をめぐる複雑な状況の中に置かれていた当時の日本社会において非常にリアルな設定であったと考えられる。

　しかし、犬神は人類のことを批判する「自然の精霊」であると同時に、CIAなどの悪しき強敵に立ち向かうヒーローでもある。犬神が「おれは絶対殺されない。英雄なんだから。生来不敗だ。すじがきがそう決まっているんだ［引用者註：強調は原文による］」という場面があり59)、本作が読者を悩ませる「純文学」ではなく、「娯楽物」として「安心して読める」エンターテインメントであるという平井の意図が直接的に提示されている60)。問題は、平井の定義によると、人類を批判する本作は同じ「人類」である読者を悩ませる「純文学」的なものになりかねないということである。このような矛盾はどのように説明すべきだろうか。

113

二十世紀研究

　まず、犬神が自分のことを人間とははっきり区別しているものの、彼が現代社会の外部にいるのではなく、むしろその一員であるという事実は重要である。彼がルポ・ライターというカタカナ専門職でありながら、消費社会の一員として生きているという事実は、次の引用文から確認できる。

　　オプションで装備したピレリ・シンチュラートのラデュアル・タイヤをはいたブル
　　SSS で、午前三時近い甲州街道を時速一五〇キロで疾ばした。61)

　　かねというのはいいものだ。いかに人狼でも、かねなしではこの資本主義社会に生き
　　ていけない。62)

　1970 年当時、ブルーバード SSS の価格が 738,000 円で、若い男性労働者（高卒・製造業・新規学卒者）の給料が 22,669 円であった事実63)から、犬神の人並みならぬ経済力が確認できる。つまり、人類への批判を正当化する「自然の精霊」としての犬神の姿が平井のいう「純文学」的な属性ならば、流行りの高級車に乗って夜の大都市を疾走するヒーローとしての犬神の姿は、平井の想定する読者の欲望に答える「エンターテインメント」的属性である。そうでなければ、消費社会の一員として高級車に乗る人狼という独特な設定は不要である。

　「奇」として作品の中心にいる犬神のこのような両面性こそが、「純文学」的な人類批判と「エンターテインメント」的な描写との齟齬をもたらす根本的な原因である。それを解決するために、平井は「人類」批判の対象から読者として想定されている大衆・庶民を排除した。実際、本作において批判の対象として犬神に魔の手を伸ばすのは、変態的趣向を持つ悪しきエリート、国家機関、権力者などに限られている。それによって犬神の人類批判は読者を悩ませない「エンターテインメント」としての性格と齟齬せず、犬神の持つ二つの属性が共存できるようになる。

　平井は問題意識を前面に出した帯の惹句が「軽いアクション物には大仰すぎる」という不評に遭ってしまったと言いながらも、「三文 SF 作家の秘めたる志をぜひ読みとってやってくださる」ことを読者に頼んでいた64)。平井のエンターテインメント定義を考えると、彼の「秘めたる志」は読者を批判するようなものであってはならず、実際にそうであった。

　つまり、平井は読者を批判しない形で問題意識を発信し、「自然の精霊」たる

日本における「現代伝奇小説」の誕生

犬神に消費社会のヒーローとしての属性をも与えて読者が「安心して読める」エンターテインメントの提供を図ったのである。伝奇小説の変革とも言える現実社会に対するリアルで露骨な批判と「奇」をめぐる和洋折衷的な設定とは、平井が「問題意識をエンターテインメント、つまり商品としての作品にいかに反映できるか」という課題に対処する過程で生まれたものとして理解できる。ブルーバードSSSに乗って人類を糾弾する犬神の両面性は、平井の試みを象徴的に見せてくれている。

　さて、本作における変革と試みは半村によって継承され、さらなる発展が遂げられる。次章では、半村の『石の血脈』における変革と内容とについて検討する。

III　『石の血脈』―庶民の血を吸う現代の吸血鬼

1.　『石の血脈』における変革

　現代の関東地域を舞台に、有望な建築家・隅田賢也が師匠の死と妻の失踪とをめぐるミステリを解明する過程で、不思議な吸血鬼集団の存在に気づき、次第に日常世界の裏に潜んでいる巨大な秘密に接近していくというのが本作のあらすじである。

　笠井潔（1999年）が指摘したように、本作にも西洋的要素が導入されている[65]。西洋的要素として人狼と吸血鬼の伝説のみを導入した平井に比べて、半村がより幅広い西洋の神話・伝説を取り入れ、それを日本の古代史に結び付けていることは注目に値する。アトランティス伝説や暗殺教団・ロスチャイルド家の秘密などの設定から、当時流行っていたオカルト・陰謀論の数々が本作に盛り込まれている事実が確認できるのである。

　このような幅広い「奇」の導入により、本作の内容はそれまでの伝奇小説に比べて非常に大きなスケールで展開される。西洋的要素を借りてきたものの、作中では西洋の人狼とは距離を置いていた『狼男だよ』とは違って、『石の血脈』では西洋的要素が日本的要素と自然に繋がっている。本作における日本的要素は大和朝廷騎馬民族説を母体にする日本の古代史で、巨石文化と吸血鬼とが西洋的要素と日本的要素とを媒介する。巨大な石造物が世界中に存在するという事実から、古代日本の物部氏によって巨石文化が日本で保存されたという設定が生まれた。江上波夫が提唱した大和朝廷騎馬民族説は1967年に発表されたため、半村は最

115

二十世紀研究

新の学説を積極的に取り入れたと考えられる。末國善己（2007年）が「作中に歴史のロマンを想起する展開を織り込んだのも、古代史ブームを巧みに利用する半村良の緻密な戦略だったのかもしれない」と指摘したのもそのためであろう[66]。

　吸血鬼と巨石文化との関係性を疑似科学的な想像力と歴史的想像力とに基づいて丁寧に提示することにより、遠く離れた西洋の神話伝説が日本の古代史と難なく接続される。次の文章は、本作のこのような特徴を端的に示してくれている。

　　　現代と古代、西洋と東洋をつなぐもつれた糸をときほぐしながら、隅田はケルビムを
　　　収容するタイムカプセルに似た現代のメガリスを設計しはじめている。[67]

　引用文にもあるように、古代という時間軸は不老不死を求める吸血鬼の存在によって現代と繋がる。古代と現代、西洋と日本との接続により、主に前近代の日本に限られていた伝奇小説の世界観が画期的に拡大され、以降の伝奇小説に影響を与えるようになったのは伝奇小説史における大きな文学的達成と言えよう。ちなみに、平井の「アダルト・ウルフガイ」シリーズの第2巻『狼よ、故郷を見よ』（1973年）においても騎馬民族説が登場し、日本的要素と西洋的要素とが『狼男だよ』に比べてより強く結び付けられている。

　本作におけるもう一つの変革として、現代社会の「日常」を生きる平凡な社会人が次第に「非日常」へ越境していくということが挙げられる。それについて、山田正紀（2010年）は「それまでは、誰かの日常がはじまると、日常の延長がずっと続いて、で、事件がその日常の中で起きるんだけど、半村さんの場合、日常からはじまって、それが突然どこかで異世界のほうへ入っていっちゃう。これは、半村さんの発明じゃないのかな」と述べている[68]。当時のエンターテインメント全般においてそのような方法論が見られないとは限らないものの、山田正紀『神狩り』（1975年）と五木寛之『戒厳令の夜』（1976年）のように、少なくとも伝奇小説史においてそのような試みが本作の刊行後に一般化したのは事実である。

　『石の血脈』における「非日常」への越境は、隅田が身辺の異常を解明する過程で自然に遂げられる。このような展開はミステリからの影響であると考えられる。師匠の死と妻の失踪という謎を解く隅田と、吸血鬼の秘密に迫る仲間たちの姿はミステリにおける探偵の姿に近い。祥伝社版『石の血脈』（1992年）の広告欄に本作が半村の「伝説」シリーズと共に「長編伝奇推理小説」と表記されているのはそのためであろう。本作において「奇」が「日常」の裏に潜んでおり、謎を解

116

明していく過程で自然に「奇」の全貌が浮かび上がってくるのは、「奇」で「日常」を相対化し、脱日常的なエンターテインメントを求めていた読者の欲望に応えるための試みとして理解できる。

本作における「日常」は大都市の普通の会社員としての暮らしで、「非日常」は永生を得ようとする吸血鬼としての暮らしである。次の引用文のように、半村は快楽と欲望に満ちている吸血鬼たちの暮らしを、隅田のそれまでの暮らしと確実に区別している。

> 隅田は自分の運命からのがれられないことを覚った。
> 「何でもいいでしょう。私はこの病気をうけ入れますよ。三戸田謙介氏と私は患者群の中では同格なのですね」
> 「あなたは野心家じゃと聞いておったが、まさにそうらしいな……さあ、カーテンをあけましょう。もう夜が始まっておる筈じゃ。あなたの世界がな……」[69]

吸血鬼たちの生きる「非日常」は、「日常」における現実的な束縛が存在しない魅力的な領域である。現実のモラルにとらわれず、権力と資本への欲求と性欲とが自由に発散でき、さらには不老不死の可能性までをも秘めている吸血鬼の暮らしは、笠井（1999年）が指摘しているように「解禁された大衆的欲望の露骨な表現」として読み取ることができる[70]。現代社会における大衆の欲望を前提に、リアルタイムで展開されていた古代史・オカルトブームの反映、ミステリの解明と魅力的な「非日常」への越境という三つの試みに基づいて、半村は本作における娯楽性の強化を図ったのである。

しかし、物語の後半では吸血鬼社会の暗部が提示され、半村の問題意識が浮かび上がってくる。次節ではそれについて見ていきたい。

2. 吸血鬼の正体と「庶民」の範囲

本作において人間が吸血鬼になるメカニズムは、吸血鬼が実は魅力的な存在ではなく、退治すべき「悪」に近いということを暗示している。吸血鬼に噛まれて「病液」を注入された人間は下位の吸血鬼になるという仕組みであるが、それによって吸血鬼社会は徹底的な階級社会としての構造を持つ。吸血鬼になると次第に人間のモラルを捨て、本能と欲望とに駆られる存在になるという設定から、吸血鬼自体が一つの「病気」に過ぎないという半村の真意が窺える。

二十世紀研究

　それでは、吸血鬼が批判の対象とされる理由は何か。

　　権利の境界は明確だが、権力の境界ははっきりしない。
　　むしろ権力の強さは権利の境界をこえた不明確な部分への支配力に比例している。意
　　志が理屈を支配する力といってもいい。万人を照らす法と、社会の裏面に存在する悪
　　の間には一種のトワイライト・ゾーンがあって、そのどっちつかずの操作し易い部分
　　をより多く占有する者が真の権力者となる。
　　東日グループ［引用者註：吸血鬼集団が持っている財閥］は産業界の大きな部分を独
　　占し、金融、貿易の面でも強大な勢力を擁している。［中略］隅田は今トワイライト・
　　ゾーンに身を置いている。71)

　　奴隷たち［引用者註：普通の庶民］はそれ［引用者註：権力を安泰にするための行為
　　が夜に行われるということ］を不合理だと思う。昼に慣らされて夜を不合理だと思っ
　　ているのだ。だが、権力がしっかりと根を張るトワイライト・ゾーンの向う側で、少
　　数のエリートたちは夜を理解し、割り切れぬ本物の世界を楽しんでいる。猿の集団か
　　ら続いている支配者の系譜に名を書き留めた男たち。その女たち。72)

　夜にだけ行動でき、昼に動けないという吸血鬼の生態は、昼は一生懸命に働く
庶民たちの時間で、夜は権力を安泰にするための試みが行われる時間であるとい
う半村の考え方に基づいている。権力を握っている人々は普通の庶民には理解で
きない考え方を持ち、庶民とはかけ離れた世界で生きている。吸血鬼は庶民ある
いは大衆の上に君臨する権力者・エリートのメタファーであるため、吸血鬼が夜
に庶民を拉致して血液を集めるのは、権力者が権力を維持するため庶民を弾圧す
る行為を象徴する。さらに、不老不死に対する吸血鬼たちの欲望は、不老不死が
始皇帝のような歴史上の権力者たちの宿願であった事実を思い出させる。
　なお、吸血鬼は人間を搾取・支配する資本のメタファーでもある。

　　［引用者註：立身出世と会社のために娘と婿とを東日グループに与えてしまった］折
　　賀と夏木雄策がこの企業を支えている。支配している。だがそれを更に支配する力が
　　ある。［中略］資本という得体の知れぬ生き物は、常にそれを折賀に押しつけて来る。
　　売上曲線はいつも上を向いていなければならない。資本という生き物は飽くなき増大
　　本能を持っているのだ。停滞は悪、後退は罪だ。

118

日本における「現代伝奇小説」の誕生

俺はこの会社に血を吸われている……折賀はふとそう思った。［中略］そしてその仕事を
通じて会社は繁栄し、前進する。だが血も要求する。サラリーマンも奴隷なら、経営者も
奴隷だ。この手で守り育てあげた資本が、いつの間にか支配者に変わっている。73)

　半村によると、権力と資本とがほぼ一体化している現代社会において、権力を
握っている人間は資本という得体の知れない「吸血鬼」に支配され、会社の経営
者さえも資本に血を吸われている。つまり、吸血鬼は「奇」として読者の興味を
引いて娯楽性を生み出すだけではなく、半村の想定している現代社会の悪を「病
気」として象徴する存在でもあるのだ。
　批判されるべき非人間的なものとして描かれている権力と資本とに対し、半村
が「人間的なもの」または「善」として提示しているのは、被支配者とされる庶
民の生き方である。吸血鬼の悪行が次第に露骨化する本作の後半において、半村
は繰り返し庶民の生き方の正しさを、吸血鬼を批判しながら強調する。

　「資本、権力……そういうものは人間的じゃないんだ。公害を追求された企業の言い
　分から、総裁選挙の裏工作まで、そこには我々庶民の道義にもとづいた感覚なんかま
　るでないだろ。権力は非人間を養成するのさ。［中略］エリートになった人間にとっ
　て、そこはひとつの別天地だ。我々の住むこの世界のもうひとつ上にある世界さ。…
　…たとえばあんただって事業主だ。その事業がもっと大きくなり、うまみが多くなっ
　て来たら、もっと資本の甘い汁が吸えるようになったら、あんただって今のあんた
　じゃなくなるかも知れん」74)

　引用文では、それぞれ資本と権力とを代表する大企業と政治家とが、非人間的
な別世界に身を置いていることが指摘される。半村の考え方によると、庶民はあ
くまでも純粋な庶民のままでいるべきで、汚い政治と資本の問題とは距離を置か
なければならない。庶民の純粋さと人間性とを根拠付けるのは、勤勉に労働して
努力を積み上げていく行為である。それこそが作中の世界における絶対的な道義
である。

　「［引用者註：吸血鬼は］人間でないとすれば神でなくて鬼だ。悪魔だ。もっと神に近
　いのは人間のほうだ。働く人間だ。考え……神について考え、それをより高い存在に
　創りあげ、いつかはその高みに登ろうと努力する人間が神なのだ。お前のように安サ

119

二十世紀研究

　　ラリーマンの身を恥じ、世の中の歯車が回転しうまくはさまって権力構造の奥深くに
　　入りこみ、奴隷を顎で使う日を夢見るような奴は、人間の屑だ」[75]

　　「働く奴が正しいんだ。［中略］俺たち貧乏人はなぜ汗水たらして働いていると思う。
　　［中略］働いてる者同士の間にゃあ、銭金でねえあってけえもんが生まれるんだ」[76]

　ここで繰り返し強調されているのは、道義を守り抜く庶民の姿である。引用文
を読んでみると、「人間」が理想的な「庶民」を意味していることに気付かされ
る。庶民の道義に基づいて生きる人々こそが「人間」で、そうでない権力者・資
本家は「非人間」、つまり「吸血鬼」となる。半村は読者として想定されている
庶民・大衆の欲望を肯定した上で、権力と資本とはかけ離れている現実の生き方
こそが正しいと言い聞かせる。それによって、半村の権力と資本とに対する批判
は、読者を慰めるという行為と合致する。
　しかし、現在の生き方を肯定する半村の試みは、権力と資本への欲望を究極的
には否定することになりかねない。そこで、半村は「庶民」の範囲を巧みに設定
して矛盾を回避しようとした。嘱望される建築家の隅田と、彼の友達で有望な商
業カメラマンでもある伊丹は、戦後社会の専門職として綺麗なパートナーと共に
豊かな生活を営んでいる。充分な権力（建築界と会社での名望や地位など）と資本と
を持っていたにもかかわらず、吸血鬼になってから欲望に駆られて庶民の道義を
放棄する隅田に対し、最後まで道義を守るため吸血鬼に全力で抗う伊丹は『狼男
だよ』の犬神のように、吸血鬼を批判できる立場に立たされる。隅田のステータ
スを庶民として享受できる権力と資本の上限として設定することにより、半村は
読者の欲望を認めながらも問題意識が発信できるようになった。吸血鬼の生き方
が魅力的なものとして提示され、ついには否定されるのは、読者の欲望と現在の
生き方とが共に肯定されているからである。
　結局、半村は吸血鬼と巨石文明とを中心に大きなスケールの「奇」を誕生させ、
娯楽性の創出と問題意識の発信という二つの目的を達成しようとしたと考えられ
る。その過程で、半村が本作の中心的存在である「庶民」の範囲を巧妙に設定し
たのは、両方の矛盾を解決するためであった。『狼男だよ』がそうであったよう
に、『石の血脈』でも両方の衝突を塞ぐための試みが見られ、その過程で伝奇小
説史におけるあらゆる変革が現れた。

おわりに

　以上の内容から、現代伝奇小説が SF 文学場の中で当時の社会像がリアルに反映される形で誕生した事実が確認できる。1970 年前後の日本社会ではオカルト・古代史のブームが起こり、脱日常を望む雰囲気が存在していたにもかかわらず、当時の「古い」伝奇小説ではその需要に応えることができず、前世代の異端文学が復刊されるようになった。現代伝奇小説はその需要に応える商品として登場した。

　SF 文学場の中で、平井和正と半村良は出版社及び編集者と密接な関係を持っていた。作品の依頼または出版をめぐって起こった偶然とも言える事件から、編集者が持っていた多大な影響力が確認できる。現代伝奇小説の誕生には作家だけではなく、当時の出版社と編集者の意図と介入とが深く関わっていたのである。

　『狼男だよ』と『石の血脈』は大衆向けの商品として執筆されたため、必然的に娯楽性の強いエンターテイメントとしての性格を持つようになった。実際、平井と半村は作品を書くことで生計を立てていくという明確な意志を持っていた。二人が商業的成功を優先する形で作品を執筆したのはそのためである。もちろん、二人がこのように現実的な方向性とは別に「面白いものを書きたい」という強い意志を持っていたのも重要である。

　しかし現代伝奇小説の誕生は、二人の現実に対する強い問題意識があってこそ可能であったことを指摘しておかなければならない。作品が大衆文学として物質的束縛に従属されている状況下でも、二人は可能な限り問題意識を発信しようとしていたのである。『狼男だよ』と『石の血脈』とにおいて、読者を批判の対象から排除すると同時に、作家が想定している読者の欲望に応える形で問題意識が発信されているのはそのためである。現実に対するリアルで同時代的な問題意識の発信と、それをエンターテインメントとしての性格に合わせるために試みられた新鮮で創意的な方法論とが、現代伝奇小説の誕生に大きく貢献した。

　特に、読者として想定された庶民または大衆の生きる世界として「日常」を想定し、それに対するもう一つの世界として「非日常」を設けた半村の試みは、平井による舞台の現代化と和洋折衷的な「奇」の登場と共に、後の伝奇小説を形作ることとなった。「日常」と「非日常」との関係を重視する「新伝綺」を含めて、1970 年代以降の伝奇小説の形はこの時に初めて提示されたと言っても過言ではない。その形とは、作者によって想定された読者の現実が反映された「日常」と、それを相対化して「非日常」を生み出す奇異で幻想的な事柄としての「奇」との

対照を通して読者の欲望に応えることであった。

　結局、現代伝奇小説は1970年前後の文学状況と日本社会とにおけるダイナミックな相互作用の影響を受け、現代社会に対する平井と半村のリアルな問題意識が庶民・大衆の欲望に応える形に反映されて生まれた新しいエンターテインメントであった。二人の文学的達成は、「古い時代小説」として認識されていた伝奇小説を現代的なジャンルに刷新して現在まで存続させる底力を持つものであったと言える。

　　　　　　註

1) 坂上秋成『TYPE－MOONの軌跡』（講談社、2017年）105頁。
2) 1990年代以降、大塚英志・森美夏『北神伝綺』（角川書店、1997年）のように「伝奇」を「伝綺」と表記する例が見られる。
3) 笠井潔『探偵小説は「セカイ」と遭遇した』（南雲堂、2008年）130頁。以下、「笠井、前掲書A」と表記する。
4) 講談社によって打ち出されたキャッチフレーズで、綾辻行人『十角館の殺人』（講談社、1987年）を始めにして主に謎解きと論理で事件の解決に挑む「本格ミステリの一大ムーブメント」と定義される。「新本格ミステリ30周年企画、始動」講談社〈http://book-sp.kodansha.co.jp/shkm30/〉（2018年11月23日最終確認）。
5) 笠井潔『物語のウロボロス』（筑摩書房、1999年）の第七章「欲望と不可視の権力」を参照。以下、「笠井、前掲書B」と表記する。
6) 笹川吉晴「解説」笠井潔『ヴァンパイヤー戦争1』（講談社、2004年）360頁。
7) 縄田一男「半村良の時代小説」『文藝別冊　半村良』（河出書房新社、2007年）96頁。
8) セシル・サカイ『日本の大衆文学』（平凡社、1997年）247-248頁。
9) 小松和彦・内藤正敏『鬼がつくった国・日本』（光文社、1991年）24頁。伝奇小説全般に関する定義は多岐にわたっているが、小松の定義がその最大公約数的なものに当たると考えられる。
10) 松下優一（2011年）によると、「文学場」とは、「作家が『作家』として参入する『界 champ』、『文学』というイルーシオ（illusio）が共有される社会圏域」として定義される。そして、「作家は『文学場』に参入し、その『場』の構造（『可能性の空間 espase（ママ）　des possibles』）との交渉のなかで自らの位置取りを選択（『立場決定 la prise de position』」）しながら、作品を生み出すものと考えられる」。この「文学場」の概念は、本稿で検討しようとする現代伝奇小説の誕生をめぐる文学・出版界の複雑で力動的な状況を説明するためにもっとも適切だと考えられる。松下優一「作家・大城立裕の立場決定：「文学場」の社会学の視点から」『三田社会学』16（三田社会学会、2011年）108頁。そしてイルーシオは、「個人的な夢想であるイリュージョンに対して、社会学的現実の現実性を支える集合的幻想を指す」概念である。ジゼル・サピロ著、鈴木智之他訳『文学社会学とは何か』（世界思想社、2017年）44頁。
11) 笠井、前掲書B、227頁。
12) 直木三十五「大衆文藝作法」（1932年）『直木三十五全集第21巻』（示人社、1991年）21頁。

13) 関立丹「司馬遼太郎の忍法小説－『梟の城』を中心に」吉丸雄哉他編『忍者の誕生』（勉誠出版、2017 年）229 頁。
14) 笠井、前掲書 A、92 頁。
15) 山田正紀・恩田陸『読書会』（徳間文庫、2010 年）29–30 頁。
16) 「大衆文学時評〈下〉」『読売新聞』（1967 年 2 月 7 日付、夕刊）。
17) 異端・異色とされた作家たちによって書かれた、怪奇・幻想をテーマにする文学を指す。
18) 尾崎秀樹「大衆文学往来」『毎日新聞』（1968 年 8 月 5 日付、東京夕刊）。
19) 中島河太郎「推理小説と SF の六九年」『昭和四十年版文芸年鑑』（新潮社、1970 年）92 頁。
20) 本稿における「エンターテインメント」とは、娯楽として読者に消費されることを最大の目的として、面白さを追求する大衆向けの小説を指す。
21) 福島正実の回顧によると、早川書房の反応はあくまでも例外的なものであった。当時ジュブナイル出版社で SF 企画が失敗し、多くの出版社は SF に手掛けようとはしなかったのである。早川書房も最初は福島と都筑道夫の出した SF シリーズの企画を拒絶した。福島正実『未踏の時代』（早川書房、2009 年）18 頁。
22) 平井和正『夜にかかる虹・上』（リム出版、1990 年）16 頁。以下、「平井、前掲書 A」と表記する。
23) 福島、前掲書、88 頁。
24) 例えば、「ウルフガイ」シリーズの『狼の紋章』と『狼の怨歌』は「少年週刊誌連載の漫画の原作として造形」された。平井、前掲書 A、171 頁。
25) 同上、121 頁。
26) 森は当時の平井が SF 作家としては無名に近かったが、漫画原作者としては名が知られていたと証言している。大森望、森優「日本の文庫出版を変えた編集者［後編］採録・大森望の SF 喫茶」cakes（2015 年 2 月 27 日付）〈https://cakes.mu/posts/8534#pay_part〉。
27) 同上。
28) 同上。
29) 佐々木君紀「平井和正の軌跡」平井和正『夜にかかる虹・下』（リム出版、1990 年）346 頁。
30) 平井和正「SF 的思考法」（1966 年）、平井前掲書 A、43、46 頁。
31) 平井和正「最初のあとがき」（1967 年）、前掲書、110 頁。
32) 平井、前掲書 A、301 頁。
33) 中島河太郎は平井と筒井康隆、眉村卓らに見られるように、1969 年における日本 SF の特色が「大衆読者開拓のための攻勢の目立つことである」と指摘している。なお、それは「中間小説誌［引用者註：『SF マガジン』を指すと考えられる。］に進出する以上、当然とら（ママ）るべき路線」であるとも述べている。中島の指摘から平井が 1969 年当時、すでに大衆向けの SF 作家として認識されていたことが確認できる。中島、前掲書、94 頁。
34) 平井和正「あとがき」『狼よ、故郷を見よ』（早川書房、1973 年）246–247 頁。
35) 「半村良略年表」『文藝別冊　半村良』（河出書房新社、2007 年）235 頁。
36) 半村良「なぜ伝奇小説を書くか」『毎日新聞』（1977 年 4 月 5 日付、東京夕刊）。
37) 同上。
38) 同上。
39) サカイ、前掲書、248 頁。
40) 平井和正『狼男だよ』（早川書房、1972 年）20 頁。以下、「平井、前掲書 B」と表記する。強調は原文による。
41) 平井、前掲書 B、30 頁。
42) 平井、前掲書 B、32 頁。
43) 前近代の伝奇における鬼と妖怪、山田風太郎の忍者小説における怪物じみた忍者たち、奈須きのこ『空の境界』における現代の魔法使いや超能力など、伝奇小説の中心軸を成す非現実的・非日常的な事柄の総称として理解できる。ただし、本稿では「奇」という言葉自体にそのような意味が内包されているとみなし、「「奇」なる事柄」の代わりに「奇」を使う。
44) 平井、前掲書 B、16 頁。
45) 平井、前掲書 B、21 頁。
46) 平井、前掲書 B、28 頁。
47) 一柳廣孝『オカルトの帝国』（青弓社、2006 年）18 頁。

二十世紀研究

48) 幻想・怪奇特集が集中していると考えられる夏季（6月～8月）の連載分を調べた結果、1967年には合計13冊の中で11冊に、1968年には合計7冊（5冊の欠号は確認できず）の中で5冊に、1969年には14冊すべてに、1970年には13冊の中で9冊に特集が掲載されていた。

49) 平井、前掲書B、83頁。強調は原文による。

50) 平井、前掲書B、202–203頁。

51) 平井、前掲書A、179頁。

52) サカイ、前掲書、216頁。

53) 平井、前掲書B、26頁。

54) 平井、前掲書B、60頁。強調は原文による。

55) 平井、前掲書B、154頁。

56) 平井、前掲書B、68–69頁。

57) 平井、前掲書B、122頁。強調は原文による。

58) 平井、前掲書B、124頁。

59) 平井、前掲書B、287頁。

60) 同上。

61) 平井、前掲書B、93頁。

62) 平井、前掲書B、184頁。強調は原文による。

63) 作中のモデルは1967年に出たブルーバード1600SSS（510型）と考えられる。初めて北米市場に進出して成功を収めたモデルで、洗練したデザインと優れた性能のため広く人気を得た。当時の価格は『読売新聞』（1970年8月12日付朝刊）の広告によると738,000円であった。厚生労働省の資料「昭和43年 労働経済の分析」によると、新規学卒者の初任給額（高卒・製造業・通勤・男性）は昭和43（1968）年に22,669円であった。
〈https://www.mhlw.go.jp/toukei_hakusho/hakusho/roudou/1968/dl/04.pdf〉（2018年7月12日最終確認）

64) 平井、前掲書A、172頁。

65) 笠井、前掲書B、262頁。

66) 末國善己「現代の闇・歴史の闇を暴く"伝奇ロマン"」『文藝別冊　半村良』（河出書房新社、2007年）91頁。

67) 半村良『石の血脈』（集英社、2007年）472頁。

68) 山田・恩田、前掲書、28頁。

69) 半村、前掲書、428–429頁。

70) 笠井、前掲書B、269頁。

71) 半村、前掲書、371–372頁。

72) 半村、前掲書、604頁。

73) 半村、前掲書、512–514頁。

74) 半村、前掲書、510–511頁。

75) 半村、前掲書、627頁。

76) 半村、前掲書、645–646頁。

（京都大学大学院文学研究科博士後期課程）

関東大震災時の朝鮮人虐殺と朝鮮総督府
― 朝鮮における報道規制と記憶の統制 ―

藤井　絢

はじめに

　1923年（大正12年）9月1日に発生した関東大地震は、地域の自警団などによる多数の朝鮮人の虐殺という人災をもたらした。本稿は、この朝鮮人虐殺という出来事が、在日朝鮮人の故郷である朝鮮においてどのような反応を引き起こしたのかを、日本国家の関与、とくに朝鮮総督府の動きに着目して考察する。

　朝鮮人虐殺研究の第一人者である山田昭次は、震災時の虐殺への国家の関与として、朝鮮人暴動という誤認情報の流布・公認、戒厳令布告、朝鮮人暴動の捏造、見せかけの虐殺裁判、朝鮮人死体の隠匿、誤認情報流布の責任を隠す発言・歴史書の編纂、在日朝鮮人の抗議・追悼運動の弾圧などを挙げ、その責任を追及している[1]。これに加え、朝鮮の状況に注目する筆者は、朝鮮における報道規制も日本国家による重大な関与であったことを明らかにしたい。それは、関東という地域、日本という国家の範囲を超え、また震災期という時期を超えて、震災時の朝鮮人虐殺を大きな空間的・時間的広がりの中でとらえる視角を提供することに通ずると考えられる。

　以下では、まず震災時の朝鮮人虐殺をめぐる研究の展開を跡付け、続いてこの出来事をめぐる朝鮮総督府の対応を大きく二つの時期に分けて考察することにしたい。

I　日本および韓国における研究の展開

　関東大震災時の朝鮮人虐殺については、1960年代から在日朝鮮人と日本人の研究者によって研究が進められてきた。韓国での研究は、遅れて2000年代に入ってから本格的に行われるようになった。それらの研究の状況は、単に歴史研究者

『二十世紀研究』第19号（2018年12月）

二十世紀研究

による研究の早い遅いという問題にとどまらず、震災時の朝鮮人虐殺をめぐる記憶のあり方と当時の言論・報道規制との関係を反映しており、それ自体が虐殺に関する国家の関与という本稿の主題と深く関わっている。そこで、ここでは通常とは異なりあえて一章を割いて、日本および韓国における朝鮮人虐殺の研究の展開を詳しくたどってみることにしたい。

1. 日本における研究の展開

日本で最初にこの問題について取り上げた研究者は斎藤秀夫（1958年）である。斎藤は問題を「朝鮮人さわぎ」ととらえ、流言発生源が震災下における警察の朝鮮人保護という「非常措置」にあると論じた[2]。これに対し、松尾尊兊（1963年、1964年）は流言の発生源を官憲とするには斎藤の論証が不十分であるとしつつ、官憲が朝鮮に対する帝国主義者としての恐怖感から流言を拡大し、その意味で自ら朝鮮人迫害に関わっていたとした。松尾は、当時の国家権力には、民衆の憎悪を朝鮮人に向け支配階級に対する不満をそらす狙いがあり、「朝鮮人暴動」の背後に社会主義者の存在があるとの流言を流して民衆と社会主義者の離間を図ったこと、虐殺事件後に立件された「不逞朝鮮人」犯罪の信憑性が低く、事件後裁判にかけられた自警団の処罰が軽いことを指摘している[3]。また、虐殺後、日本政府が朝鮮人の対日反感増大を防止するために朝鮮人の日本渡航禁止措置を講じたことなどを挙げ、国家権力が震災の混乱の中で、大杉事件や亀戸事件をふまえて社会主義者や先進的労働者とともに朝鮮人を白色テロの対象としたと論じた[4]。ここに、後述する「三大テロ」史観の萌芽がみられる。

この時期に研究を飛躍させたのは、資料集『関東大震災と朝鮮人』（現代史資料六、1963年）の刊行だった。琴秉洞とともにその編纂にあたった姜徳相は、史料の解題を通して、流言の発生源が官憲にあると主張した[5]。これに対し松尾は、流言の発生元は官憲一か所でなく関東一円の至る所にあると主張し[6]、姜と論争になった。この問題については官憲説、民間説、横浜説などその後も様々な解釈が出されるが、現在に至るまで、研究者の間で共通の理解は形成されていない[7]。注目されるのは、こうした論争の中で、震災時の虐殺を「三大テロ」としてとらえる日本人研究者の見方に対する批判がおこったことである。

いわゆる「三大テロ」史観とは、6,000人以上が殺されたとみられる朝鮮人虐殺事件、社会主義者十数人が殺された亀戸事件、大杉栄ら三人が殺された甘粕事件という震災時の三事件を並列して論ずる史観のことである。そのようなとらえ方

126

は、塩田庄兵衛「扼殺三大事件」[8]）、今井清一「白色テロル事件」[9]、また犬丸
義一の『歴史の真実　関東大震災と朝鮮人虐殺』（1975年）における「三大白色
テロル」論に見られるように、朝鮮人虐殺に注目した日本史研究者の大方の見方
であった[10]。それに対し、姜徳相（1975年）は自身の著作を通じ、朝鮮人虐殺事
件は他の事件とは質が異なるため独立した分析がされねばならないと批判した
[11]。ここには、戦後歴史学における「民族」と植民地の問題の取り扱いに関する
重要な論点を見て取ることができる。

　その後、1970年代から80年代には、地域発祥の運動的なアプローチが広がり、
地域史の掘り起こしの中で、証言集や史料集が出版されるようになった。日朝協
会豊島支部『民族の棘：関東大震災と朝鮮人虐殺の記録』（1973年）や、千葉県
における関東大震災と朝鮮人犠牲者追悼・調査実行委員会編『いわれなく殺され
た人びと―関東大震災と朝鮮人』（1983年）などがあげられる[12]。90年代に入
ると児童の証言資料や、写真や画集などの発行も相次ぎ[13]、そうした動きは今日
に至るまで続いている。

　一方、90年代から2000年代にかけて、『関東大震災政府陸海軍関係史料』全
3巻（日本経済評論社、1997年）、『関東大震災朝鮮人虐殺問題関係史料』全5
巻（緑蔭書房、1989-2004年）といった史料集が刊行され、主要な史資料が出揃
い、新たな研究の展開を促すこととなった。

　松尾章一（2003年）は虐殺事件における軍隊の関与を明らかにし、震災下の経
験が国家総力戦に対応しうる国民の軍事的再編を推進したと論じて、関東大震災
を国家総力戦体制構築への重要な転機として位置づけた[14]。山田昭次（2003年）
は墓碑や追悼碑に着目して、追悼活動において追悼の主体である地域住民・朝鮮
人が、虐殺に加わった民衆について碑文で言及することができなかったことを明
らかにする一方で、虐殺された朝鮮人の数に関する同時代の調査の詳細な分析を
行った[15]。山田はさらにその後（2011年）、震災当時に政府が朝鮮人の死体を隠
匿し、虐殺に対する抗議や追悼行為を弾圧したことを指摘し、虐殺事件発生以後
の国家の責任を指摘した。また、民衆が虐殺に加担した要因として、新聞などで
広まった「不逞鮮人」像の浸透、国家への忠誠心の強さ、町村レベルでの共同体
意識をあげた[16]。姜徳相（2003年）は、日本の支配者層には三・一独立運動や米
騒動の記憶があり、それが戒厳令発布や流言蜚語の容認・助長をもたらした一方、
民衆の側は支配者層から受けた差別への怒りをより立場の弱い者すなわち朝鮮人
に向け、虐殺に加担したと論じた[17]。

二十世紀研究

　以上のように、2000 年代初めまでは虐殺事件についての事実を明らかにし、ま
たその原因を問う研究がほとんどであった。それに対し、近年、より広い視点か
らこの出来事をとらえる試みが様々な角度からなされている。

　その一つは、在日朝鮮人政策全体の中で、震災時の虐殺という出来事をとらえ
ようとする姿勢である。ノ・ジュウン（2007 年）は震災直後の朝鮮人保護などと
いった「震災処理」政策に着目し、日本政府のみならず朝鮮総督府の資料を用い
ながら在日朝鮮人政策が変化する中間過程として関東大震災時の虐殺事件を位置
づけた。震災以前は内務省の在日朝鮮人政策に「援助」、「協議」という形で参
与していた総督府であるが、震災時は日本政府の要請に対し受動的に活動するの
でなく総督府出張所による自発的な活動を行った。「震災処理」政策を積極的に
行うことで、日本政府と朝鮮総督府による在日朝鮮人の「二重統制」状態が発生
し、総督府は在日朝鮮人政策へと活動領域の拡大を狙うようになったと論じてい
る [18]。またペ・ヨンミ（2010 年）は震災時の虐殺事件の前史として 1922 年に信
越電力株式会社の水力発電所工事現場で朝鮮人が虐殺された中津川事件（信濃川
事件）[19]に注目する必要性を指摘している [20]。また、震災時の虐殺の記憶が日本
敗戦・解放前後においても日本人、朝鮮人双方に影響を及ぼしていたことを明ら
かにした鄭永寿（2016 年）[21]の研究も、関東大震災の影響を長い時間軸でとらえ
る必要性を指摘する点で、ノ・ジュウンやペ・ヨンミの問題意識を共有するもの
といえよう。

　それに対して、山田昭次の最近作（2014 年）[22]は、日本全国の朝鮮人虐殺関連
新聞報道史料をもとに、関東のみならず日本全国で流言記事が掲載され迫害を受
けた朝鮮人がいたことを明らかにしており、空間面で視野を広げようとしている。
千葉や横浜など特定の地域における虐殺の詳しい状況を地域史の形で明らかにす
る研究が進められているのもこうした動きの中においてである [23]。

　さらに、民衆による虐殺への加担のより深い背景を探るような研究も現われて
いる。宮地忠彦（2012 年）は、日清戦後から震災後の時期における警察内部の「善
導」主義という治安維持構想の分析を通じ、虐殺の背景を論じている。宮地は震
災時の虐殺において、「善導」主義の前提である「悪」と「善」の区別、すなわ
ち「不逞」朝鮮人と「善良」朝鮮人の区別が困難になったほか、警察の「国体」
観からは逸脱したいわば「民衆警察」としての自警団が出現したことを指摘する。
それは、警察の「国体」観に忠実な民衆を作りだそうとする「民衆の警察化」、
また警察の民衆への歩み寄りを図る「警察の民衆化」という当時の政策の限界が

認知されたことを意味すると言う[24]。また尾原宏之（2012 年）は関東大震災を明治時代との思想的断絶を引き起こした思想史的事件として再定位し、自警団が単なる警察の手先としての受動的な存在でなく主体性をもっていたことや、自警団に「民衆自治」精神の芽生え、政治参加の一種としての行動がみられるがゆえに自警団を擁護する知識人もいたことを指摘している[25]。

　民衆による暴力の分析にあたって、ジェンダーの視点からの研究が現われてきたのも最近のことである。金富子（2014 年）は朝鮮人虐殺を「男性性」の概念を用いて検討し、震災を契機とした「朝鮮人＝レイピスト」という流言（神話）が広がり、その中で日本人男性による「男らしさ」（「レイピストたる朝鮮人から日本女性を守る」）の発揮としての虐殺が広がったとする[26]。同じく男性性への注目から近代日本の都市暴動を包括的に検討した藤野裕子（2015 年）は、朝鮮人虐殺において大きな役割を果たした自警団という男性集団に、日本／朝鮮、官／民だけでなく日本社会の上層／下層、地域社会の内／外という複合的な力関係が存在していたことを明らかにしている[27]。

2. 韓国における研究の展開

　震災時の虐殺それ自体の実証的研究から、それをより広い文脈に位置づけようとするものへと展開してきた以上のような日本の研究に対して、韓国においてはいかなる研究が行われているのであろうか。韓国では 2000 年代に入るまで震災下の虐殺に関する研究は少数で、日本での研究を翻訳したものがほとんどだった。ノ・ジュウン（2013 年）はその理由として、韓国では一次資料の入手が困難であることや、在日朝鮮人への関心・問題意識自体が低かったことをあげている[28]。

　しかし 2000 年以降、韓国でも震災下の虐殺に関する研究が活発になった。ノ・ジュウンはその要因を 3 点指摘する。一つ目は、2000 年 6 月に「韓日民族問題学会」が創立され、在日朝鮮人研究が本格的に始まったこと。二つ目は、先述した姜徳相、山田昭次の研究書がそれぞれ 2005 年、2008 年に翻訳出版されたことにより震災下の虐殺への関心が高まったこと。三つ目は世界で頻繁に発生する大災害への警戒心が高まったことである[29]。

　とはいえ、韓国におけるこの問題への関心は、ノ・ジュウンによると、歴史学よりも文学研究の分野を中心として始まった。しかしこうした研究は歴史的脈略の中に文学作品を位置づける点で弱点がある[33]。つまり、震災時の虐殺にかんする実証的な研究というよりは、その被害の記憶をめぐる議論である。キム・フン

二十世紀研究

シクの論文「関東大震災と韓国文学」[30]やキム・ジョン「竹久夢二と関東大震災そして朝鮮：絵画と思想」[31]、ファン・ホドク「災難と周縁　関東大震災からフクシマまで：植民地と収容所　キム・ドンファンの叙事詩『国境の夜』と『昇天する青春』を端緒に」[32]など、関東大震災を経験した日本及び韓国の文人の作品を取り上げ批評する形での研究が多く現れた。ノ・ジュウンは、このような韓国の研究動向を指摘したうえで、震災下の虐殺を「一国史」としてではなく「東アジアの歴史」としてとらえるべきだとしている[34]。

　2013年8月、韓国の東北亜歴史財団の主催によりソウルで開催された「関東大震災90年韓日学術会議　関東大震災と朝鮮人虐殺事件」は、ノ・ジュウンの指摘する問題を乗り越える新しい動きと言える。そこでは韓国人5名、在日韓国人1名、日本人3名による研究報告が行われた。その報告内容をまとめた書籍は2013年、2016年にそれぞれ韓国語、日本語で出版されている[35]。報告者の一人であるチャン・セユン（2013年）は、震災当時大韓民国臨時政府が上海で発行していた「獨立新聞」の虐殺報道をまとめており、日本、韓国のみならず、中国における影響までも研究の視野に入れたものとなっている[36]。

　この会議以外にも、ソン・ジュヒョン（2015年）が『東亜日報』と『朝鮮日報』の報道を分析し、朝鮮総督府の言論統制の中で関東大震災がどのように記憶され伝承されたのかについて論じている[37]。キム・グァンヨル（2015年）は、震災当時の日本における流言蜚語の拡散状況と加害者への法的措置や朝鮮総督府の虐殺もみ消し措置について検討したほか、当時の大韓民国臨時政府の対応や中国人虐殺に対する中国政府の対応をも比較し分析している[38]。またキム・インドク（2015年）は日本の社会運動勢力と在日朝鮮人運動勢力の動向に注目し、虐殺に対して民間の運動勢力がどのように対応したのかを明らかにした[39]。

　これまで見てきた通り、関東大震災時の朝鮮人虐殺に関する研究は日本を中心に進められ幅広い成果を残してきた。しかし当時植民地支配の最高機関であった朝鮮総督府に関する研究は少ない。朝鮮総督府が関東大震災、とくに朝鮮人虐殺の事実をどのように受け止め、朝鮮内の状況をいかに認識し対応したのかということは、虐殺事件の国・地域を超えたインパクトを考えるうえで重要だと考える。この問いを追究することで、日本国内にとどまらない日本国家の関与をも明らかにしたい。

II 朝鮮総督府の対応

以下では、関東大震災発生後の朝鮮総督府の反応について「混乱期」（9月2日
～9月6日）、「緊張期」（9月7日～9月20日）、「収束期」（9月21日～10
月19日）と「揺り戻し期」（10月20日～）と、4つに時期区分して論じていく。
分析に用いる史料は、主に以下の四点である。

第一に、国立国会図書館憲政資料室蔵『斎藤実文書』中の朝鮮総督府警務局作
成『関東地方震災ノ朝鮮ニ及ホシタル状況』である。この中でもとくに「関東地
方震災ノ朝鮮ニ及ホシタル状況」（以下『朝鮮の状況』）と「重要法令実施ノ状況（勅
令第四〇三号　治安維持ノ為ニスル罰則ニ関スル件）」（以下『四〇三号』）を取り
上げる [40]。第二の史料は、同じく国立国会図書館憲政資料室蔵『斎藤実文書』中
にある朝鮮総督府警務局作成『秘　震災関係警戒取締ニ関スル重要通牒』（以下
『重要通牒』）である [41]。第三に、震災当時に朝鮮で発行されていた日本語新聞『京
城日報』である [42]。そして第四に、朝鮮総督府警務局図書課編『諺文新聞差押記
事輯録』（1972）（以下『差押記事』）を利用する [43]。

1．9月2日～9月6日（混乱期）

9月1日の震災発生後、朝鮮内に関東大震災の知らせが入ったのは9月2日の
ことであった。『朝鮮の状況』によれば、日本の新聞を通じ震災の情報を得たも
のの情報の正確性に混乱する朝鮮の状況がわかる [44]。また当時の警務局長丸山鶴
吉の回顧録『五十年ところどころ』中の「関東大震災当時の朝鮮」（以下『当時の
朝鮮』）にも、新聞電報の正確性を疑い日本からの公的な情報を待つ様子がうかが
える [45]。9月2日、朝鮮総督府には主に新聞電報を通じて震災の知らせが入り、
朝鮮人民衆の動向に警戒していたようだ。しかし日本からの公的な電報は届いて
いないため、新聞電報の真偽を定められない状況であった。

朝鮮人虐殺の知らせが初めて朝鮮内に伝わったのは、9月3日のことであった。
同じく『当時の朝鮮』には、以下の記述がある。

> …［前略］翌日［筆者注：九月三日］になつても相變らず誇大な新聞電報は来るので
> あるが、相變らず公報は来ない、依然として不安に裏まれてゐた。しかも新聞電報は
> 三日の晩頃から掛けて、今度は朝鮮人騒ぎの起つたことを報告し始めた。これは朝鮮
> にとつて寔に重大なことであると考へた私は、一切この種の新聞報道を禁止する方針

二十世紀研究

を採り、同時に只管公報の来るのを待つたが、…［後略］46)

　このように朝鮮総督府には新聞電報を通じて朝鮮人虐殺の知らせが入ったが、新聞電報を受信したのは総督府だけでなく朝鮮の新聞社も同様であった。しかし混乱を防ぐため、虐殺事件に関する報道は一切禁じられた。『差押記事』によれば、『東亜日報』は9月4日付の号外「日本各地に○○○○（原文ママ）」47)が差し押さえられ、『朝鮮日報』は9月3日付の号外「横濱にも○○（原文ママ）事件勃發」48)が差し押さえられた。これらは記事本文が掲載されていないため内容を知ることができないが、朝鮮人虐殺に関するものだと推測できる。また9月5日付の『朝鮮日報』の記事「三箇處に不穏事件發生」49)も差し押さえられた。「不穏事件」という表現ではあるが、おそらくこれは震災地で広まった「朝鮮人の暴動」という流言蜚語を指すと思われる。

　一方9月4日朝刊の『京城日報』には、朝鮮内の日本人に向けた朝鮮総督府警察部長の談話が掲載されている50)。この記事では「不良分子」が何らかの画策をしているという「流言蜚語」が事実でないことを日本人に呼びかけている。この段階では朝鮮人虐殺事件に関する「流言」に言及されていない。従って9月4日の段階では、後に朝鮮総督府が警戒するような朝鮮人虐殺に関する「流言」が行われていなかったことがわかる。

　これは朝鮮総督府の対応からも明らかだ。『重要通牒』には、9月2日付で「国境各道知事及び慶尚南道知事宛」の電報と「その他各道知事宛」の電報がある。二通の電報で内容が共通する部分を以下に引用する。

　　　今回東京其ノ他内地各地方ニ於ケル空前ノ災害ニ乗シ不良ノ輩ハ何時矯激ナル運動ニ出ツルヤモ難測鮮内ニ於テモ之カ衝動ヲ受ケ勢ヒ人心ノ動揺ヲ来シ内地及国外ト連絡ヲ採リ如何ナル行動ニ出ツルヤモ難測ニツキ此際民心ノ帰趨ヲ安定セシムルト共ニ不穏ノ行動ニ出テサル様厳重警戒セラレ度 51)

また『朝鮮の状況』には、以下の記述がある。

　　　…［前略］社會主義者及之ニ類スルソウル青年會勞働聯盟會朝鮮教育協會天道教等ハ帝都ノ大惨禍及山本總理ノ暗殺説等ヲ吹聴シ這回ノ異變ハ之レ偶然ノコトニアラス日本革命ノ象徴ナリ近ク各地ニ内乱起リ現在ノ制度ハ改革セラルヘシ又ハ震後ノ復

旧ハ容易ノ事業ニアラス爲ニ一千五百萬圓ノ補給金ハ停止セラレ内地人ノ移住ハ一
層増加シ朝鮮人ノ生活ニ一層大ナル不安ヲ感スルニ至ルヘク吾等鮮人ハ坐シテ死ヲ
待ツヘキカ将又此ノ機會ヲ利用シ積極的行動ニ出ツヘキカ等ト稱シ…［中略］…各自
派ノ爲ニスル流説ヲ傳ヘ民心ヲ誑惑スル不穩言動漸ク熾ニシテ民心不安ニ驅ラルル
形勢ナリシヲ以テ直ニ流言浮説及不穩言動ニ對スル取締ヲ厳ニシ以テ虚妄ノ浮説ニ
惑ハサレサル様一般ニ説示シテ警戒スル所アリ 52)

　このように、この時点では震災を「改革の契機」などと捉え朝鮮人民衆を独立
運動へ扇動するような言説を「流言」と定義づけ取り締まっていたことがわかる。
これは『重要通牒』中の 9 月 4 日の電報からも明らかだ 53)。
　以上のように、総督府警務局は 9 月 4 日の時点で社会主義者や労働連盟、宗教
関係者などの一部の朝鮮人に対し警戒を行っており、朝鮮人全般に対して注意を
払っていたわけではなかった。この時点で朝鮮総督府は朝鮮人虐殺に関する言説
を「流言」とは定義づけておらず、混乱状態の中で民族運動が起きないよう警戒
しているのだ。
　朝鮮総督府は朝鮮人虐殺に関する情報を朝鮮内に広めないよう努めていたが、
朝鮮内の日本人は早い段階で「朝鮮人が震災に乗じ暴動を起こした」などの震災
地で広まった流言に触れる機会があったようだ。それは朝鮮内の新聞を通じてで
はなく、当時日本の領有地であった関東州の新聞『満州日日新聞』等を通じた情
報だと考えられる。『当時の朝鮮』には以下のように記されている。

　　…［前略］一方朝鮮人騒ぎ等に関しては極端な電報が頻々として来る。私はこれを全
　　部没収して新聞に渡さなかつたので、新聞は勿論これに関しては掲載しなかった。然
　　し、内地の地方新聞が朝鮮に入つて来る、これも全部差押へをしたが、一方、関東廳
　　では何等取締りをしないので、大連其の他の新聞が逆輸入される、…［後略］54)

　このように、日本からの新聞電報が規制されていなかった『満州日日新聞』等
関東州の新聞が朝鮮に輸入され、朝鮮内の日本人はいち早く日本で語られている
「流言」を知ることができたと思われる。例えば『満州日日新聞』9 月 5 日の朝刊
では、「不逞鮮人爆弾を投ず」55)、「警視廳の急告」56)、「横濱鮮人掠奪」57)との
記事が、また六日には「東京市民の平静を望む　警視廳の布告」58)、「鮮人検挙
七十名」59)という記事が掲載されている。このような「不逞鮮人の暴動」という

二十世紀研究

震災地で起こった流言蜚語やそれに対する日本国内の混乱状態は、関東州にまで伝わっていたことがわかる。従って朝鮮内の日本人は朝鮮に輸入された関東州の日本語の新聞を通じ、朝鮮人より早い段階で日本にいる朝鮮人の状況について知ることができたのだと考えられる。この情報を得た朝鮮内の日本人は、後に朝鮮人の報復を恐れて自警団を結成するなど、震災地の日本人と同じような行動をとり過敏に反応した。

　以上のように9月2日から9月6日は、日本からの公的な情報が入らず新聞電報による情報錯綜が起きていた「混乱期」といえる。

2. 9月7日～9月20日（緊張期）

　9月7日頃、日本からの公的な情報が入り、総督府は朝鮮人虐殺を実際に起こった事件だと認識して具体的な対策をとり始めた。当時の朝鮮総督であった齋藤実は、『京城日報』の元社長であり朝鮮事情通として朝鮮総督府のブレーンでもあった阿部充家 [60]から9月6日に震災地での朝鮮人虐殺についての情報を伝える書簡を受け取った [61]。また『当時の朝鮮』には、9月7日の朝に朝鮮人虐殺事件についての公的な情報が入ってきたようすがみられる [62]。

　このように、朝鮮総督府には6日から7日にかけて朝鮮人虐殺に関する公的な情報が入り始めた。それと同時に、朝鮮総督府は朝鮮内の治安対策を取り始めた。9月7日には道知事宛 [63]、また道知事・派遣員宛に計二通の電報が発せられている。二通の内容は類似しているが、道知事・派遣員宛の電報がより詳細な状況を伝えているため以下に引用する。

　　各道知事
　　各派遣員殿
　　在京一部朝鮮人カ災害ニ乗シ多少不穏ノ行動アリタル爲内鮮人間ニ多少ノ衝突事件アリタルコトハ事實ナルモ之カ漸次訛傳セラレ災害ニ依ル鮮人ノ死傷ヲモ内鮮人衝突ノ結果内地人カ故意ニ殺傷シタルモノナリトノ流言アリ今後時日ノ経過ト共ニ内地在住鮮人ノ帰還スル者多キヲ加フルニ從ヒ彼等カ爲ニスル宣傳ノ爲人心ヲ動揺セシムルニ至ルヤモ測レサルヲ以テ曩ニ通牒セシ如ク此際内地帰還鮮人ノ監視ヲ嚴ニシテ是等ノ流布ヲ警ムルト共ニ講演會其他ノ集會ヲ絶對ニ禁止シ民心ノ動揺ヲ防止セラルル様御配慮ヲ乞フ右依命 [64]

この段階で、総督府は「流言」を朝鮮人と日本人の衝突（虐殺事件）について言いふらすことと定義しており、「混乱期」の流言の定義から変化していることがわかる。日本国内では9月7日に勅令四〇三号[65]が発布され「流言」の拡散行為に対する罰則規定が定められたが、この勅令が同日朝鮮でも公布・施行された。『四〇三号』にはその適用背景や方法について以下の記述がある。

今次関東大震災ノ朝鮮ニ及ホシタル影響ハ頗ル大ナルモノアリ當初其ノ真相詳ナラサル時期ニアリテハ帝都ノ震災ハ次イテ何等カノ不祥事勃發シタルモノノ如キ揣摩憶測熾ニ行ハレ其ノ後震災地ニ於ケル朝鮮人ニ對スル虐殺説傳ハルヤ朝鮮人ノ民心ヲ痛ク刺戟シ震災地ヨリ帰来スル者漸次多キヲ加フルニ及ムテ之等帰来者ハ均シク朝鮮人ニ對スル内地人ノ虐待ヲ誇大ニ云爲シ又内地人中ニモ之ヲ一種ノ誇ノ如ク吹聽スル者アル爲民心一層悪化ノ傾向ヲ呈セリ然レトモ震災地ノ状況ニ鑑ミ之等ノ流言浮説ヲ爲ス者ニ對シ直ニ法規ヲ適用セス勅令四百三號ノ発布セラレタル所以ヲ説示周知ニ努メ成ルヘク懇諭慰撫ノ方針ヲ執リ處罰ノ要アルモノニ對シテハ先ツ軽キ警察犯處罰規則ニ依リ之ヲ取締リ事犯重キ者若ハ事犯ノ軽重ニ不拘一般ニ對スル取締ノ政策上相當重キ法規ノ適用ヲ必要ト認ムル場合ニ於テ本令ヲ適用シ他ノ取締ト相俟ツテ適當ニ實施来リ…［後略］[66]

このように、日本における「流言」拡散防止のための勅令が、朝鮮においても朝鮮の状況を踏まえ適用されていたのである。ここから朝鮮総督府の「流言」に対する緊張を伴った対応方針がわかる。

また、9月8日頃からは震災地より朝鮮に帰って来る朝鮮人に対しての対応が取られ始めた。『重要通牒』中の9月8日の電報では、震災地から朝鮮に帰る朝鮮人が震災地での虐殺の情報を広めないよう対策を万全にせよとの指示が出されている[67]。

この頃になると、朝鮮内の民族系新聞にも朝鮮人虐殺事件の情報が入り始めていた。従って総督府は報道統制を行い、記事を差し押さえた。9月8日の『朝鮮日報』では「中途より帰還した留学生」[68]という記事が、また9月9日の『東亜日報』では「火原を脱出して」[69]という記事が差し押さえられた。これらの記事はどちらも震災地から朝鮮に帰った朝鮮人の証言により朝鮮人虐殺の様子を報道したものだが、朝鮮人虐殺に関する情報を掲載しようとした記事はすべて差し押さえられた。朝鮮内の朝鮮人は、新聞報道を通じては朝鮮人虐殺の情報を得るこ

二十世紀研究

とができなかったのである。

　『朝鮮の状況』によれば、9月10日頃より日本から朝鮮へ帰還する朝鮮人が増え始めたようだ。その数は震災地の学生378名、震災地の労働者327名に加え他府県からの帰還者8434名、合計9139名に及んだという [70]。新聞報道は規制されていたが、日本から帰って来る朝鮮人によって朝鮮内の民衆へ朝鮮人虐殺の事実が伝わることになった。『朝鮮の状況』には当時の朝鮮内の様子が以下のように記されている。

> …［前略］震災地帰来者ノ多クハ内地人ヲ装ヒ漸ク震災地ヲ脱出帰還シタルモノニシテ帰来後彼等ノ語ル處ニ依レハ
> 震災當時一部ノ不良鮮人カ而モ内地人主義者ノ教唆ニ依リ放火強盗井水ニ毒薬投入等ノ兇行アリシハ或ハ事實ナキヤモ知レサレトモ極度ニ昂奮セル一般内地人カ是非ノ見境モナク鮮人暴行ノ流言ニ誑惑熱狂シ自衛團及青年團ハ勿論婦女子ニ至ルマテ日本刀竹槍棍棒等ノ兇器ヲ持チ朝鮮人ト見レハ發見次第虐殺シタルカ其ノ數決シテ勘カラサルヘク此ノ種ノ惨虐ハ震災地以外隣接府縣ニ於テモ到ル所敢行セラレ汽車中ニ於テモ朝鮮人ト判明セハ車窓ヨリ引出シ撲殺セラレメリ自分等モ途中若朝鮮人ナルコトヲ發見セラレムカ生命カ無カリシモ幸ヒ日本語ニ巧ナリシヲ以テ辛フシテ無事帰鮮スルコトヲ得タリ等帰来スル者殆ト同様ノ説ヲ流布シ同時ニ震災地ヨリ渡来セル内地人モ鮮人ニ対スル凌虐ニ付寧ロ朝鮮人以上ニ奇矯ノ言ヲ弄シ之ヲ以テ一種ノ誇ノ如ク吹聴スル者アリ…［後略］ [71]

　このような状況下で総督府は、朝鮮人虐殺が起こったという「流言」を発する朝鮮人の取り締まりを強めたようだ。9月15日の『京城日報』には震災地から朝鮮に帰った朝鮮人が「流言」の流布により取り締まりを受けたという内容の記事「避難鮮人引致」[72]が掲載されている。これに続き、9月16日も同様の取り締まりが行われたとの記事が掲載された [73]。このように、総督府は日本から朝鮮へ帰って来る朝鮮人に対し取り締まりを強めていたことがわかる。

　しかしこうした取り締まりは、朝鮮人に対してのみ行われたのではなかった。『朝鮮の状況』によれば9月10日頃から9月20日までの間、次のような状況が発生したと述べられている。

…［前略］在鮮内地人ノ一部ハ震災地皈来者ノ談及流説ニ依リ震災ニ於テ鮮人虐殺カ
相當重大ニ行ハレタルカ如ク想像シ其ノ真相カ漸次鮮内一般ニ周知セラルルニ至ラ
ハ反動的ニ在鮮内地人ニ對シ復讐的暴動ニ出ツルコトナキヤヲ顧慮シ二、三ノ地方ニ
於テハ自衛團ヲ組織セムトスルモノアリ尚外出ノ際ハ護身用トシテ「ステツキ」其ノ
他ノ兇器ヲ所持セムトスルモノアリ之等ニ對シテハ徒ニ朝鮮人ノ感情ヲ刺戟シ反抗
心ヲ挑發スルノ惧アルヲ以テ之ヲ且一般ノ取締ヲ厳重ニ實施シタルカ…［後略］[74]

　朝鮮内の日本人は震災地と同じように「自衛団」を組織するなど、朝鮮人虐殺
事件に対し過敏な反応を示していたとわかる。これは『満州日日新聞』などの関
東州の新聞を通じ朝鮮人よりも早く震災地の流言蜚語に触れる機会があったため
であろう。「朝鮮人が暴動を起こした」などの流言蜚語を関東州の新聞を通じて
知った日本人は、震災地から朝鮮に帰る朝鮮人・日本人が増えるに従い朝鮮人の
報復を恐れるようになったのだと考えられる。だからこそ「自衛団」を組織する
など過敏な反応を示したのだ。
　これに対し総督府は、日本人が「自衛団」を組織するなど「流言」に過敏に反
応することで、一層「流言蜚語」が広まりやすくなるとの懸念を示し取り締まり
を行った。『重要通牒』中の9月18日の電報には以下の記述がある。

　　各道知事宛　　警務局長
　　内地人ノ自衛團組織ニ関スル件
　　最近震災地方ニ於ケル内鮮人衝突ノ風説擴カルニ從ヒ鮮内ニ於テモ各地ノ内地人ハ
　　朝鮮人ノ反動的暴挙ヲ豫想シ在郷軍人會其他ノ團體ニ依リ自衛團ヲ組織シ萬一ニ備
　　ヘントスル向アルモ未タ具體的動揺ナキ今日公然此種ノ計畫ヲ爲スハ反テ互ニ感情
　　ノ阻隔ヲ來シ更ニ流言蜚語ヲ爲スノ因トナリ民心ニ好マシカラサル影響ヲ及ス虞ア
　　ルヲ以テ此邊ノ関係ヲ説示シ目下ノ處妄ニ如斯キ計畫ニ出テサル様取計ハレ度シ[75]

さらに9月19日の電報では、以下のように述べられている。

　　各道知事宛　　警務局長
　　流言其他ノ言動取締方ノ件
　　震災地帰来内鮮人ノ數漸次増加スルト共ニ鮮人ハ朝鮮人ニ對スル虐待説ヲ誇大ニ吹
　　聴シ内地人ハ鮮人ノ兇暴行為ヲ妄ニ吹聴シ鮮内ニモ暴動起ルカ如ク種々流言ヲ放ツ

二十世紀研究

モノアリ爲ニ自衛團ヲ組織スルモノ出テ之カ爲却テ不祥事勃發ノ動機トナルコトナキヲ難保ク此種言動ニ對シテハ内鮮人ヲ不問假令處罰ノ程度ニ達セサルモ訓戒ヲ加フル等適當ナル措置ヲ講シ一般ノ注意ヲ喝起スル様セラレ度シ [76]

　ここで、総督府による「流言」の定義が二つに分かれていることがわかる。まず朝鮮人の行う「流言」は、虐殺事件のことを指す。しかし日本人の行う「流言」は、朝鮮人の凶暴行為や暴動の発生を指すのだ。つまり朝鮮人虐殺事件という実際に発生した出来事と、朝鮮人の暴動という架空の出来事を同じ「流言」という言葉でまとめているのである。そして「流言」を、朝鮮人日本人問わずまとめて規制しようとしたのだ。朝鮮人虐殺という事実を総督府一丸となって隠蔽しただけではなく、日本人の行う「流言蜚語」とまとめて取り締まりを行うことで、朝鮮人虐殺事件という事実を隠蔽することの正当性を強化していたのである。

3.　9月21日～10月19日（収束期）

　9月20日頃、朝鮮総督府は朝鮮内の状況が大きな動揺もなく落ち着いたと判断している。『当時の朝鮮』には、以下の記述がある。

　…［前略］かくして、不安と陰惨な空気に裹まれた朝鮮民衆の気持も、どうやら無事に過せるだらうといふ見當がついたのは、二十日過ぎ位で、私はヤツと胸を撫で下すやうな感じがした。…［後略］ [77]

　また『朝鮮の状況』によれば、9月21日から10月19日の状況として以下のように記されている。

　…［前略］十月初旬ヨリ京城大邱釜山ノ三箇所ニ於テ開催ノ共進會ニ際シ今次ノ震災ニ刺激セラレ満腔ノ不平反感ヲ抱ケル者ハ共進會ヲ利用シ大正八年ノ如キ一齋ニ獨立萬歳ヲ高唱スル等ノ擧アルヤモ知レス不逞者ハ會館人夫ニ変装シ會場内ニ於テ爆弾ヲ投擲スヘク計劃シ居レリ或ハ国外ニアル彼等ノ兇暴ナル義烈團一味ハ共進會開催中ニ乗シ暴擧ヲ敢行スル爲上海ヨリ同志ヲ特派シ爆弾ノ密輸入ヲ計劃シ居レリ等ノ流言熾ニ行ハレ一面震災地ニ於ケル朝鮮人虐殺事件ノ真相ヲ調査シ輿論ヲ喚起セント運動スルノ傾向アリシモ厳重ナル取締ト震災地皈来者ノ震災地及皈途沿線各地ニ於ケル内地官民ノ手厚キ救濟慰問等懇切ナル待遇ニ感謝セル皈来談震災地ヨリ来

ル無事在留ノ通信及當局カ東京ニ於テ調査セシ約六千名ノ震災地在留朝鮮人生存者
調ヲ諺文各新聞ニ公表シタル等ノ爲従来多数ノ朝鮮人殺害セラレタリトノ誤解ニ基
ク反感虚妄ナル流言ニ依ル不安等ノ好マシカラサル傾向ハ漸次緩和セラレ共進會モ
豫定ノ如ク十月初旬ヨリ開催ヲ睹多数ノ観覧者各地ヨリ来往集散セルニ不拘極メテ
静平ナル経過ヲ辿リタリ…［後略］[78]

　以上のように、9月21日以降は警戒下にありながらも暴動などの大きな騒動に
は至らず、緊張状態が緩和されていく「収束期」であったといえる。
　しかし緊張が緩和されていく中でも、「流言」の取り締まりは継続された。『京
城日報』には、9月21日付で「流言蜚語で拘留さる　東亜日報の職工」[79]という
記事が、また10月4日には「朝鮮日報差押へ」[80]という記事が掲載され、朝鮮民
族系新聞への厳しい取り締まりの様子を物語っている。
　10月4日に差し押さえられた『朝鮮日報』の記事は「僑日同胞に」[81]という論
説記事、及び「臨時政府より抗議提出」という記事だ。「臨時政府より抗議提出」
の記事を以下に引用する。

　臨時政府より抗議提出
　日本に大地震ありたる際、朝鮮人と日本人間に彼是言ひし事に對し上海臨時政府より
　は外交総長趙鏞殷氏が日本山本総理大臣に抗議書を送りたる由なるが、その全文は甚
　だ長文なるのみならず都合に依り省略するもその概略は震災後各新聞に掲載せられ
　たる事實を舉げて抗議したるものにして答報せよと申込み終りには三ヶ條の條件を
　要求したりと。（上海）[82]

　このように、「流言」報道のみならず朝鮮人虐殺の真相を追究するような言論、
また抗議活動の報道も取り締まっていたことがわかる。「収束期」は朝鮮総督府
が徐々に厳戒態勢を緩和させていく時期であったが、報道規制に関しては変わら
ず厳格に行われていた。

4.　10月20日〜（揺り戻し期）

　朝鮮内の状況は「収束期」に入っていたが、10月20日からは再び緊張が強ま
る「揺り戻し期」に入ったといえる。10月20日に日本における報道規制が解除
され、朝鮮人虐殺に関する報道がなされるようになったためだ。『朝鮮の状況』

二十世紀研究

には、10 月 20 日に日本で虐殺事件に関する報道が解禁され朝鮮内の緊張も高
まったとの記述がある[83]。しかし朝鮮総督府は治安維持のため、朝鮮内において
は朝鮮人虐殺に関する報道を解禁せず官庁発表のあったもののみに限った。従っ
て『東亜日報』や『朝鮮日報』も引き続き規制を受けることとなったのだ。

　この時期差し押さえられた記事の特徴として、震災地で起こった中国人の虐殺
に関する報道が多いことが挙げられる。10 月 22 日に差し押さえられた『東亜日
報』の記事「横説竪説欄」には以下の記述がある。

　　横説竪説欄
　　今回の東京震災中に自警団員が中国人迄も虐殺したりとの風説喧傳せられ、在留中国
　　人共済會長は警察より軍隊に軍隊より放免となりたりと云ふも行衛不明なりとて中
　　国方面にては大問題起りたり。排日を以て有名なりし中国にても日本の震災には衷心
　　より同情し官民の協同を以て救護に盡力し来りし此際斯の如き事件發生して中国の
　　對日反感を更に挑發したり。
　　言論壓迫を最も得意とせる日本の官憲は中国新聞に迄も記載禁止の命令を發せむと
　　するか。世間に傳ふる處が事實なりせば兎に角自警団事件は重大なる国際問題となる
　　形勢に展開せり[84]。

　ここからは中国人虐殺に関して報道することで、朝鮮人虐殺事件をも国際問題
化しようという意思が読み取れる。また同日の『東亜日報』では、以下のような
記事も差し押さえられている。

　　○○○（原文ママ）虐殺事件
　　警官も関係
　　　横濱堀割青年會員某が○○○○（原文ママ）事件に関して自首したるを以て裁判所
　　の活動となり訊問開始の結果多數の連累者ある模様なるを以て即時神奈川縣警察部
　　にては活動を開始し同時に憲兵隊も各自警団青年団を厳密に調査中なるが、調査の進
　　行に伴れて今回の○○○（原文ママ）虐殺事件には只單に青年會員のみならず警察官
　　中にも参加したる者ある事實ある模様にして各警察當局者は不安中に日を送り居れ
　　り。
　　百七十餘人を一時に打ち殺す
　　　近日山城丸にて上海に歸来せる中国人王国章外三名は頭部足部に刀痕あるが彼等

関東大震災時の朝鮮人虐殺と朝鮮総督府

の語る處に依れば九月二日午後九時日本人三百餘名は大島町八丁目にある中国人下宿を襲ひ中国人百七十名を廣庭に引出して地上に跪かせて大玄能を以て打ち殺したるが黄子連なる人は偽はりて死したる風を爲して幸にも助かりて上海に還り来りたる由　又六日朝亀戸警察署警官百餘名は三丁目に居住する中国労働者七百餘名を拘束して習志野兵營に収容したるが同日午後共濟會長王希天氏が亀戸に往きて彼等の消息を知らむとしたるも知るを得ずして追拂はられ十日朝に至り王希天の起床前に巡査一名来りて連行して以来王氏の行衛不明となりたりと（ハルピン）。

中国新聞の呼號

　曩に晃光紙は「日本軍閥は大杉を殺害しても尚不足なるにや遂に罪なき中国人を刺し殺ろしたり。日本在留の中国人は商工業者にして日本の帝国主義とは何の関係も妨害もなきなり。然るに中国人一百七十三名を凶暴にも虐殺せり。政府は何が爲めに抗議せざるか温州同郷會は負傷者より此の惨報を聞きて起ちて全国に叫びたり。吾人は是非共此の日本の大なる罪悪を世界に宣布せざるかべらず」と叫びたるが、上海附近にても刺殺ろされたるものもある模様なり。然とも混乱中なるを以て或は言語の行違ひより又は誤解を受けて刺殺ろされたるなり。日本人が支那を悪みて斯くしたるにはあらじと噂し居れりと。（ハルピン）[85]

　この記事の冒頭で伏字になっている「○○○虐殺事件」は、朝鮮人虐殺事件のことを指す。日本の報道解禁と同時に朝鮮でも報道を試みたものの、総督府によって差し押さえられたのだろう。この記事でも中国人虐殺について触れており、中国の新聞報道について同時に取り上げることにより中国を巻き込んで日本への追及を狙ったとみられる。さらに、10月23日の『朝鮮日報』でも「中国人虐殺説」という記事が差し押さえられた。

中国人虐殺説

百七十餘名を打殺

　山城丸にて上海に送還された避難中国人王国章（左腿刀傷）等は皆負傷せるが彼等の語る所に依れば九月二日午後九時日本人三百餘人が大島町八丁目中国人旅館に押掛け中国人百七十四名を空地に引き出し鉄槌で撲殺したが其の中黄一等は假死の有様で上海に到来し、又六日朝亀戸警察署の警官百餘人が三丁目に居住する中国人七百餘人を検束して習志野兵營内に監禁し、同日午後共濟會長王希天が其の消息を聞かんとして駆逐され、十日朝巡査二名が王を同行したが今日迄行衛不明である。中国晨光

141

二十世紀研究

　　紙に據れば日本軍閥は大杉を殺害しても尚ほ足らず日本帝国主義に何等の支障のな
　　い中国人百七十三人も虐殺したから政府は此れに抗議を爲し、温州同郷會は負傷者か
　　ら此の惨虐を聞き奮起して全国に呼號して居る。吾人は此の日本の大罪を世界に宣布
　　せざるを得ないと絶叫したと [86]。

　以上のように「揺り戻し期」には朝鮮人虐殺事件という「流言」の取り締まり
と同時に、中国人虐殺事件に関する報道の取り締まりも行われていた。朝鮮民族
系新聞は、中国人虐殺事件の報道を通じて「震災地での虐殺事件」を国際問題と
して提起しようとした。そうすることで、朝鮮人虐殺をも議論の俎上に載せよう
としたのだ。しかし総督府はこのような報道も取り締まり、結果として朝鮮人虐
殺事件は追及されることなく隠蔽されてしまったのである [87]。

おわりに

　本稿では関東大震災時の朝鮮人虐殺に関する研究動向と虐殺事件に対する朝鮮
総督府の反応について論じてきた。最後にここまで論じてきたことについて、重
要な点を整理し、まとめの考察を行いたい。
　まず、震災時の朝鮮人虐殺についての研究は主に日本において進められ、2000
年代初めには虐殺事件そのものの実態や背景についての研究が成熟し、その後さ
らに、より広い文脈の中でこの問題を位置づけるような研究が多様な視角から進
められ、今日に至っていることである。それに対して、韓国では研究の始まりが
遅く、2000年代に入ってようやく本格的な研究が行われるようになった。この差
はどこに起因するのであろうか。その答えは、第二章で見た、震災当時の朝鮮総
督府の姿勢の中に見出すことができる。
　朝鮮総督府の対応において最も注目されるのは「流言」定義の変化である。震
災直後の「混乱期」には、「流言」とは混乱に乗じ独立運動を呼びかけるような
言説と定義づけられていた。しかし朝鮮人虐殺が日本の公報により事実と認定さ
れ「緊張期」に入ると、「流言」は朝鮮人虐殺に関する言説と定義され、9月中
旬には総督府の「流言」の定義が二つに分かれた。ひとつは朝鮮人が発する朝鮮
人虐殺に関する言説であり、もうひとつは日本人が発する「朝鮮人暴動」に関す
る言説である。これにより朝鮮人虐殺事件そのものを「流言」とし、その「流言」

142

を取り締まることで、朝鮮人虐殺の事実の隠蔽に正当性を与えることとなった。

「収束期」には緊張が緩和されつつあったが「流言」の取り締まりは引き続き行われ、虐殺事件の真相を究明しようとする報道や抗議活動に関する報道も取り締まられた。10月20日には日本で虐殺事件に関する報道が解禁されたが、朝鮮では民衆に与える影響を考慮して解禁されなかった。一方、「揺り戻し期」に差し押さえられた朝鮮民族系新聞には、中国人虐殺事件に関する報道が多かった。これは、朝鮮の人々が、厳しい報道規制を受けながらも、虐殺事件を国際問題化することで抗議の意思を示し、間接的に総督府に圧力をかけようとしたものと見ることができる。しかし、総督府はこのような報道までも取り締まり、朝鮮人虐殺事件が問題化することを防いだのである。

このように、朝鮮総督府は「流言」の定義を時期に応じて変化させ取り締まりを行った。その際、朝鮮人のみならず日本人住民に対しても対応が取られていたことは注目に値する。朝鮮においても日本人が「報復」を恐れて自警団を組織する例があったためであるが、そのことは逆に、震災下の朝鮮人虐殺が日本国内のみでなく植民地にまで及ぶ大きなインパクトを与えたことを示している。

とはいえ、朝鮮在住の日本人が受けた衝撃と比べ、朝鮮人が受けた衝撃は行動として表面化することはなかったようだ。もちろん朝鮮人間での口伝はなされたであろうが、それが文書として残っている例は管見のかぎり確認できない。これは総督府による流言拡散防止策と、『東亜日報』等民族系新聞の言論統制によるものと考えられる。朝鮮総督府は朝鮮内各地の警察に対して取り締まりを厳格にするよう要請するとともに、日本人民衆に対しては『京城日報』を利用した呼びかけを行い、同時に朝鮮民族系新聞の言論統制を進めることで「流言」の拡散を防いだのである。

このような対応は、朝鮮人に震災下の虐殺事件を極力知らしめないためのものであり、さらに、それにもかかわらず知られるようになった事実を記憶させないためのものであった。戦後韓国における研究関心の希薄さとそれによる研究の遅れは、朝鮮総督府の流言拡散防止策や報道規制によって虐殺を記憶・伝承すること自体が阻害されたことと無関係ではあるまい。「はじめに」で紹介した通り、山田昭次（2011年）は震災時の虐殺事件に関する国家の責任を数多く指摘したが、筆者はそこに、「朝鮮における報道規制」を付け加えたい。それは、朝鮮民衆に対する記憶の取り締まりであった。

二十世紀研究

註

1) 山田昭次『関東大震災時の朝鮮人虐殺とその後―虐殺の国家責任と民衆責任』（創史社、2011 年）289。
2) 斎藤秀夫「関東大震災と朝鮮人さわぎ―三十五周年によせて―」『歴史評論』99（1958 年）。
3) 松尾尊兊「関東大震災下の朝鮮人虐殺事件―上」『思想』471（1963 年）。
4) 松尾尊兊「関東大震災下の朝鮮人虐殺事件―下」『思想』476（1964 年）。
5) 姜徳相・琴秉洞編『関東大震災と朝鮮人』現代史資料六（みすず書房、1963 年）。
6) 松尾尊兊「（『現代史資料』6）関東大震災と朝鮮人」『みすず』1964 年 2 月。
7) 姜徳相「一国史を超えて：関東大震災における朝鮮人虐殺研究の 50 年〈特集 関東大震災 90 年：朝鮮人虐殺をめぐる研究・運動の歴史と現在（1）〉」『大原社会問題研究所雑誌』668（2014 年）7 頁。
8) 塩田庄兵衛「扼殺三大事件」『労働運動史研究』1963 年 7 月。
9) 今井清一「白色テロル事件」『労働運動史研究』1963 年 7 月。
10) 姜徳相、前掲論文、7 頁。
11) 「…（前略）個々の生命の尊厳に差のあるはずではないし、異をとなえるわけでもないが、家族三人の生命、10 人の社会主義者の生命と 6,000 人以上の生命の量の差を均等視することはできない。量の問題は質の問題であり、事件はまったく異質のものである。異質のものを無理に同質化し、並列化することは官憲の隠蔽工作に加担したと同じであるといえよう。前二者が官憲による完全な権力犯罪であり、自民族内の階級問題であるに反し、朝鮮人事件は日本官民一体の犯罪であり、民衆が動員され直接虐殺に加担した民族犯罪であり、国際問題である。この相違を峻別しないということはない。しかし、日本での問題のとりあげられ方は事件後からこんにちまで、著者が強調したと逆の順で関心が強いようである。当時の三大総合雑誌『中央公論』『改造』『太陽』ほかいくつかの雑誌も大杉事件を中心にとりあげ、亀戸、朝鮮人事件へのページのさき方は順に少ない。この傾向は解放後も同じで、大杉事件、亀戸事件、朝鮮人虐殺事件の順で研究水準は低下し文献も少数化している。関心の高低の要因をどこに求むべきか、異質の事件としてのとらえ直しをまつ以外にないであろう。…［後略］」【姜徳相『関東大震災』（中公新書、1975 年）207–208 頁。】
12) 田中・専修大学関東大震災研究会編『地域に学ぶ関東大震災―千葉県における朝鮮人虐殺 その解明・追悼はいかになされたか』（日本経済評論社、2012 年）。
13) 姜徳相、前掲論文、8 頁。
14) 松尾章一『関東大震災と戒厳令』（吉川弘文館、2003 年）。
15) 山田昭次『関東大震災時の朝鮮人虐殺―その国家責任と民衆責任』（創史社、2003 年）。
16) 山田昭次『関東大震災時の朝鮮人虐殺とその後―虐殺の国家責任と民衆責任』（創史社、2011 年）。
17) 姜徳相『関東大震災・虐殺の記憶』（青丘文化社、2003 年）。
18) ノ・ジュウン「関東大震災朝鮮人虐殺と日本の在日朝鮮人政策―日本政府と朝鮮総督府の『震災処理』過程を中心に―」『在日朝鮮人史研究』37（2007 年）。
19) 従来は「（新潟県）信濃川事件」と表現されたが、実際の事件発生地は信濃川の支流、中津川であることから「中津川事件」と書き直すべきだと主張されている。
20) ペ・ヨンミ「一九二二年、中津川朝鮮人労働者虐殺事件」『在日朝鮮人史研究』40（2010 年）。
21) 鄭永寿「敗戦／解放前後における日本人の『疑心暗鬼』と朝鮮人の恐怖―関東大震災との関連を中心に―」『コリア研究』7（2016 年）。
22) 山田昭次『関東大震災時の朝鮮人迫害―全国各地の流言と朝鮮人虐待』（創史社、2014 年）。
23) 田中正敬（専修大学）による千葉県の研究、山本すみ子による横浜の研究などがあげられる。
24) 宮地忠彦『震災と治安秩序構想：大正デモクラシー期の「善導」主義をめぐって』（クレイン、2012 年）。
25) 尾原宏之『大正大震災 忘却された断層』（白水社、2012 年）。
26) 金富子「関東大震災時の『レイピスト神話』と朝鮮人虐殺―官憲史料と新聞報道を中心に」『大原社会問題研究所雑誌』669 頁（2014 年）。
27) 藤野裕子『都市と暴動の民衆史：東京・1905–1923 年』（有志舎、2015 年）。
28) 노주은［ノ・ジュウン］「동아시아 근대사의 '공백'：관동대지진 시기 조선인 학살 연구［東アジア近代史の『空白』：関東大震災時の朝鮮人虐殺研究］」『역사비평』104（2013 年）215。
29) 노주은［ノ・ジュウン］、前掲論文、215–216。
33) 노주은［ノ・ジュウン］、前掲論文、226。

関東大震災時の朝鮮人虐殺と朝鮮総督府

30) 김홍식［キム・フンシク］「관동대진재와 한국문학［関東大震災と韓国文学］」『한국현대문학연구』29（2009年）。

31) 김지연［キム・ジョン］「다케히사 유메지와 관동대지진 그리고 조선 : 회화와 사상성［竹久夢二と関東大震災そして朝鮮 : 絵画と思想］」『아시아문화연구』21（2011年）。

32) 황호덕［ファン・ホドク］「재난과 이웃, 관동대지진에서 후쿠시마까지– 식민지와 수용소, 김동환의 서사시「국경의 밤」과「승천하는 청춘」을 단서로［災難と周縁 関東大震災からフクシマまで—植民地と収容所 キム・ドンファンの叙事詩『国境の夜』と『昇天する青春』を端緒に］」『일본비평』7（2012年）。

34) 노주은［ノ・ジュウン］、前掲論文、235。

35) 姜徳相ほか編『関東大震災と朝鮮人虐殺』（論創社、2016年）。

36) 장세윤［チャン・セユン］「관동대지진시 한인학살에 대한 《독립신문》의 보도와 최근 연구동향［関東大震災時朝鮮人虐殺に対する『独立新聞』の報道と近年の研究動向］강덕상 외［姜徳相ほか編］『관동대지진과 조선인 학살［関東大震災と朝鮮人虐殺］』동복아역사재단（2013年）207-246。

37) 성주현［ソン・ジュヒョン］「식민지 조선에서 관동대지진의 기억과 전승［植民地朝鮮における関東大震災の記憶と伝承］」『동북아역사논총』48（2015年）。

38) 김광열［キム・グァンヨル］「1923년 일본 관동대지진 시 학살된 한인과 중국인에 대한 사후조치［1923年日本関東大震災時に虐殺された韓国人と中国人に対する事後措置］」『동북아역사논총』48（2015年）。

39) 김인덕［キム・インドク］「관동대지진 조선인학살과 일본 내 운동세력의 동향 : 1920년대 재일조선인 운동세력과 일본 사회운동세력을 중심으로［関東大震災朝鮮人虐殺と日本内運動勢力の動向：1920年代在日朝鮮人運動勢力と日本社会運動勢力を中心に］」『동북아역사논총』49（2015年）。

40) この史料は大正12年（1923年）12月に作成されたもので、目次は以下の通りだ。
一、関東地方震災ノ朝鮮ニ及ホシタル状況
一、震災当時ニ於ケル不逞鮮人ノ行動及被殺鮮人ノ数及之ニ対スル処置
一、重要法令実施ノ状況（勅令第四〇三号　治安維持ノ為ニスル罰則ニ関スル件）
一、鮮人ノ内地ヘノ旅行取締ノ状況
【琴秉洞編『朝鮮人虐殺に関する植民地朝鮮の反応』（緑蔭書房、1996年）16頁（国立国会図書館憲政資料室蔵『齋藤実文書』中『関東地方震災ノ朝鮮ニ及ホシタル状況』）。】
この史料からは、朝鮮総督府警務局の当時の状況認識及び勅令を発しての対応が把握できる。
以下、琴秉洞編『朝鮮人虐殺に関する植民地朝鮮の反応』（緑蔭書房、1996年）収録の史料は史料集の当該頁を引用する。

41) これは朝鮮の道知事宛に発せられた電報を集めた史料で、全て当時の警務局長丸山鶴吉の名で出されている。【琴秉洞編『朝鮮人虐殺に関する植民地朝鮮の反応』（緑蔭書房、1996年）5–12頁（国立国会図書館憲政資料室蔵『齋藤実文書』中『秘　震災関係警戒取締ニ関スル重要通牒』）。】
この史料からは、震災に直面して総督府警務局が植民地支配のためにとった公的な対応策がわかる。

42) 『京城日報』は1906年9月1日の創刊であるが、この新聞は同年2月に設置された韓国統監府の機関紙として誕生したものであり日本支配層の機関紙として発行されてきた。【琴秉洞編『朝鮮人虐殺に関する植民地朝鮮の反応』（緑蔭書房、1996年）5–6頁（琴秉洞「解説」中）。】実際、震災当時の『京城日報』には朝鮮総督府の談話や告諭が多く掲載されている。『京城日報』は主に朝鮮内の日本人が読者となっているが、『京城日報』の記事を分析することで、虐殺事件に対する朝鮮総督府の朝鮮内にいる日本人への対応方針を明らかにすることができる。

43) これは朝鮮総督府警務局が『東亜日報』、『朝鮮日報』、『時代日報』、『中外日報』という朝鮮内の新聞四紙で差し押さえを行った記事を収集・編纂したものである。この中でもとくに、朝鮮語で書かれた朝鮮民族系新聞である『東亜日報』と『朝鮮日報』に注目したい。この史料を用いることで、朝鮮総督府が朝鮮人のどのような言論を抑えようとしたのかを分析する。

44)「九月二日朝来数日間ハ各新聞通信ノ号外頻到シ東京方面大震災ノ状況ヲ報道スルモ通信機関全ク破壊セラレ為ニ記事兎角正鵠ヲ欠キ高貴知名ノ士ノ罹災奇禍大建造物ノ破壊焼燼罹災状況等報スル所區々トシテ容易ニ真相ヲ補足シ難ク…［後略］」【琴秉洞編『朝鮮人虐殺に関する植民地朝鮮の反応』（緑蔭書房、1996年）17頁。】

45)「…（前略）［筆者注：九月二日］午前二時頃であったが、長野發或は名古屋發等の通信電報が相次いで入つて来た。朝鮮では警務局関係でさういふ電報もいち早く知ることの出来る制度になつてゐる。遂に二時頃から起き出して、次々に来る電報を見ると、或は東京市内では数十ヶ所も火災

145

二十世紀研究

が起り、阿鼻叫喚の巷と化してゐるとか、或は更に進んでは、丸ビルが崩壊して一萬人の死傷者を出だしたとか、兎も角も大げさな電報が頻々と来る、夜明頃になると、丸ノ内一帯に起つた火災は益々猛威を逞うして、宮城さへ危険に瀕し、軍隊が出動して防火に盡力してゐる、といふ電報が来た。然し、それ等の電報は盡く新聞電報であつて、何等公の電報は一通も入つて来ない。私は如何なる事態であるかを一人心配してゐたが、漸く夜が明けて、それ等の電報を一括し、総督官邸に齋藤子爵を訪問逐一報告を申上げた。然し、発信の場所も東京でなく、何等公報にも接しないから必ずしも事實であるか否かは疑問であると附加へて、兎も角公報の来るのを待つことにした。二日の晝過ぎまで待つて居たが、相變らず各地から發せられる新聞電報が、事態の愈々甚しきを傳へるばかり、或は大海嘯が起つて関東一帯は海と化すといふやうな誇大な電報さへ入つた。...［後略］」【琴秉洞編『朝鮮人虐殺に関する植民地朝鮮の反応』（緑蔭書房、1996 年）93 頁〈丸山鶴吉『五十年ところどころ』（講談社、1934 年）〉。】

46）琴秉洞編『朝鮮人虐殺に関する植民地朝鮮の反応』（緑蔭書房、1996 年）94 頁。

47）朝鮮総督府警務局図書課編『諺文新聞差押記事輯録（東亜日報）』（学文閣、1972 年）109 頁。

48）朝鮮総督府警務局図書課編『諺文新聞差押記事輯録（朝鮮日報）』（学文閣、1972 年）88 頁。

49）「三箇處に不穏事件発生　両師団に動員令の原因は此に在り
　　　日本関東地方災難後、八王子、横濱、東京に不穏事件発生し形勢甚だ険悪なるを以て陸軍大臣は遂に第十三、十四師団に緊急動員令を降し目下出動中なるが今後の形勢は如何になるか日本全国の人心兒々たる模様なり。」【朝鮮総督府警務局図書課編『諺文新聞差押記事輯録（朝鮮日報）』（学文閣、1972 年）89 頁。】

50）「流言蜚語はない　朝鮮人は災害に同情し言行を慎んで居る　馬野警察部長談
　　　頻々として到着する内地大震災の情報に人心極度に動揺し鮮人間には早くも一流の流言蜚語が行はれて居る、一方例の不良分子は此機に乗じて何事かを畫策せんとする模様があると傳へられて居るが右に就て馬野警察部長は語る『今の所格別是と云ふ流言蜚語はない寧ろ一般鮮人は今回の震災に對して同情の意を表し慎んで居る位である…［後略］』」【琴秉洞編『朝鮮人虐殺に関する植民地朝鮮の反応』（緑蔭書房、1996 年）129 頁〈『京城日報』9 月 4 日朝刊〉。】

51）琴秉洞編『朝鮮人虐殺に関する植民地朝鮮の反応』（緑蔭書房、1996 年）5–6 頁。
　　「国境各道知事及び慶尚南道知事宛」の電報にはこれに加え、
　　　「特ニ貴道ニ於テハ内鮮朝鮮人ノ（慶南道）
　　　特ニ国境方面ニ於テハ国外朝鮮人トノ（国境各道）
　　　往復連絡ニ注意シ此機乗セシメサル様厳重警戒セラレ度シ依命」
　　という一文が追加されている。

52）琴秉洞編『朝鮮人虐殺に関する植民地朝鮮の反応』（緑蔭書房、1996 年）18 頁。

53）「時局ニ對スル警戒方ニ付テハ再三電報セシ處ナルモ尚其ノ後接受セル情報ニ依レハ（公報ニ非ス）種々ナル陰謀企劃セラレ居ルモノノ如ク尚今後如何ナル事實カ報導セラルルヤモ難測ヲ以テ各道ニ於テハ左記要項ニ準シ徹底的取締ヲ實施セラレ度…［中略］…要視察又ハ要注意人物ノ動勢特ニ鮮外注意人物トノ聯絡ヲ厳密監視スルコト。...［中略］…尚此際共産主義者ハ勿論普天教、天道教其ノ他宗教類似ノ團體ノ行動ニ對シ一層厳密ナル査察ヲナスコト」【琴秉洞編『朝鮮人虐殺に関する植民地朝鮮の反応』（緑蔭書房、1996 年）6–7 頁。】

54）琴秉洞編『朝鮮人虐殺に関する植民地朝鮮の反応』（緑蔭書房、1996 年）94–95 頁。

55）琴秉洞編『朝鮮人虐殺に関する植民地朝鮮の反応』（緑蔭書房、1996 年）313 頁【『満州日日新聞』九月五日朝刊】。

56）同上。

57）同上。

58）琴秉洞編『朝鮮人虐殺に関する植民地朝鮮の反応』（緑蔭書房、1996 年）313 頁【『満州日日新聞』九月六日夕刊】。

59）同上。

60）阿部については、이형식［イ・ヒョンシク］「제국의 브로커 아베 미쓰이에(阿部充家)와 문화통치［『帝国のブローカー』阿部充家と文化統治］」『역사문제연구』37（2017 年）を参照。

61）「...（前略）特に甚しきは朝鮮人に對する種々奇怪なる宣傳行はれ忽ち四方に傳播して鮮人に對して乱暴惨刻なる迫害行はれ殺傷死者も多数に上り...［後略］」【国立国会図書館蔵『斎藤実文書』書簡の部　阿部充家（分類番号二八三、五四）】

関東大震災時の朝鮮人虐殺と朝鮮総督府

62) 「…（前略）七日の朝になつて、東京の朝鮮総督府出張所から初めて長文の電報が届いた。これに依つて私は震災の状況一般を知り得たと共に、朝鮮人騒ぎに續いて勃發した問題の眞相を知つて、愕然として驚いた。同時に非常の決意をせねば朝鮮の治安は保たれないと思つて、電報をシツカと握り締めながら、縦へ一身を犠牲に供するとも全力を以て事態に膺らうと、深く決心の臍を固めた。…〔後略〕」【琴秉洞編『朝鮮人虐殺に関する植民地朝鮮の反応』（緑蔭書房、1996 年）95 頁。】

63) 「各道知事宛
　内地震災發生後災害地方面ヨリ帰来スル朝鮮人ニシテ内地ノ模様特ニ内鮮人ノ衝突等ニ関シ誇大ニ吹聴シテ人心ヲ擾乱セムトスル者ナキニアラサルヲ以テ當分ノ中内地ヨリ帰来セル者ノ言動ニ特ニ注意シ之ニ関スル演説會其他ノ集會ノ如キモノハ絶對ニ禁止スル様御取計ヲ乞フ尚内地ヨリ帰来スル鮮人ハ釜山水上警察署ヨリ各道ニ通報ノ筈」【琴秉洞編『朝鮮人虐殺に関する植民地朝鮮の反応』（緑蔭書房、1996 年）7 頁。】

64) 琴秉洞編『朝鮮人虐殺に関する植民地朝鮮の反応』（緑蔭書房、1996 年）8 頁。

65) 「勅令第四百三號
　出版、通信其ノ他何等ノ方法ヲ以テスルヲ問ハス暴行、騒擾其ノ他生命、身躰若ハ財産ニ危害ヲ及ホスヘキ犯罪ヲ煽動シ、安寧秩序ヲ紊亂スルノ目的ヲ以テ治安ヲ害スル事項ヲ流布シ又ハ人心ヲ惑亂スルノ目的ヲ以テ流言浮説ヲ爲シタル者ハ十年壹下ノ懲役若ハ禁錮又ハ三千圓以下ノ罰金ニ處ス」【『官報』号外 6 号、1923 年 9 月 7 日付、『朝鮮総督府官報』3329 号、1923 年 9 月 14 日付】

66) 琴秉洞編『朝鮮人虐殺に関する植民地朝鮮の反応』（緑蔭書房、1996 年）54-55 頁。

67) 「…（前略）内地ニ於テハ朝鮮人ニ對スル反感ニ依リ朝鮮人ニ對スル暴虐ノ行為豫想外ニ甚シク事態稍々重大ナルモノノ如シ今後帰還鮮人ニ依リテ實情流布セラルルトキハ反動的ニ如何ナル事態ヲ醸スヤモ計ラレサル情勢アルニ就キ貴官ハ極秘ノ裡ニ準備ヲ進メ事變發生ノ場合ニ處スル對策ヲ完成シ置カレ度シ右依命」【琴秉洞編『朝鮮人虐殺に関する植民地朝鮮の反応』（緑蔭書房、1996 年）8 頁。】

68) 「中途より帰還した留学生
　　冒険も莫大にして幸も莫大。二十餘名が東京近く迄行つて膚に
　　粟立つ目に會つて帰る。布哇学生一行も無事らし
　夏期休暇を利用して歸省して居た北青郡青海面土城李柱千が中央線で川口驛から引き返し車中で聞いた風評に依るも矢張り朝鮮同胞の消息は判明せず生死不明だと云ふが、不幸中の幸にも布哇学生等は神戸から直行したと云ふから無事に行つた様である。…〔中略〕…我等の一行二十名は同胞の消息を聞く爲め冒険して入り込まうとしたが併し其の時は既に戒厳令が出て東京に入ることは絶対に拒絶すると云ふので涙を残して帰つて来た。而して避難民の言を聞くと朝鮮同胞は或る所に収容して衣食を與へると云ふ話もあり、新聞の號外には品川で朝鮮同胞三百名を〇〇（原文ママ）したと云ふ記事を見たが事實はどうであるか分らないと。」【朝鮮総督府警務局図書課編『諺文新聞差押記事輯録（朝鮮日報）』（学文閣、1972 年）89-90 頁。】

69) 「火原を脱出して　無事帰国迄
　江原道淮陽の金根植は帰京して語る。
　日比谷公園より出でたるが朝鮮人等は日本人と感情阻隔して思ふ様に避難するを得ず、漸く隠れて上野公園に三日夜来り日暮里より中央線にて帰りたるが、汽車に乗りて来る途中で汽車が交叉する度毎に日本人等は東京に向かつて行く列車に向つて『東京に行つたら朝鮮人を〇〇（原文ママ）せよ』と叫ぶを聴き身の毛もよだちたりと語れり。」【朝鮮総督府警務局図書課編『諺文新聞差押記事輯録（東亜日報）』（学文閣、1972 年）110 頁。】

70) 琴秉洞編『朝鮮人虐殺に関する植民地朝鮮の反応』（緑蔭書房、1996 年）22 頁。

71) 琴秉洞編『朝鮮人虐殺に関する植民地朝鮮の反応』（緑蔭書房、1996 年）22-23 頁。

72) 「避難鮮人引致　不穏の流言を放ちて
　東都の震災に當り一部不良鮮人等が不穏の行動に出でたる事實が發表せられて以来種々憶測を逞うせる者によつて各地に流言蜚語する者ある模様で其の筋では極力それが取締に注意して居るが十二日夜釜山に震災地から帰来せる二名の鮮人が人心を惑亂するが如き言辞を弄してゐたので所轄署に引致取調べ中であるが時節柄徒らに人心に動揺を與へんとする之等の手合に對しては今後共餘赦なく厳重處罰する由である（釜山）」【琴秉洞編『朝鮮人虐殺に関する植民地朝鮮の反応』（緑蔭書房、1996 年）150〈『京城日報』九月十五日朝刊〉。】

73) 「又々流言流布者捕はる

147

二十世紀研究

　　　震災に對する流言蜚語の取締は益々厳重を加え釜山に於ても十二日避難鮮人二名を引致するに
　　　至つた事は記報の通りであるが十四日正午頃三名の然も紳士風の鮮人が愚民を煽動する様な
　　　言辭を弄して居るを發見した釜山署では直に猶豫なく之を拘引したが尚続々検挙さるべき模
　　　様である」【琴秉洞編『朝鮮人虐殺に関する植民地朝鮮の反応』（緑蔭書房、1996 年）152 頁
　　　〈『京城日報』九月十五日朝刊〉】。
74）琴秉洞編『朝鮮人虐殺に関する植民地朝鮮の反応』（緑蔭書房、1996 年）24–25 頁。
75）琴秉洞編『朝鮮人虐殺に関する植民地朝鮮の反応』（緑蔭書房、1996 年）9 頁。
76）琴秉洞編『朝鮮人虐殺に関する植民地朝鮮の反応』（緑蔭書房、1996 年）9 頁。
77）琴秉洞編『朝鮮人虐殺に関する植民地朝鮮の反応』（緑蔭書房、1996 年）100 頁。
78）琴秉洞編『朝鮮人虐殺に関する植民地朝鮮の反応』（緑蔭書房、1996 年）27–28 頁。
79）琴秉洞編『朝鮮人虐殺に関する植民地朝鮮の反応』（緑蔭書房、1996 年）156 頁【『京城日報』
　　九月二十一日朝刊】。
80）「朝鮮日報差押へ　四日附發行の朝鮮日報は治安妨害の廉に依り差押へられた」【琴秉洞編『朝
　　鮮人虐殺に関する植民地朝鮮の反応』（緑蔭書房、1996 年）166 頁〈『京城日報』十月四日朝刊〉】
81）朝鮮総督府警務局図書課編『諺文新聞差押記事輯録（朝鮮日報）』（学文閣、1972 年）91–93 頁。
82）朝鮮総督府警務局図書課編『諺文新聞差押記事輯録（朝鮮日報）』（学文閣、1972 年）93–94 頁。
83）「十月二十日以降ノ情勢トシテハ内鮮人兇行事件公表後ノ状況ナルカ内地ニ於テハ十月二十日ヲ
　　以テ従来新聞掲載禁止中ノ震災ニ因ル内鮮人ノ兇行事件ヲ解禁セラレタルト共ニ朝鮮ニアリテハ民
　　心ニ重大ノ影響アルヲ以テ官廳ノ發表及豫審決定書ノ公表アリタルモノニ限リ解禁シ来レルカ事件
　　ノ内容各新聞ニ公表セラレテ以来鮮内ノ此カ為ニ刺激セラレタル影響ノ如キ其後殆ント何等特記ス
　　ヘキモノナク内面的ニモ事件ニ對スル反感不平ノ沈潜セル顕著ナル傾向トシテ特ニ認ムヘキモノナ
　　ク一般ヲ通シ意想外ニ静平ナル経過ヲ辿リツツアルカ事件公表後ニ於ケル情況ヲ摘記セハ…［後略］」
　　【琴秉洞編『朝鮮人虐殺に関する植民地朝鮮の反応』（緑蔭書房、1996 年）32 頁。】
84）朝鮮総督府警務局図書課編『諺文新聞差押記事輯録（東亜日報）』（学文閣、1972 年）120 頁。
85）朝鮮総督府警務局図書課編『諺文新聞差押記事輯録（東亜日報）』（学文閣、1972 年）120–122 頁。
86）朝鮮総督府警務局図書課編『諺文新聞差押記事輯録（朝鮮日報）』（学文閣、1972 年）94 頁。
87）キム・グァンヨル（2015 年）は、中国人虐殺に関して日本政府が中国政府に対し慰藉金二〇万円
　　を支出したことを踏まえ、「国家が存在する」中国への対応と「国家がない」朝鮮への対応に差が
　　あると指摘する。相手により対応を変える日本国家の姿勢も、「国家の責任」が問われる事象であ
　　ろう。〈김광열［キム・グァンヨル］「1923 년 일본 관동대지진 시 학살된 한인과 중국인에 대
　　한 사후조치［1923 年日本関東大震災時に虐殺された韓国人と中国人に対する事後措置］」『동북
　　아역사논총』48（2015 年）33。〉

　　　　　　　　　　　　　　　　　　　　　　　　　　　　　　　　（関西電力株式会社）

　　　　　　　　　　　　　　　　　　　　　　　　　　　（京都大学文学部現代史学専修卒業生）

教師にして漫画家－中島菊夫試論－

宮本　大人

はじめに

　子供向けの物語漫画は、「子供向け」であることをどのように意識してきたの
か。自らに向けられる「教育的」観点からの批判に、どのように対応してきたの
か。

　子供向け物語漫画と教育との関係は、単に、互いに相容れない不倶戴天の敵と
いった単純なものではない。それは、時代ごとに、局面ごとに、作家ごとに、様々
な違いと変化を見せる複雑な関係であり、このジャンルのありように関わる大き
な要因の一つであった[1]。

　本稿では、昭和戦前・戦中期の子供向け物語漫画における教育との関係を考え
る上で、最も興味深い事例として、中島菊夫の仕事について考えていく。

　中島菊夫は、この時期の少年少女向け雑誌の中で、最大の発行部数を誇った『少
年倶楽部』（大日本雄辯會講談社）に、昭和10（1935）年1月号から同16年9
月号まで連載された「日の丸旗之助」で知られる作家であるが、小学校教員とし
ての経験も併せ持ち、民間教育運動史にも名を残すユニークな人物である。その
仕事歴からは、子供向け物語漫画が、ある種の教育性を身につけていく様子が見
て取れる一方で、教師としての中島の中にあったものの全てが取り入れられて
いったわけでもないことが見えてくる。

Ⅰ　「日の丸旗之助」登場の背景

　まずここでは、中島の出世作「日の丸旗之助」が『少年倶楽部』に登場する背
景について述べておく。

　「旗之助」の連載が始まった昭和10年前後は、ちょうど、民間教育運動系の教育
雑誌を中心に盛んになり始めていた「教育的」な観点から子供向け物語漫画を「問

『二十世紀研究』第19号（2018年12月）

二十世紀研究

題」化する議論が、大新聞の家庭欄など、大衆媒体に浮上してくる時期であった。

　大阪・愛珠幼稚園の園長稲垣国三郎の論文「子供対象の繪本類の研究」（『學校教育』昭和9年12月号）にをもとにした記事が、昭和10年3月6日付けの『大阪朝日新聞』の家庭面「ホームセクション」に大きく掲載される（5面）。これが、「教育的」観点からの漫画の問題視が、社会的な広がりを見せ始めたことの一つの指標になると考えられる。

　もとの稲垣論文は、「近時さながら雨後の筍のように簇出する子供の絵本類」が子供に与える影響は、教育上看過できない大きな問題であるとして、園児の家庭に依頼して、平素園児が見ている絵本類を持参させ、これを分類、分析した結果として、「現下は漫畫全盛の時代」であり、「無邪氣な動物漫畫などはよいが、多くは弊害のあるものばかりである」という認識を提示するものであった。稲垣の列挙する問題点は以下の七つで、これは、そのまま、『大阪朝日新聞』の記事にも引用されている。

　　（1）殘忍殺伐の風を助長するものがある。
　　（2）惡い好奇心をそそり惡戲を挑發するものがある。
　　（3）誇張が餘りに過ぎて子供を妄想に陷らしむるものがある。
　　（4）其の行動の野卑下劣なものがある。
　　（5）嚴肅なるべき兵營生活や艦内生活を茶化したり滑稽化したりするものがある。
　　（6）傳統的の童話や寓話に於ける民族的情操や教訓の本旨を歿却するものがある。
　　（7）惡い言葉を知らず知らずの間に教へ込むものがある。

　記事の大見出しは、「漫画時代／感じ易く染り易い／童心を占領した漫画／その影響はとても大きい／無批判に放任しておいていいか？」というもので、「幼稚園児の絵本／半数は漫画」、「漫画の弊害」という小見出しとともに、稲垣の調査結果を紹介し、上の七項目を列挙した上で、「玩具は漫画の立体化／絵本は親が眼を通して」という小見出しで稲垣の談話を載せ、さらに、「内容に責任を持て」という小見出しの大阪北市民館長志賀支那人の談話をも載せることで、稲垣ひとりの説にのみ基づくものではないという客観性を示そうとしているものと見える。

　「ホームセクション」欄のトップ記事として、紙面の四分の一以上を占めているこの記事は、『東京朝日新聞』の方には掲載されていないが、当時、『東朝』

以上に多くの発行部数を誇り、『大阪毎日新聞』とともに二大新聞の座にあった『大朝』に、こうした記事が掲載されたことの意味は大きかったと考えられる。

「旗之助」の連載は、こうした「問題」化の流れを予測していたかのように、同記事の数カ月前に始まっている。講談社の少年少女雑誌に掲載される漫画では、すでに昭和9年には、「教育的」観点からの漫画の問題視を意識した配慮が示され始めている。例えば田河水泡の「のらくろ」で見ると、昭和9年刊行の単行本『のらくろ軍曹』の巻末に描き下ろされた、雑誌掲載版にはない「象狩り」のエピソードにそれがよく表れている。

前年に出た『のらくろ伍長』（昭和8年12月）では、いともたやすくのらくろに鼻をもがれていた象が、ここでは猛犬連隊が束になってかかってもかなわない強い動物として描かれ、のみならず、極めて理知的で、のらくろに対して、無益な殺生を戒め、上官にもそれを伝えるように説教をする。のらくろもまたそれを聞いて反省し、さらにのらくろにそのことを伝えられたブル連隊長も、素直に反省し、象狩りを取りやめる。ここにはまず残酷性への配慮が強化されたことが見て取れる[2]。

後で詳細に検討するが、講談社は、社主の野間清治、そして『少年倶楽部』編集長の加藤謙一がいずれも元教師であり、講談社の少年少女雑誌には、教育関係者が推薦文を寄せることも多く、教育界の動向には、よく通じていたと考えられ、昭和9年に民間教育運動系の雑誌を中心に「教育的」漫画論が盛んになりつつあったことも、同時的に把握していたものと考えられる。

講談社の少年少女雑誌掲載作の対応は、「残忍殺伐」、「野卑下劣」、「厳粛なるべき兵営生活や艦内生活」の「滑稽化」、「悪い言葉」といった「問題」点を解消しようとする方向での、「消極的」な対応と、「教育的」な価値の高さを強調した作品づくりという方向での、「積極的」な対応との、二つに分けることができる。「旗之助」は、まさにこの後者に当たる試みとして登場した。

二十世紀研究

II 「日の丸旗之助」－刀を抜かない時代劇

　「日の丸旗之助」の従来の一般的な時代劇漫画と比べた時の最大の特徴は、主人公が「智恵」に秀で、「投縄」を得意とする、という点である。これによって、事態を打開・解決する手段として刀を用いることも、主人公と敵との剣戟をその見せ場とすることも、剣戟の結果首が宙に舞ったり胴体が泣き別れになったりすることも、回避することが可能になる。

　少年少女雑誌にも「赤本漫画」にも、刀によらない時代劇が、「旗之助」以前になかったわけではない。しかし、事態を解決するための頓智的な発想の面白さと投げ縄の新奇さという、新たな工夫を盛り込みつつ、「問題」化されている「残忍殺伐」な描写を回避することに成功した作品が、『少年倶楽部』に登場したことの意味は大きかったと考えられる。

　「旗之助」において重要なのは、投げ縄の名手という設定によって「残忍殺伐」な剣戟描写の回避を可能にしたというだけでなく、発想力というもう一つの「武器」を導入することで、「智恵」の重要性を協調し、講談社のモットーでもある「面白くて為になる」を実現する漫画としての性格を持つように、工夫されている点である。実際、物語の冒頭で旗之助が殿様に召し抱えられることになるその理由を、殿様は旗之助の「勇気」と「智恵」だと言っており、この二つを、武術に秀でていることより重視する思想がこの作品を支えていることを、示唆している。

　ここで、旗之助の智恵の働き方がどのようにエンターテインメント化されているかを少し見ておきたい。

　多用されるパターンは、旗之助が機転を利かせて事態を解決する上で利用する何かを、その解決の少し前からすでに示しておく、というものである。図１は、旗之助が谷に渡された丸木橋の両側から山賊に追いつめられながら、向こう岸から伸びている木の枝に縄をかけ、丸木橋をブランコのようにゆすって両側の山賊を倒す場面だが、旗之助を救うことになる木の枝は、旗之助が窮地に立たされる直前のページからすでにコマの中に描き込まれている。

　図２では、一瞬旗之助が投げ縄をミスしたかのように地蔵にかかった縄で地蔵を倒して賊を捕まえ、図３では、暴れ馬を足止めするために直前の場面で旗之助が搗いていた餅を投げつけている。要するに、旗之助がどのように機転を利かせるかのヒントが、直前にコマ内に示されている、というパターンであり、読者は、次はこの画面の中の何が利用されることになるのかという期待をもって、注意深く画面を見ることを促される。

図版1　『日の丸旗之助』

出典：『日の丸旗之助』（大日本雄弁会講談社、昭和12年）18－19頁。

図版2

出典：同上、36－37頁

二十世紀研究

図版 3

出典：同上、42－43頁

図版 4　　　　　　　　　　　　　　図版 5

出典：同上、72－73頁　　　　　出典：同上、78頁

　もう一つのパターンは、身近にあるものを利用した奇抜な発明である。図4では、流された橋の代用として、大きさの異なる樽を重ねた上で、両岸からスライドさせて延ばしてつないで中を通れるようにしている。図5では水車に網をつけ

154

て魚を捕まえている。なじみのある身近な道具をなじみのない形で組み合わせたり転用したりして、思いがけない発明をするという知的な面白さもこの作品の魅力だと言える。

　また、もう一つ重要な点として、旗之助が、殿様の子供として城の中で育てられたために、乱暴でわがままになってしまった若様の教育係となることが挙げられる。各回のエピソードは、世間知らずの若様を旗之助が城の外に連れ出し、二人が何らかの事件に遭遇する形で展開される。城下の人々の暮らしを知り、悪人を懲らしめる経験を積み重ねていく若様の、よき助言者として旗之助は描かれている。だがその一方で、正確には明らかにされていないものの、若様と同年代の旗之助は、それゆえ時には自らの過失によって若様を危険にさらしたり、滑稽な失敗をしたりすることもある。

　つまり完璧な教師としてではなく、あくまで、時には間違えることもある、若様より少しばかり多くの経験と智恵を持っている友人として、若様とともに育って行く存在として、旗之助は描かれているのである。このことは、旗之助を、若様にとっても読者にとっても、「教育」する者に伴いがちな押し付けがましさや権威主義の印象をほとんど感じさせない存在にする工夫であると、考えられる。

　確証はないものの、「旗之助」は人気が出始めるまでに１年以上かかったようである。架空の少年社員「久平」が編集部や作家たちの近況を伝える「久平新聞」では、連載開始から数ヶ月の間、しきりに「旗之助」への応援を呼びかけている一方、読者欄「誌友通信」に「旗之助」についての投書が掲載されるようになるのは10月になってからであり、「のらくろ」や「冒険ダン吉」への投書はほぼ毎号、多くの場合複数、掲載されているのに比べると、最初の一年あまりの間、「旗之助」についての投書は少ない。この、「面白くて為になる」漫画の試みが読者に受け入れられるまでには、１年ほどの時間が必要だったのではないかと考えられる。

　結果としてこの作品は、昭和12年には単行本が刊行され、連載は昭和16年まで続く、「のらくろ」と島田啓三の「冒険ダン吉」に次ぐ人気作となり、中島自身も、講談社の雑誌での仕事はもちろん、『主婦の友』でも連載を持つようになるなど、人気作家となっていった。

二十世紀研究

III　教師・中島菊夫

　中島の経歴についての現時点で最も包括的な記述は、漫画史の研究においてではなく、教育史の研究においてなされている。少し長くなるが、『民間教育史研究事典』から、小林正洋の執筆による「中島菊夫」の項目を以下に引用する。

　　中島菊夫（なかじま・きくお、1897-1962）〔役割〕ＳＮＫ協会同人。小砂丘忠義らと、出身地方社会の教育界の権威主義・形式主義に抗して教育革新をはかる。美術の教師。綴方にも関心をもち、綴方教育は、思想感情の発表、その練習、修養、鑑賞の四つの目的を通じて「人間全体をもつくるための教育」だと主張した。それは「生活を離れて言葉の錦を着て飛んだりはねたり怒鳴ったりするのが文ではありません」というように、美文調実用型の綴方はおろか、芦田恵之助や『赤い鳥』の綴方をこえて、「もっと自由なもっと生命あるもっと人間必然の要求にかなったもの」を求めんとするものであった。子どもに真実を見つめる力、「つかふ力、戦ふ力、生きてゆく力」をつけようとするその考えは、まだ生命主義的な理想主義の傾向を残しながら、のちに生活綴方教育へ発展していく思想の萌芽を示している。美術の教師として、自由画教育以前に中島が意図した図画教育も、題材、認識、想像および発表の事由に児童を解放すると同時に、児童に高い独創性（作品）を要求するというものであった。
　　〔経歴〕高知県生まれ。喜久夫を改名。高知師範学校在学中、終生の友、小砂丘を知る。1917（大正6）年、小学校赴任数か月にして辞職、上京して小砂丘と企画した綴方児童雑誌発刊のため奔走。頓挫して帰郷、小学校教師、土陽新聞記者を勤める。21年ＳＮＫ協会結成。『極北』の3号まで編集印刷担当。24年『地軸』同人。保守的な地方教育界に容れられず、29年上京、『綴方生活』、『綴方読本』の同人、挿絵担当。のち『少年倶楽部』に漫画「日の丸旗之助」連載。
　　〔著述〕『極北』に「若き小学教師の哀しみ」、「自由画を葬れ・外二編」（1921）など。『地軸』に「三行言」（草野柳三名、1924）の教育短評など。「新教科書の挿絵を見る」（『綴方生活』1934・5）など。
　　〔研究〕津野松生『小砂丘忠義』（1971、私家版）。ドキュメントとして、中島菊夫「『鑑賞文選』と『綴方読本』」（金子書房編集部編『生活綴方と作文教育』1952、金子書房）がある[3]。

　この事典に独立した項目が立てられていることからも分かるように、中島は、

156

単に一教師としてのキャリアも持った漫画家というにとどまらず、日本の民間教育運動の中でも極めて大きな位置を占める生活綴方運動の草創期に、その創始者の一人として知られる小砂丘忠義（ささおかただよし）とともに立ち会った人物なのである。

漫画家としての中島の仕事の意味を理解する上でも、生活綴方運動との関わりは無視できないと考えられる。では、生活綴方とはどのような教育実践であったのか。その中で中島はどのような役割を果たし、どのような漫画を描いていたのか。次節では、草創期の生活綴方運動の中での中島の仕事について見ていきたい。

IV　生活綴方運動の中での中島菊夫

1.　生活綴方運動

ここではまず、生活綴方について、教育史研究における基礎的な理解を、第一人者である中内敏夫の研究に拠りながら確認しておきたい。

要点の一つは、当時の一般的な国語教育における綴方（作文）の意図する「正字法（orthography）、書法（calligraphy）、修辞法（rhetoric）の教授」だけでなく、「知育と徳育などすべてを含んだ人為による人間発達」にまでつながる大きな役割を綴方に担わせようとしていたことである[4]。

もう一つの要点は、「「生活」と呼称されてきた取材のフィールド」が「厳密には狭義の〈形成〉過程をこえて、共同体や家族のおこなう人づくり、学校生活等にまで」及んだということである[5]。このことは、当時の日本の小学生の置かれた「生活」環境においては、その「生活」環境としての「共同体」にはらまれる貧困や格差等の様々な社会的困難のありようについて、書いて読み合うという実践を通じて、子供たち自身に意識させ、認識を深めさせようという意図へとつながっていくことになる。

中内の言うように、小砂丘自身の思想も「アナーキズム、マルクス主義、農本主義等々、種々の側面を示しながら、日本の初等教育の立場に即して、同時代の地方の農山村社会に根づきの基盤を求めようとする志向では一貫して」[6]おり、生活綴方運動の根底にあるこうした思想が、東北などの貧困地域の農山漁村で、社会主義的な思想の影響を受けた若い教師たちに受け入れられていくことになる。

だが本稿の課題は生活綴方運動の歴史的展開を追うことではない。中島がコ

二十世紀研究

ミットしていた草創期の生活綴方のありように焦点を絞って、もう少し詳しく見ていきたい。

2. 初期生活綴方運動のスタンス

小砂丘らの運動が始まったころ、全国の小学校教師に影響を与えていた、民間教育運動的性格を持つ綴方指導として、鈴木三重吉が『赤い鳥』誌上で行っていたものが挙げられる。中内は、その童心主義的な綴方指導と対比する形で生活綴方の特質を次のように述べている。

> 童心主義者は、子どもの心性の本質を、大人のそれと対立するものとしてとらえ、歴史的時間を超えて変わらない、超社会的な存在とみる。無垢で、けがれのなさにその本来のあり方をみ、そういう心性の保存されていくことをもって発達とする。それゆえ、かれらにとっては、社会からの自我の離脱が発達の本質とされる。これに対し、草創期の綴方教師の児童観はまるで逆である。かれらは、子どもを未発達だが、大人とは本質的に同じ心性をもっているもの、つまり社会的な存在とみる。大人と同じように、ねたみや、ずるさや、残忍さをもつものとし、そうであることが子どもの本来のあり方であるとする。であるから、童心主義者が子どもの心の病んでいる姿とみる、どういう子どももどこかにもっているその原始的野生的な部分を、教育によってなくしていくべきものとみるのではなく、逆に、教育によって生かされていくべきものであるとする。それらの特質がなんらかのかたちで将来とも保存されていくことが、かれらにとっての発達であり、発達とは社会的なものとの再合致にほかならない。社会から私的領域を隔離し、けがれなく、無垢であることはむしろのその退行なのである[7]。

「原始的」で「野性的」でありつつ、大人と同じように「社会」の中に置かれた存在として子供を捉えること。「原始的野生的な部分」を教育によって生かしつつ「社会的なものと」「再合致」させること。小砂丘らの意図した綴方指導とはそのようなものであった。生活綴方運動の拠点となった雑誌『綴方生活』に掲載された小砂丘の文章を見てみよう。

> 私は最近數ヶ月、東京市の綴方作品を相當數見て來た。そしてその殆んど無内容なのに今更の如く驚いた。従來私は多く地方、それも主として田舎の農漁村の綴方を見なれてゐるのであるが、それら地方の作品は、短くとも、拙くとも、そこには一脈子ど

158

もの生活が滲み出てをり、骨ぶしの強いやんちやらしさがあつた。だのに東京の文は概して能動的な生活意欲が乏しく、間口は廣くても深みが少い。しかも無内容であるに拘らず一見いかにも内容豊富なるが如く、威風堂々と或は輕薄翩翩と、飾りたててあたりをノシてゐる。

　かつて私は、綴方は全教科目、全教化力の合成花に實る果實だといつたことがある。ところがここでは綴方は完全に鎖國桃源の夢を貪つてゐる。そこから來る無内容である。綴方がひとり綴方科に鎖國籠居してはたして何を企圖し得るか。殆んど無内容なものを一見豊富な内容を包藏するかに見せる手ぎははまことに驚歎すべきものではあるが、要するにこれは綴方の鎖國籠居の當然の歸趨であつて所詮お化粧のうまさに外ならない。そこに素地の健康さがなく、明日になればといふ期待のかけ所がなく、ただあるものは閑人が閑にまかせての文字いぢり、語句いぢりだけである[8]。

　小砂丘は、こうした傾向の要因を、「都市生活の投影」と「時代苦の投影」の2点にまとめた上で、次のように述べている。

　　地上から土が少くなり山が姿をかくすことが今日の文化であるが如く、人間の心、子供の生活からも――變な譬喩ではあるが――昔ながらの土や山は漸次に影をひそめてゆく。それが當然な過程である。だが影をひそめるのは山や土が全然不要であるが故に消滅するのではない。時代的な必然に從つて形をかへつついつまでも現れ來るべきものであると信じ、又さうなければならぬと希念する[9]。

　小砂丘にとって綴方とは、国語科一科目の枠内にとどまるものではなく、「全教科目、全教化力の合成花に實る果實」であるべきものだが、東京のような都会の児童の綴方は『赤い鳥』の影響下で「所詮お化粧のうまさに外ならない」、「能動的な生活意欲が乏しく」「素地の健康さ」がない、「文字いぢり、語句いぢり」に留まっている。

　小砂丘はこれを「都市生活」と「時代苦」の問題の反映と捉え、「山や土」が「時代的な必然に從つて形をかへつついつまでも現れ來るべきもの」でなければならないと考える。では実際、どのような綴方が、小砂丘にとって望ましいものとされたのか。

　「逞しき原始子供」

二十世紀研究

　どういふ原始性を殘したいのか、二三例をあげよう。
　　　　ゆにいつたこと　　二年　　男子
　きのふでんきがついてからゆにいきました。そしたらたかんど（地名）のもん（人）がをつて、こらこらと三べんおこりました。「はやあがれ」といつてしかりました。「あがらんわい」といつたら、私をゆにつつこんでおさへつけました。私はそのおぢさんをつめつたりしました。そしたら「われみたいなやつはあがれ」といひました。「だれがなにをあがるもんかい」といつたりしました。「あがれあがれ」といひましたから「もうわしも、ぬくもつたけ、あがるわい、われみたいなもん、來んない。このゆは、よしをかのゆだぞ」といつてけんくわをしました。さうして私はいにました。

　書き足りない點はあるが、小氣味のいい文である。湯に入つて、どぶんどぶんとあばれてゐたにちがひない。そこで他村の人が怒つて湯に押しこむと抓りかへしてやる。何といつても平氣でがんばりつづけて、やつと洗つてすんで暖つたところで「ここは吉岡（自分の村）の湯だぞ、他村の者は來るな」どなりつけてゐるのだ。二年生の子供がだ。
　これを小學校の修身ではどうこなしてゆくのか知らないがこのがんばり性、このやんちや性はいつまでも亡ぼしたくない。このがんばり性の必要がなくなる世の中はあるものではない。どういふ形でかいつの世にも望ましい土と山だ。
　　　　　　一年　　男子
　ボクノウチノ　バアチヤハ　メメヅガ　キラヒデス。メメヅガ　キルト　ヤダヤダト　テヲフツテ　ニゲマス。
　ボクハ　クサヲトツテキルト　大キナメメヅガ　デテキマシタ。ボクハ　ソノメメヅデ　ボウニ　ツケテ
「メメヅダゾー」ト　イツテユクト　バアチヤハ　タマゲテ　ニゲテユキマシタ。ソシテ
「バカヤロメ、ウチクンナ」ト、シカリマシタ。
　ボクハ　オトウトヲヨバツテ　メメヅヲキツテ　ママゴチヤヲ　シマシタ。ソレカラ　メメヅノハカヲ　ツクリマシタ。
　これが眞實の子供といふものではないか。「メメヅダゾー」といつて、うちのバアチヤをたまげさせる子供は、學校の先生をも「メメヅダゾー」といつてたまげさせてにやつて來てほしいのだが、さういふ野性——實は野性どころか眞實性なのだが——の芽は必要以上にに早くから剪定されてしまふ。だがこれもいつの世までも殘らねばならぬ子供である。たとへ「メメヅダゾー」といつて來るやうな生活の相はとらない

160

にしても、時代的必然がどうあらうとも、そこにぴつたりする形をとつて出て來なければならぬ[10]。

　本稿の関心は、ここで小砂丘が言っている「逞しき原始子供」の「野性どころか眞實性」のイメージは、漫画家・中島菊夫の描く子供のイメージの原型にもなっているのではないか、ということであり、それは講談社での仕事以後も保たれたのか否か、ということである。

3.　運動の拠点となるメディア作り

　中内も述べているように、「小砂丘らは、子どもの文章表現指導に力を注いでいくうちに、このしごとむけの教材として「適当な児童の読物」集が必要であると考えるようになっていった」[11]。

　先に触れた事典の記述における「上京して小砂丘と企画した綴方児童雑誌発刊のため奔走」というのはこのことを指している。大正 6 年のこととされるこの最初の企画は頓挫して、中島はいったん帰郷している。彼らの活動にメディア的な拠点ができたのは、平凡社の子会社であった文園社から大正 15（1927）年 6 月に創刊された『鑑賞文選』（昭和 5＝1930 年 9 月に『綴方読本』と改題）、およびその親雑誌として同じ文園社から昭和 4（1929）年 10 月に創刊された『綴方生活』においてであった。前者は、実際の児童の綴方の投稿とそれに対する講評、そしてまた児童向けの読物などを掲載した学年別の雑誌であり、後者は、教師向けの理論的・批評的な内容の雑誌であった。小砂丘は『鑑賞文選』の創刊当初から編集部員として記事の執筆、投稿の講評等、中心的な役割を果たした。

　津野松生によれば、中島菊夫は『鑑賞文選』と『綴方生活』の挿絵の仕事のために昭和 4 年 4 月に上京した[12]。実際の誌面にその仕事が現れるのは、同年 6 月号からである[13]。尋常二年で「マサヲサントミヨチヤン」、尋常三年で「としをさんとおぢさん」、尋常四年で「竹馬太郎」、尋常五年で「発明太郎」、尋常六年で「漫助漫遊記」、高等科で「百姓半四一代記」と、それぞれ 2 ページずつの漫画・絵物語の連載を一斉に始めているほか、尋常一年から高等科までの 7 誌全てで、表紙絵、綴方や読物の挿絵、カット等を手掛けるようになっている。

　中島は親雑誌の『綴方生活』でも漫画や挿絵を手掛け、時には児童雑誌や教科書の表紙、口絵、挿絵等についての評論も載せている。中でも同誌の昭和 5 年 2

二十世紀研究

月号に掲載された評論は、同年の主要な児童雑誌の正月号を対象にしたもので、この頃の中島の考え方がよく分かるとともに、その後講談社で仕事をし始めたことを踏まえると、興味深い内容になっている。いくつかの雑誌に対する批評を以下に引用する。

コドモノクニ

　川上四郎氏　子供の生活をよく掴んでゐます。豆のやうな目、眞赤い頬、ともすればへの字に引ん曲つた口、都會の子供は兩脚をヘワリとさせ、田舎の子供は前をはだけて帯がずり落ちさう、それでゐて實に可愛く、みんな子供になりきつてゐて子供のすることはちやんとしつくしてゐます。弱々しいけれども細く美しく流れた線、淋しいけれども冴えた色、なかなか品位に富んだ繪であります。

　初山滋氏　美しくて憂鬱であります。もつれた針金のやうにもつれあつた線が、夢の紫、夢の宵、夢の白の中に、そして人間も猿も脳病に罹つてゐます。のみならず木も草も脳病にかかつてゐます。それでゐて子供はたしかに子供であります。美しくて憂鬱で、人間も猿も草もじつと黙つて深く深く考へこんでゐます。

　武井武雄氏　オモチヤの世界に住む人です。時に小細工を弄し過ぎたり、しつこくなつたりすることもありますが、概してチヨンチヨンと、ＲＲＲと、全く可愛い繪を描かれます[14]。

小學二年生

　日本でも有数の低級俗悪な雑誌でありませう。印刷も汚いし、編輯は出鱈目で滅茶苦茶であります。

　此の雑誌の表紙は何の學年も詩麗に撫で廻してありますが、何時もながらよくもかう不愉快な繪が描けるものだと感心します。こんなのは沙汰の限りで、描くのを止して貰ふか子供に見せないやうにするか、二つに一つより途はありますまい。

　中身の批評はやめておきます。とても不愉快で見てゐられません。畫家よりも先づ編輯者が悪いのです。幼年倶樂部と、兩大關か或は幼年倶樂部以上の惡雑誌かです。これで相當賣れてゐると聞いては、小學校の先生方の鑑賞眼が、子供の目をかういふものから庇つてやることを、呉れ呉れもお願ひせずにはゐられません。

　後に殘つたのは「幼年の友」「日本の少年」「少女の友」「少年世界」「少女世界」の五冊です。他の雑誌は生憎手許になくて残念です。が、要するにそれらの雑誌及びこれに類した雑誌はみんな商賣雑誌です。一部で多く賣ることだけを考へてゐます。

雑誌報國といふ講談社のものが、特にいちばん商賣根性を持つてゐます。だから決して教育的といふやうな考へはありません。子供が好きさへすればどんな俗惡なものでも載せます。好奇心を煽り、感傷性につけこみ、誇大な廣告をし、娼婦のやうに全誌面を粉飾して、さうして就中甚い奴は此の雑誌を讀めば直ぐ級長にすると稱へます。感動、感激それから吾が子を愛せよ、××クラブを買つて與へよです[15]。

『綴方生活』、および『鑑賞文選』のスタンスからすれば、小学館の学年誌や、講談社、博文館、実業之日本社などの少年少女雑誌が、その「商賣根性」、「俗惡」性、「誇大広告」、そして「此の雑誌を讀めば直ぐ級長に」と一見「教育的」な「粉飾」を施すありようにおいて、「決して教育的といふやうな考へ」はないとして徹底的に批判されるのは、ごく自然なことであろう。

またその一方で、『コドモノクニ』のような芸術的・童心主義的な児童雑誌もまた、必ずしも全面的に肯定的な評価を与えられているわけではなく、「美しくて憂鬱」、「オモチヤの世界に住む人」など、随所に、皮肉めいた表現が用いられている。「逞しき原始子供」を称揚し、『赤い鳥』を批判する小砂丘らのスタンスを踏まえれば、「弱々しいけれども細く美しく流れた線、淋しいけれども冴えた色」、「全く可愛い繪」といった言い方さえ、皮肉を含んだ物言いなのではないかと思えてくる。

いずれにしても、これだけはっきり既存の児童雑誌のあり方に対して批判的な立場をとっていた中島らにとって、自らの拠点として学年別の児童雑誌と、理論的・指導的雑誌を作り、「場」として維持していくことは極めて重要な意味を持っていたと考えられる。昭和5年7月に小砂丘ら文園社の社員全員が解雇された後、自ら郷土社を立ち上げ、『綴方生活』と『綴方読本』を刊行し続けたことからも、そのことは明らかであろう[16]。

中島の仕事について言えば、昭和5年の時点でのこうしたスタンスを踏まえると、その5年後に、自ら徹底的に批判していた講談社の『少年倶楽部』で連載を持つに至った経緯や、そのことが中島の中でどのように捉えられていたのかが、問題になってくる。それは、中島にとって「転向」ではなかったのか。前節で立てた、漫画家・中島菊夫の作品と、小砂丘の提出した「逞しき原始子供」のイメージとの関わりについての問いともつながるこの問題を考える前に、講談社の少年少女雑誌づくりは、作り手たちにどのようなものと捉えられていたのかを見ておきたい。

二十世紀研究

4. 講談社のスタンスと生活綴方教育運動の共通点と相違点

　大日本雄辯會講談社の創業者である野間清治と、『少年倶楽部』を発行部数数十万部に押し上げた編集長、加藤謙一が、いずれも元教師であることはよく知られている。まず加藤の自伝から、加藤がどのような経緯で講談社に入ったのかを述べたくだりを見ておく。

　　…師範を出たての私は郷里の小学校に赴任するや、国語の成績をあげようと意気ごんで、少年少女雑誌を二、三種とって回覧させたが、思ったほど子どもたちがよろこばない。地方の子どもは都会の子どもの生活についていけないのだとわかった。そこで雑誌の回覧をやめて、ガリ版ずりの学級誌を作ってやったところ、意外とこれが喜ばれた。それが病みつきになって、「子どもの雑誌は教育者が作るべきである」と、夢みたいなことを口走り、訓導の現職をおっぽり出して郷里を飛び出してきたのだ。世間知らずの無鉄砲もいいところである[17]。

　野間清治の自伝も見ておこう。

　　私自身も、僅かながら教師としての経験を持っている。社員の中にも、教育界出身者がだんだん殖えて来ている。少年雑誌なら、必ず傑出したものを作り得るであろうと考えられたのである。　（中略）
　　「少年倶楽部」の中心となる読者の程度は、尋常四、五年から高等小学校全部、中学の一、二年、もしくは三年までということにし、その内容は、主として面白い、趣味的な、それでいて精神教育に役立つ記事、その他に知的性質を帯びた教育記事を載せる。併しそれはその範囲も分量も稍々狭小にと考えたのであります。
　　当時出ていた少年雑誌の大部分は、知識的、科学的な記事が多く、やや程度も高いかに思われた。一部の少年には、或は熱心に読まれるかも知れないが、一般の少年から言ったらどんなものであろうか、私はその辺についても、深く考えてみた。私たちの理想は、「少年倶楽部」をして、勉強のために読む時と、楽しみのために読むときとを問わず、何としても少年に親愛される伴侶たらしめたい。嬉しい時でも、悲しい時でも、常に少年と共にあって、これを慰め、これを励まし、これを善導するものにしたいというのであった。
　　私がこの「少年倶楽部」に於て特に力を打ち込みたいと思ったのは、所謂、「国民

性の啓発と涵養」であった。私が教師生活で知り得たものの一つは、学校教育は、や
やもすると智育方面に力を用い過ぎて、国民性の啓発や精神教育の方面が、どうもおろそかになり易いということであった。現代の学校では、祖先の功績を、古今の美談を、興味深く、感銘深く語り聞かせることをあまりやっていない。時には、それらを伝記化し、更に講談化する方法が、非常に有効であるのに、それもあまりやっていない。歴史や修身や読本はあるが、多くは面白さが足りないし、少々固苦しい。強い感銘とか感激とまではなかなか行き難い。やり方では行けないこともないが、行くようにすることは余程むずかしい。私は「少年倶楽部」を以てこの方面を補いたいと考えたのである。

　もう一つの目的は、この雑誌によって、少年に必要な家庭教育の不足を補いたいということにあった。彼等は、家庭に於て無意識の中に、両親、兄弟姉妹、友人、来客等との接触から受ける情操教育、常識教育、或は家庭における労作教育、実際教育によって、彼等が他日進み行く大人の世界の事柄を学ぶことが出来るのである。しかるに、今日のような時代では、どこの家庭でも十分な家庭教育を与えるという訳には行かない。私は、この「少年倶楽部」によって、この欠陥を補い、彼等少年のよき校外指導者ともならなければならぬと考えたのであります[18]。

　以上の、加藤、野間の記述に、中島が戦後、『鑑賞文選』と『綴方読本』の役割について述べたものを対置してみる。

　所謂旧来の綴方は常套的とも時の国語読本的とも呼べる。子供自身のものでなく大人のまねに過ぎない。生活も個性もない。それをはじめて子供自身のものとしたのは『赤い鳥』の手柄であった。子供は自分の目で観、自分の心で感じ、自分の言葉で多くの名作を書いた。ただそれらの作品は謂わば文学的であり自由主義的である。ともすれば底に旺盛な生活意慾を持っていない。尠くとも生活意慾の強い弱いを作品価値決定の要件としない。それが小砂丘達には大きな物足りなさであった[19]。

　『赤い鳥』は第一次世界大戦後の自由主義時代に現れた美しい虹であり、主唱者は教育者ならぬ文士であったが、『鑑賞文選』『綴方読本』に拠る人々は、生活教育、生活指導の理論家であり、現在か又はかつての実践家である。しかも当時世の中はもはや自由主義では処して行けなくなりつつあった。生活は極度に苦しく、ただ生きていく事だけでさえ容易な業ではなかった。生活意欲の弱い者は何時自滅するか分からな

二十世紀研究

い。文園社、郷土社の綴方が、生活的、意欲的な主張を持ったのもけだし当然である。
　生活教育、生活指導は全教科を以て成さるべきだが、綴方こそ其の中心教科とする
に最も適当した教科である。綴方が生活から生れる以上、綴方を正すことは生活を正
すこととなり、全科による生活指導の成果は又必ず綴方に反映するだろうからである[20]。

　既存の学校教育、既存の児童雑誌に対する不満から出発して、その状況を変え
ていくための拠点・方法として、自ら雑誌づくりに携わっていく、という点にお
いて、加藤・野間らと、小砂丘・中島らは、非常に近いところにいたと言えるだ
ろう。
　もちろん、そうした方法を通じて目指すところは大きく異なっていた。文園社
解散後、郷土社を立ち上げてからの、第二次『綴方生活』創刊宣言と言われるも
のを挙げておく。中島も喜久夫名義で同人として名を連ねている。

　　宣言
　　生活教育の叫ばるるや久しい。されど現實の教育にあって、これこそ生活教育の新
　拓野であると公言すべき一つの場面を發見し得るであろうか。
　何時も教育界は掛声だ。そこには一つの現實をリードすべき原則なく、一人の現實を
　生き切るべき實力者がないかに見える。
　教育は無力であるか。果して教育は無力であるか。眞實に生活教育の原則を握り、そ
　の實現力としての技術を練るの道、これこそ若き日本教育家のなすべき仕事中の仕事
　であらねばならぬ。
　社會の生きた問題、子供達の日々の生活事實、それをじっと觀察して、生活に生きて
　働く原則を吾も掴み、子供達にも掴ませる。本當な自治生活の樹立、それこそ生活教
　育の理想であり又方法である。
　吾々同人は、綴方が生活教育の中心教科であることを信じ、共感の士と共に綴方教育
　を中心として、生活教育の原則とその方法とを創造せんと意企する者である。
　昭和五年九月
　同人　小砂丘忠義　峰地光重　野村芳兵衞　立野道正　上田庄三郎　門脇英鎭　小
　林かねよ　江馬務　中島喜久夫　崎村義郎[21]

　野間・加藤らが、「国民性の啓発と涵養」を目指して、程度の高すぎない、「少
年に親愛される伴侶」となりうるような面白さを備えた雑誌を、「よき校外指導

166

者」たらしめようとしたのに対して、小砂丘・中島らは、「社会の生きた問題、子供達の日々の生活事実、それをじっと観察して、生活に生きて働く原則を吾も掴み、子供達にも掴ませる。本当な自治生活の樹立」を目指し、雑誌を通じて綴方指導の行われる学校現場にコミットしていこうとしていた。

　ここには、「国民性の啓発と涵養」と「生活に生きて働く原則を吾も掴み、子供達にも掴ませる」という目標の違いのみならず、それをより面白い読み物を与えることによって実現しようとするか、子供たち自身に書かせるという実践を通じて、子供たち自身の主体的な認識力を高めさせようとするかという、いわば教育思想上の重要な違いを見て取ることができる。

　中島がそうした違いを認識し、重視する姿勢を戦後も保ち続けていたことは、先に引用した文章が 1952 年に書かれていることからも明らかだ。中島は、その違いを踏まえた上で、というよりその違いを踏み越えるようにして、講談社やその他の商業誌で仕事をするようになっていくのである。

5.『鑑賞文選』『綴方読本』掲載の中島作品

　中島が、いつから講談社の雑誌で仕事を始めたのか、網羅的に調査しきれていないが、昭和 8 年の『少年倶楽部』にはすでに数コマの作品でその名を見ることができる。『綴方生活』の昭和 9 年 9 月号に掲載された長谷健による短いインタビュー記事には、「明日までに講談社への大作を仕上げなければならんといふので」「講談社がわざわざ氏の隣に移轉して來てゐる」などとあることから[22]、『綴方読本』『綴方生活』での仕事と、講談社での仕事を並行して行なっていることを、隠すようなつもりはなかったと思われる。おそらく、中島の中で、数年前に手厳しく批判した講談社で仕事をすることについて、何らかの正当化がなされていて、自分にとって重要な何かを曲げて講談社での仕事をしているという意識はなかったのだろうと推測される。

　そもそもどのような経緯で中島が講談社での仕事をし始めたのかについて、教育史の文脈で中島を語るものの中では触れられていないようである。いずれも小砂丘の盟友として『鑑賞文選』『綴方読本』『綴方生活』に関わった人物としての記述が中心で、付随的に、後に『少年倶楽部』で「日の丸旗之助」を手掛けたことに触れられるのみであり、本稿の準備中にそれ以上の詳しい経緯が分かる資料は見つけられなかった[23]。

　だが、あとでも触れるように、郷土社の経営状況は昭和 6 年の後半にはすでに

二十世紀研究

困難に陥っており、『綴方読本』の刊行も不安定になっていた。漫画家として生計を立てるという観点では、活動の拠点を移していくのは致し方ない側面もあったのではないか。

　もちろん、作家としての理念に照らして筆を折るという選択もなくはないわけだから、やはり、講談社で仕事をすることが中島の思想の中で受け入れられるものになっている必要はあったはずである。

　中島の仕事に何らかの変質があったのか否かは、作品そのものの読みを通じて検討するほかないし、それが最も正当な手順でもあるだろう。ここでは、『鑑賞文選』『綴方読本』における中島の漫画作品の特質について見ていく。

　先に触れたように、中島の仕事が『鑑賞文選』で見られるようになったのは昭和4年6月号からである。それ以前から挿絵を担当していた立野道正とともに、尋常一年から高等科までの7誌全てで挿絵や表紙絵、漫画・絵物語などを手掛けた。ここでは特に、尋常二年から高等科までの6誌で連載された漫画・絵物語に注目したい。

　ここで漫画・絵物語としたのは、これらの作品が、今日的な観点からは「絵物語」とされるような、吹き出しがなく、ナレーションと絵が描くコマに配分された形式を取ったものを含んでいるからだが、吹き出しはないが書き込まれているのはナレーションではなくセリフだけという形や、吹き出しもありナレーションもあるという形のものなど、様々なパターンがあり、タイトルに添えられた角書きからも、おそらく当時においては全て「漫画」とみなされていたのではないかと思われる。

　「日の丸旗之助」以降の作品から、これらの作品にさかのぼって驚かされるのは、その描きぶりの野放図とも言えるほどの自由奔放さである。まず絵柄が作品ごとに違うだけでなく、同じ作品でも月ごとに変わったりする。比較的端正に描かれた絵の回もあれば、描き殴りと言っていいような荒々しい筆致の回もある。物語構成においても、一話完結の場合もあれば次号に続くとなる場合もあり、一話完結の場合でさえ、いわゆる起承転結な構成を持たず起承承承…的に出来事が連鎖していって唐突に終わる回もある。それでいてそこには、奇想天外な想像力の発露があって、それがこれらの作品の面白さになっている。

　実際に作品に即して見ていきたい。まず昭和4年6月号から一斉に始まった各連載作品のそれぞれ初回に触れる。

教師にして漫画家－中島菊夫試論－

図版6　「マサヲサントミヨチヤン　にはとりせいばつの巻」

出典：『鑑賞文選　尋常二年』昭和4年6月号

図版7　「としをさんとおぢさん　その一　さかなつり」

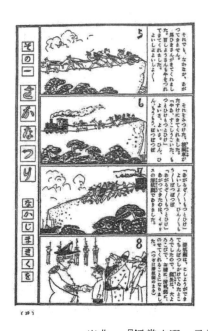 

出典：『鑑賞文選　尋常三年』昭和4年6月号

169

図版8「竹馬太郎」

出典：『鑑賞文選　尋常四年』昭和4年6月号

　『鑑賞文選　尋常二年』の「マサヲサントミヨチヤン　にはとりせいばつの巻」（図6）はひもじがっている鶏に餌をあげようとしたミヨチャンが鶏に襲われてしまったのでマサヲサンがかたきをうってやると鶏に挑むのだが翻弄されてけがをしてしまう。それでもあきらめず何度も失敗しながら高く飛ぶ練習をしていると鶏よりも高く飛べるようになって恐れをなした鶏が降参する、という話なのだが、鶏が軽々と屋根より高い木のてっぺんに飛び乗ったり、練習を重ねたマサヲサンが屋根の上にいる鶏より高く飛びすぎてうまく鶏を捕まえられないという非現実的な誇張表現が面白さになっている。

　『鑑賞文選　尋常三年』の「としをさんとおぢさん　その一　さかなつり」（図7）は、ふたりが崖の上から魚釣りをしていると大変な引きがあり、二人では釣りあげられず、次々に加勢する人が現れ、挙句は機関車が助けに来てくれて、ようやく釣り上げてみると故障して沈没しかけていたイギリスの潜航艇だったという話である。ロシアの民話「おおきなかぶ」のように次々加勢する人・物が増えていく面白さと、釣り上げられるのがイギリスの潜航艇であるという唐突なオチに驚かされる。

教師にして漫画家－中島菊夫試論－

『鑑賞文選　尋常四年』の「竹馬太郎」（図8）は生まれついての竹馬の名人、人呼んで竹馬太郎が武者修業の旅に出る話である。子供がうっかり手放した風船を取ってやろうと、街を超え、海を越え、鯨を踏み台にし、山を越え、通りがかった飛行機に助けてもらって富士山の上まで飛んだ風船を捕まえるという展開の中で、元は身長の三倍弱だった竹馬の高さは特に説明もなくどんどん伸びて行き、最後はまたほぼ元の高さに戻る。

『鑑賞文選　尋常五年』の「発明太郎　太平洋横断の巻」（図9）では発明太郎が気球の中に大量の雀を入れて太平洋横断に成功し米国に辿り着く。日が暮れると雀が休んでしまうので気球が沈みそうになるが、気球の中に用意した電灯をつけることで雀は目を覚まし、明かりに引かれた虫が雀の餌にもなって再び飛び立つというところが、面白みになっている。

図版9　「発明太郎　太平洋横断の巻」

出典：『鑑賞文選　尋常五年』昭和4年6月号

二十世紀研究

図版10　「漫助漫遊記　第一篇・伸縮自在の國」

出典：『鑑賞文選　尋常六年』昭和4年6月号

図版11　「百姓半四一代記」

出典：『鑑賞文選　高等科』昭和4年6月号

『鑑賞文選　尋常六年』の「漫助漫遊記　第一篇・伸縮自在の國」（図 10）は体が伸縮自在になる国にやってきた漫助が手足を伸ばして楽しんでいるとリンゴ泥棒と間違えられて追われるが、足を延ばしたり胴体を縮めたりして逃げおおせるという話である。

『鑑賞文選　高等科』の「百姓半四一代記」（図 11）は、半四こと、怪力の百姓半四郎を描いた時代劇であるが、他の作品に比べて短い連載期間で終わった。

このように、中島の『鑑賞文選』における連載漫画には、古今東西の神話や伝説をヒントにしたと思われる荒唐無稽なアイデアによるキャラクター造形や物語展開をもつものが多く、それらの作品においては非現実的な事態や、身体能力の拡張がどんどんエスカレートしていく様子が面白みになっている。展開的にはいわゆる起承転結の構成にはなっておらず、いわば起承承承で展開して唐突に結になるといった構成のものが多い。

また「発明太郎」に顕著なように、珍発明ものも多く見られる。珍発明は「日の丸旗之助」でもよく用いられるモチーフになっている。

さらに「日の丸旗之助」と比べると、何らかの課題・問題があり、それを解決することでエピソードがまとまる、という構成を取っていない作品が多いことにも気づく。キャラクターたちの行動に対して何らかの教訓が与えられるような作品はさらに少ない。

教訓めいたものを含むエピソードが比較的多く見られるのが尋常二年連載で一話完結方式の「マサヲサントミヨチヤン」だが、たとえば椅子の高さが合わないミヨチャンのためにマサヲサンが椅子の足を切り、机の足を切り…、としているうちにとうとう机も椅子もほぼ足がない状態になってしまってミヨチャンが泣き出すという「ツクエとイスの巻」（図 12）にしても、良かれと思って始めた行動がやりすぎになってしまうこともあるという教訓を与えようというより、子供のよくやる失敗を読者も一緒に笑うといったところが狙われているように見える。

同じ「マサヲサントミヨチヤン」の「キクのハナの巻」（図 13）などは、胸に菊の花をつけて自慢するミヨチャンに対抗してマサヲサンもより多くの菊の花をつけ、またさらにミヨチャンも対抗して、両者全身菊の花だらけになるまでエスカレートしたところで、丸坊主になった菊の鉢を見ておじいさんが怒り出すというだけの話で、おじいさんは「ダレダイ　コノイタヅラハ」と言っていて、二人がやったということは分かっておらず、二人も謝りもせず逃げ出して終わる。い

図版12「マサヲサンとミヨチヤン　ツクヱとイスの巻」

出典：『鑑賞文選　尋常二年』昭和4年9月号

図版13　「マサヲサンとミヨチヤン　キクのハナの巻」

出典：『鑑賞文選　尋常二年』昭和4年11月号

たずらすると叱られる、という教訓より、あくまで二人の行動がどんどんエスカレートしていく様子を笑うことが主眼になっていると言えるだろう。

　学年別の広義の教育雑誌に掲載されるものだからと言って、イソップ童話的な教訓話を描こうという意識は中島の中になかったと思われる。これは生活綴方運動の担い手全般に意識されていたことだと思われるが、生活綴方は生活教育であって、徳育的要素を含むとは言え、修身的・道徳的な教訓話を好むようなものではなかった。悪いことをすると罰が当たる、良いことをすると褒められるといった教訓話を描くことが漫画の示しうる「教育性」であると短絡的に捉えた作品は、その後、昭和11（1936）年に創刊される『講談社の絵本』などに多く現れることになり、やがて「児童読物改善ニ関スル指示要綱」の「教訓的タラズシテ教育的タルコト」の一文で批判されることになっていくが、中島の仕事はあらかじめこれを回避しえていたと言える。

　敵を倒す、困難を乗り越える、問題を解決する、といった、なんらかの課題の達成が描かれるエピソードは月をまたいで物語が続いていく「竹馬太郎」や「発明太郎」には多いが、これも達成できるか否か分からない課題の難しさが丁寧に描かれるわけではなく、むしろ奇抜なアイデアでやすやすと課題をクリアしていく過程の面白さが中心になっている。

図版14　「伸縮自在　玉毛太郎（1）」

出典：『綴方読本　尋常六年』昭和5年9月号

二十世紀研究

　先に見た「漫助漫遊記　伸縮自在の國」のアイデアを膨らませて『綴方読本　尋常六年』の昭和5年9月号から始まった連載「伸縮自在　玉毛太郎」では、第一話などでは玉毛太郎（たまげたろう、と読むと思われる）がその手足を自在に伸縮させることで問題を克服していくさまが面白おかしく描かれるが（図14）、第3話（同11月号）ともなると、珍しい蛾を捕まえるために腕を伸ばしに伸ばした玉毛太郎が、ようやく捕まえた蛾の毒で手が腫れてしまい腫れたまま木に引っかかってしまったために自力で腕を元に戻すことができず、救急隊が手を取り外して腕を手繰り寄せたところ、伸び切った腕で病院が埋まってしまったというオチになっており、太郎は迷惑をかけているだけである（図15）。

　一応、毎月物語が続いていることになっている連載作品も、基本的に1話2ページの短いエピソードを月刊で続けているという形態も相まって、キャラクターの言動を丁寧に描いてその心情を掘り下げて読者の感情移入を喚起したり、出来事の要因を丁寧に示してリアリティを高めたり、といった工夫には力を入れてはおらず、毎月毎月奇抜なアイデアを繰り出し、融通無碍にキャラクターの行動や事件の展開をエスカレートさせていくことに力が注がれている。

　また、先に触れたように、各作品ごとに、それどころか同じ作品の中でも月によって、絵柄や描線が全く違うことが多々あるのも、『鑑賞文選』『綴方読本』連載の中島作品の特徴である。

　図16（『綴方読本　尋常五年』昭和4年9月号）と図17（『綴方読本　尋常五年』昭和4年11月号）は同じ「発明太郎」の違うエピソードだが、同じ作品、というより同じ作家の作品であることさえ分からないレベルで、キャラクターの図像的造形と描線が違う。図18（『綴方読本　尋常三年』昭和4年11月号）と図19（『綴方読本　尋常三年』昭和4年12月号）の「としをさんとおぢさん」も同様である。こうした例がほかにも多々ある。

　漫画以外の同誌上での中島の仕事を見ると、表紙絵や挿絵、カットなども、実に様々な絵柄、描線を使い分けていることが分かる。立野道正との二人だけで尋常一年から高等科までの全ての絵を手掛けることになったことから、同じスタイルの絵で誌面が埋められることを回避し、変化をつけようとしたのかも知れず、また中島にそれができる器用さがあったということだろうが、それを同一タイトルの連載漫画にまで適用してしまうのが、中島独特の自由さだったと言えるだろう。

図版15　「伸縮自在　玉毛太郎（3）」

出典：『綴方読本　尋常六年』昭和5年11月号

図版16　「発明太郎　怪潜航艇の巻」

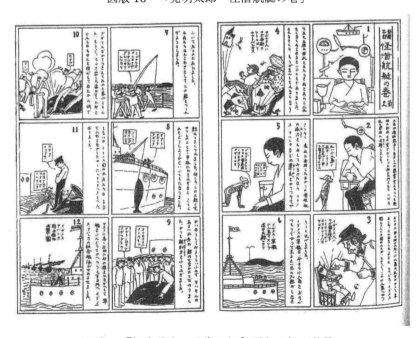

出典：『綴方読本　尋常五年』昭和4年9月号

図版 17 「発明太郎　第五篇・怪地引網」

出典：『綴方読本　尋常五年』昭和 4 年 11 月号

図版 18 「としをさんとおぢさん　ばうしのまき」

出典：『綴方読本　尋常三年』昭和 4 年 11 月号

図版19　「トシヲサンとオヂサン　クリスマスのオシバヰ」

出典：『綴方読本　尋常三年』昭和4年12月号

　いつの間にかおじいさんが育てた菊が丸坊主になるまで、全身にその花を飾って張り合い、怒られたら走って逃げるマサヲサンとミヨチャンは、「「メメヅダゾー」といつて、うちのバアチヤをたまげさせる子供」の同族だろう[24]。小砂丘の提示した「逞しき原始子供」のイメージは、中島にも共有されており、空想的な作品の中ではさらに荒唐無稽な想像力を与えられ、竹馬一つで海を越え、伸ばしすぎた腕で病院を埋め尽くす。連載作品としての同一性などお構いなしに、月ごとに絵柄を変えてしまう中島自身、内なる「逞しき原始子供」の「野性どころか眞實性」を、存分に発揮しながら漫画家としての仕事を始めたと見ることができる。

6. 作風の変化

　しかし、昭和6年の後半以降、雑誌そのものの休刊などもあり、漫画の掲載も不規則的になってくる。各学年独自のタイトルの作品が連載されている状態ではなくなり、低学年は無題の読切になったり、高学年は尋常六年と高等科で同じ作品が載っていたり、連載作品もそれまでの毎月行き当たりばったりにではあるが話が続いていく形態から、はっきりと一話完結式になったりしている。

二十世紀研究

　郷土社は昭和6年秋に小砂丘以外の同人が退職し、事業を小砂丘個人が引き受けることになった。『綴方読本』は高等科向けのものは昭和6年9月号をもって終刊、尋常一年から六年までのものも同9月号のあと5ヶ月休刊し、昭和7年3月号から刊行が再開されている[25]。

　こうした郷土社の経営状態の不安定さもおそらく背景要因となって、連載漫画の掲載が不規則になる傾向は、昭和7年の刊行再開後もさらに顕著になり、「一」として始まったタイトルが次の月以降続かなかったり、2, 3回で終わったり、漫画が掲載されない号が続いたりといった状態になる。掲載される作品も昭和4年後半から6年前半の連載作品にあったような荒唐無稽な想像力の展開する作品はほぼ見られなくなり、話を2ページの中でそつなくまとめようとする傾向が見られる。

　表紙絵や挿絵の仕事は続く中、漫画に関しては低迷期、あるいは停滞期とも言える時期を経て、「日の丸旗之助」の前身とも言える「トンチトン助」が尋常四年の昭和8年6月号で始まる（図20）。

図版20　「トンチトン助　天狗退治の巻」

出典：『綴方読本　尋常四年』昭和8年6月号

180

この年は、ちょうど『少年倶楽部』でも中島の作品が掲載され始めた年である。「トンチトン助」がまさにそうであるように、この時期以降の『綴方読本』掲載の作品には、何らかの課題が提示され、その解決によってエピソードが終わるという構造が明確なものが増え、絵柄においては、キャラクターの輪郭線をはっきりさせ、コマの中でキャラクターの顔を大きく描いて表情を読み取りやすくするなど、絵も物語も見やすく分かりやすくなる。

　『少年倶楽部』の編集者からの注文や指導に対応する中でもたらされた変化なのか、中島が自主的に変わったことで『少年倶楽部』にも掲載されるようになったのかは分からないが、昭和8年の前半までに、何らかの模索・試行があり、『少年倶楽部』への登場と同時期に『綴方読本』掲載作もその作風が変わったのだと考えられる。それは一面では明らかに「洗練」だが、それまでの中島の自由奔放さの魅力は抑制されてしまったと言える。

　ここでようやく、これまで何度も繰り返してきた問い、中島は講談社で仕事をするようになったことでどのように変化したか、についてさしあたりの仮説を提出することができる。

　すなわち、『鑑賞文選』『綴方読本』での連載作品、特に物語が毎月一応の連続性を見せる作品の、荒唐無稽な想像力のエスカレーションと、さまざまな表現スタイルを自在に選択していく自由奔放さは強く抑制される一方、珍発明の面白さ、武力・暴力ではなく智恵（旗之助においてそれは発想力として示される）によって課題を解決すること、といった点では、『鑑賞文選』『綴方読本』での作品群にもあった特質が維持されている、ということである。

　さらに、「旗之助」を論じた節で述べた、画面内をよく見ることを促す仕掛けや、あからさまな教訓話の形はとらず、子供たち自身が刺激し合って自ら育つというあり方を提示している点が、『鑑賞文選』『綴方読本』での仕事では前面化していなかった要素として挙げられるが、これらはいずれも、生活綴方運動のスタンスともよく整合するものであったと言えるだろう。

　中島が、『鑑賞文選』『綴方読本』で漫画だけでなく表紙絵、挿絵、カット等さまざまな絵を様々なスタイルで描き分けていたことはすでに触れた。おそらく中島は、「旗之助」以降の素朴で穏健な絵と物語のイメージとは違い、いわゆる引き出しの多い作家であり、そのうちの一つで人気作家となったということなのではないか。それまでの荒唐無稽な想像力のほとばしりを抑制することは、中島にとっては許容しうるものだったのだと思われる。

旗之助は、良かれと思って後先考えずやりすぎてしまい思いがけない結果をもたらすような子供ではないが、そのイメージは部分的に若様に受け継がれ、旗之助自身も、自らの奇抜な発想力で危機的な事態を乗り越えたり、珍発明を成し遂げたりする点において、一見そう見えなくとも「逞しき原始子供」の「野性」を残しているのではないか。

　だがまだ、そもそもなぜ中島が『少年倶楽部』での仕事を始めたのかという疑問は残る。先ほど触れた、『綴方読本』自体の状況の悪化という背景はあるにしても、自分の中の多面性のうち、比較的重要と思われる部分を抑制してもなお、かつて自分が批判した場で働くことを選んだ理由はまだよくわからない。

　ここでは二つの可能性を提示しておく。

　一つは、郷土社の経営難とは裏腹に、生活綴方運動自体は全国的に普及してゆき、その展開の中で多様化していく実践形態に対して、中島が違和感、あるいは距離感を覚え始めていたのではないかということである。実際、『綴方生活』の昭和9年7月号には、その当時、生活綴方から派生して広がりつつあった「調べた綴り方」を揶揄するような漫画が掲載されている（図21）。戦後、新教科として設けられる社会科の内容に接近していくような、児童の身の回りの事象を調べた結果を記録していく「調べる綴り方」「調べた綴り方」[26]は、中島にとっては「生活意欲」に裏打ちされた、「子供達の日々の生活事実、それをじっと観察して、生活に生きて働く原則を吾も掴み、子供達にも掴ませる」実践、ではなかったようである。

図版21　「調べた綴り方」

出典：『綴方生活』昭和9年7月号

もう一つは『綴方読本』の部数低下という現実を踏まえて、生活綴方運動の当事者としての自分の中の、最も譲れないものは残したまま、より多くの読者にそれを伝えていくために、当時の少年少女誌最大発行部数を誇った『少年倶楽部』という場を選んだのではないかということである。かつて敵視していた雑誌にあえて乗り込み、同誌にも適合できる形を整えながら、根本思想は漫画という読物を通じて伝えていく、という戦略をとったという解釈である。

　おそらく『少年倶楽部』側にも、すでに触れたような状況の中で、「のらくろ」、「冒険ダン吉」に続く連載作品を、子供向け物語漫画を「問題」視する「教育的」な視線に耐えうる作品にしたいという意向があり、児童向け綴方雑誌での仕事のキャリアがある中島を起用し、育てて行ったという経緯があるのではないか。「日の丸旗之助」は、このような、中島側の事情と『少年倶楽部』側の事情が組み合わさったところで生まれた作品なのではないか。

　ここで提示した仮説は、状況証拠に基づいた推測に過ぎず、まだ十分な論証がなされているとは言い難い。だが、『少年倶楽部』で仕事をするに至る経緯については、今後それをはっきり知ることのできる資料が得られるか分からないため、今残されている作品と文献資料から言えること、推測できることを、書いておくことにも意味があると考えた次第である。

　「旗之助」の『少年倶楽部』での連載は昭和16年9月号で終了する。ちょうどこの号には陸軍の鈴木庫三のインタビューが載っている[27]。そして綴方教師の一人であり、中島に揶揄された「調べる綴り方」「調べた綴り方」の担い手の一人でもあり、また、昭和13年以降の児童読物統制の中で、文部省による児童図書推薦事業にも関わっていた滑川道夫が、書き手として初めて登場する。明らかに何らかの圧力が働き、この時点ではまだ児童読物統制の主導的な役割を果たしていた教育科学研究会（教科研）関係者が次々誌面に登場するとともに、「旗之助」「のらくろ」が相次いでその連載を終了している。皮肉なことに、多くの綴方教師の支持を得た教科研主導の児童読物統制によって、初期の生活綴方運動に関わった中島の漫画連載が終わることになったのである。

二十世紀研究

おわりに

　「旗之助」終了後も中島は筆を折ることなく、『渡し場物語』（三光社、昭和16年）、『白い子猫』（共同書籍、昭和17年）、『お金の旅』（共同書籍、昭和18年）、『ヒヨコ物語』（児童の友社、昭和18年）といった「絵物語」作品を発表している。「旗之介」以上に落ち着いた筆致になってはいるが、「旗之介」と『鑑賞文選』『綴方読本』での連載作品との間にあるほどの差異は、「旗之介」とその終了後の作品群の間には、ないと言える。

　注目すべきは、おそらく漫画家としての仕事がいよいよ困難になっていたと思われる昭和19年ごろ、現在の中野区の鷺宮国民学校の教員になっていることである。同校では昭和20年3月の東京大空襲後、福島県への集団疎開が行われ、中島も妻とともに疎開先へ行っている[28]。

　そこで、児童とともに「慰問新聞」を作成したり、児童の生活絵日記を描かせるなどの活動を行っているが、そのような実践は、すでに昭和15年の作品『笑和少年團』（金の星社）に描かれており、その実践例はもともと生活綴方運動の中で試みられていたものにルーツがある。

　戦後も少なくとも昭和20年度内までは同校の教員を務めたものと考えられる。昭和21年には既に漫画の仕事を再開していることが確認でき、多くの作品を残しているが、その一方で、同じ中野区の中学校教員を務めた時期もあったようである。要するに中島は、敗戦を潜り抜けて、戦前・戦中、戦後を通じて、漫画家であり、なおかつ随時教師に戻れる状態であり続けた。

　「教師にして漫画家」という本稿の表題からすれば、この敗戦の前後の時期の中島の仕事についても掘り下げるべきだが、既に規定の字数を越えている。これについては、中野区立歴史民俗資料館と京都国際マンガミュージアムに所蔵の中島菊夫関連資料の利用による研究の余地がまだあると見られるため、別の機会に改めて論じたい。

　最後に触れておきたいのは、中島没後に遺されたノートに関するエッセイである。中島菊夫の妻、さと子は、昭和35年に刊行された、息子である挿絵画家の中島靖侃が結婚した後の中島家の様子をつづった『咲子さんちょっと　嫁に送る手紙』（講談社、1960年）によって知られることになり、同作は江利チエミ主演でテレビドラマ化もされている。

　その中島さと子によるエッセイの中に、菊夫が遺した「断想（1）」と表紙に

書かれたノートに関する記述がある。「開いてみると、第一頁に、ずんべら長篇漫画覚え書という見出しで略画風の漫画に添えて」以下のように書かれていたという。

　　権兵衛が種ょ蒔きゃ烏がほじくる、三度に一度は追わずばなるまい、ずんべら、ずんべらという歌がある。字引でひくと、ずんべらとはずべらのことで締めくくりなきこと、理非の解らぬこと、なめらかなこととある。しからば、締めくくりなく理非解らず、ずべらずべらと辿りまわる漫画をかけば、それをずんべら漫画と唱えるべきであろう。いずれそのうちずんべら漫画をかくつもりだ。たとえば乃木大将の巡視から金太郎のことへ物語が辿り移って行く……29)

　ここでいう「ずんべら漫画」、すなわち「締めくくりなく理非解らず、ずべらずべらと辿りまわる漫画」とは、『鑑賞文選』『綴方読本』での中島の連載漫画の作風そのままではないか。中島の中には生涯、「ずんべら漫画」を描きたい「逞しき原始子供」が生き続けていたのだと思われる。
　漫画史と教育史の双方にわたる中島菊夫の仕事の全体像、およびその意味については、まだ多くのことが調べられ、論じられるべきであろう。その研究の意義を明らかにすることができていれば、本稿の目的は達せられたことになる。

註

1) 「教育的」な視線と力とが子供向け物語漫画に向けられるようになり、内務省と文部省による児童読物統制へとつながっていった経緯については以下を参照されたい。
宮本大人「児童読物処分の研究報告」『児童文学研究』31（日本児童文学学会、1998 年）
同「戦時統制と絵本」鳥越信編『はじめて学ぶ日本の絵本史Ⅱ』（ミネルヴァ書房、2002 年）
同「「問題」化される子供漫画―「児童読物改善ニ関スル指示要綱」以前の「教育的」漫画論―」『研究誌　別冊子どもの文化』5（文民教育協会子どもの文化研究所、2003 年）
同「沸騰する「教育的」漫画論―「児童読物改善ニ関スル指示要綱」の通達前後―」『白百合児童文化』13（白百合女子大学児童文化学会、2004 年）
またこの問題に関する先行研究については以下にまとめた上で、児童読物統制がこのジャンルに何をもたらしたのかについても論じている。
同「薄れてゆく輪郭―児童読物統制下における子供向け物語漫画の「絵物語」化について―」『白百合女子大学児童文化研究センター論文集』20（白百合女子大学児童文化研究センター、2017）

二十世紀研究

2) 「のらくろ」に導入される「教育的」配慮について詳しくは以下を参照のこと。
   宮本大人「ある犬の半生－『のらくろ』と〈戦争〉－」『マンガ研究』2（日本マンガ学会、2002年）

3) 民間教育史料研究会・大田堯・中内敏夫編『民間教育史研究事典』（評論社、1976年）386頁。

4) 中内敏夫『中内敏夫著作集Ⅴ　綴方教師の誕生』（藤原書店、2000年）8頁。

5) 同上、8頁

6) 中内敏夫「小砂丘忠義」民間教育史料研究会・太田堯・中内敏夫編前掲書、366頁。

7) 中内敏夫『生活綴方』（国土社、1976年）43-44頁。

8) 小砂丘忠義「生活指導と綴方指導」『綴方生活』第5年8月号（1933年8月）4-5頁。

9) 同上、6-7頁。

10) 同上、7-8頁。

11) 中内敏夫『中内敏夫著作集Ⅴ　綴方教師の誕生』（藤原書店、2000年）69頁。

12) 津野松生『小砂丘忠義と生活綴方』（百合出版、1974年）39-40頁。

13) 『鑑賞文選』『綴方読本』は、欠号もあるものの以下の復刻版が出ている。図版の引用もこの復刻版から行なっている。また本稿の準備においては復刻版所収の号しか確認できていない。中内敏夫監修『鑑賞文選・綴方讀本』全16巻、別巻（緑陰書房、2006－2007年）

14) なかしま菊夫「子供雑誌の挿繪」『綴方生活』2巻2号（1930年2月）65頁。

15) 同上、66-67頁。

16) 小砂丘の追悼号とされた『綴方生活』の終刊号は昭和12年12月に出ているが、『綴方読本』の終刊がいつだったかははっきりしていない。『鑑賞文選』『綴方読本』の刊行状況については、小砂丘忠義の残した資料を調査した太郎良信が『『鑑賞文選』『綴方読本』の研究　小砂丘忠義研究の一環として』（太郎良信、2010年）に詳しくまとめている。これによれば、上記の中内敏夫監修の復刻版に収められている『綴方読本』昭和10年1月号と5月号は第三種郵便物認可の維持のための納本用に作られたもので、一般には流通していない可能性が高く、昭和10年以降に実際に読者に届いた可能性があるのは復刻版には収録されていない『綴方読本　上級用』昭和11年5月号のみであるという。

17) 加藤謙一『少年倶楽部時代』（講談社、1968年）243-244頁。

18) 野間清治『私の半生』（講談社、1959年）326-328頁。

19) 中島菊夫「『鑑賞文選』と『綴方読本』」『教育建設』第3号（1952年）207頁。

20) 同上、207-208頁。

21) 『綴方生活』（昭和5年10月号）。

22) 長谷健「綴方インターヴュー（六）漫畫家の漫談　中島菊夫君」（『綴方生活』6巻9号、昭和9年9月）。

23) 中島起用の経緯については講談社側からの証言も乏しく、管見の限り、担当編集者だった松井利一による次のような発言があるのみである。「のらくろ・ダン吉との取り合わせからいって、まげものがいいんじゃないかというので、中島菊夫先生にご登場いただきました。中島先生にはそれまでにいろいろ描いてもらっていたし、まげものが多かったんです」（尾崎秀樹『思い出の少年倶楽部時代』講談社、1997年）331頁。

24) ヴィルヘルム・ブッシュの「マックスとモーリッツ」が羅馬字会の翻訳で『Wampaku monogatari』として明治20年に出版されているように、明治20年代以降、悪童のいたずらのもたらすドタバタを1，2ページ、数コマから十数コマで見せる漫画は、児童雑誌に掲載され続けてきた。「マサヲサントミヨチヤン」はその末裔でもあるが、この二人の行動は必ずしもどちらかと言えば本人たちの主観では意図的ないたずらではなく、むしろ良かれと思って行う行動であることも多く、後先考えずにやりすぎてしまうことがもたらす思いがけない帰結も、別に「罰」としての意味は持たないことが多い。また、連載作品の多くを占める「竹馬太郎」のような作品群は、こうした悪童のいたずらものとはかなり異なる性格を持っている。

25) 太郎良信『『鑑賞文選』『綴方読本』の研究　小砂丘忠義研究の一環として』（太郎良信、2010年）

26) 「調べる綴り方」「調べた綴り方」について詳しくは、滑川道夫『日本作文綴方教育史3　昭和篇Ⅰ』（国土社、1983年）437-455頁を参照のこと。

教師にして漫画家－中島菊夫試論－

27) 悪名高い人物として伝えられてきた鈴木庫三については近年佐藤卓己の以下の研究によって大
   幅に認識が改められている。佐藤卓己『言論統制　情報官・鈴木庫三と教育の国防国家』（中央公
   論新社、2004年）。
28) 比田井克仁「【中野の歴史 11-4】　絵の指導と子供たちの瞳(中島菊夫)」『まるっと nakano』
   〈https://www.visit.city-tokyo-nakano.jp/category/walking/history/43436〉（2018年12月5日
   最終確認）比田井は中野区歴史民俗資料館館長。ただしこの記事の中で「戦後筆を折った」とある
   のは明らかに誤り。
29) 中島さと子『がらくた愛すべし』（光風社、1964年）25–26頁。

(明治大学国際日本学部准教授)

 バックナンバー

第16号　目次
小特集　松尾尊兊先生の学問的業績を偲んで
　坂野潤治：　　「松尾大正デモクラシー論」の今日的意義
　鶴見太郎：　　郷土、地方からの視点形成
　　　　　　　　　―松尾先生のデモクラシー研究における一側面
　冨永　望：　　象徴天皇制の実相　―『昭和天皇実録』を手がかりに
論文
　山澄　亨：　　スペイン内戦の勃発とアメリカの西半球政策
　白木正俊：　　日本近代都市における河川改修の史的考察
　　　　　　　　　―京都市の鴨川水系を事例に―
　劉　蘇曼：　　「監禁状態」の構造の解明　―大江健三郎の初期小説作品を中心に

第17号　目次
小特集　沖縄
　櫻澤　誠：　　沖縄現代史研究の現在
　成田千尋：　　米国の東アジア戦略の変容と沖縄返還
論文
　小林敦子：　　純文学論争における高見順の純文学観　―純文学とは何か
　谷　雪妮：　　橘樸の道教研究　―その民族性をめぐる思考に注目して
　朴　起兌：　　半村良の伝奇小説における抵抗の様相　―『産霊山秘録』を中心に
書評論文
　黒河星子：　　Kristin Surak, *Making Tea, Making Japan: Cultural Nationalism in Practice*

第18号　目次
特集　極東のロシア革命
　中嶋　毅：　　ハルビンのロシア革命―1917年のハルビン―
　寺山恭輔：　　1920年代ソ連の極東政策
　藤本健太朗：　極東共和国とソヴィエトロシアの対日政策
　　　　　　　　　―ワシントン会議・大連会議・ワルシャワ会談―
　藤本和貴夫：　ロシア極東における革命と日本
論文
　劉守軍・鹿雪瑩：宇都宮徳馬の1961年訪中について―石橋湛山の特使として―
　野村　玄：　　国事行為臨時代行の制度と勅書
　佐々木淳希：　西ドイツ1976年共同決定法における「民主主義」
　　　　　　　　　―労働者代表の選出規定をめぐる論争の分析―

『二十世紀研究』投稿規定

1. 投稿に際しては、印字された原稿1部とともに、Microsoft Word形式の電子ファイルを、『二十世紀研究』編集委員会宛にお送りください。電子ファイルは、Eメールの添付ファイルとしてお送りいただいても構いません。

2. 編集委員会は、9月末までに投稿された原稿を、当該年に発行する号の掲載候補として審査します。編集委員会は、掲載決定前に原稿の修正を要請することがあります。

3. 原稿は、横書き、36字×32行のフォーマットで作成してください。論考の長さは、註および図表・図版等も含めて、前記フォーマットで22ページ程度（400字詰め原稿用紙に換算して60枚強）とします。なお、Microsoft Word用の論文テンプレートを用意しておりますので、必要な方は編集委員会にご請求ください。

4. 註は論文末にまとめ、論文全体で通し番号を付してください。

5. 詳細な註記方法については、別に用意されている執筆要領に準拠してください。執筆要領は、下記のウェブページをご覧ください。

   http://www.bun.kyoto-u.ac.jp/contemporary_history/ch-20c-essentials2000/

6. 欧文の註記法については、*The Chicago Manual of Style: The Essential Guide for Writers, Editors, and Publishers* 最新版（2018年時点では第17版）に基本的に従ってください。

7. 執筆者の勤務先・職名を原稿の末尾に明記してください。

8. 図版等を掲載する際に生じる著作権の問題は、投稿者の責任で処理してください。

9. 初校は執筆者にお願いしますが、その際に新たな書き直しや削除等の変更は受け付けられませんので、ご了承ください。再校は、編集委員会が行います。

10. 目次用の英文タイトル、および執筆者の連絡先住所、電話番号、Eメール・アドレスを、別紙（別ファイル）にて添付してください。

11. 投稿先は以下のとおりです。

    〒606-8501 京都市左京区吉田本町

    京都大学文学部 現代文化学共同研究室内

    『二十世紀研究』編集委員会宛

    e-Mail： ITCS@ml.bun.kyoto-u.ac.jp

二十世紀研究

編集後記

　本号第 19 号は、これまでの本誌のなかで、もっとも大部なものになりました。7 本もの論考をお届けするのも初めてのことです。そのおかげで、劈頭の小特集「花より男子」と、掉尾を飾る論考をマンガ学とし、そのあいだに、コミンテルン、文化財、伝奇小説、植民地統治といった、昔から関心の尽きない、そして新たな関心をよぶようになった、多様なテーマを配置することができました。また、ベテランの大家による論考から、今年春に学部を終えた新進の手になる論考まで、幅広い世代からの論考も掲載することができました。

　これだけ分厚く、本数も多い号を編集するとなると、容易に想像していただけると思いますが、かなりの労力が必要でした。そのうえ、本号の編集責任者であるわたしが力不足ということもあり、難産の末の刊行となりました。本号を例年の時期にお届けすることができたのは、ひとえに、福田耕佑さんと Patrick VIERTHALER さん、おふたりの高い能力と献身のおかげです。この場を借りて、感謝申し上げます。

（杉本淑彦）

『二十世紀研究』第 19 号	編集・発行　二十世紀研究編集委員会
2018 年 12 月 15 日印刷	〒606-8501 京都市左京区吉田本町
2018 年 12 月 22 日発行	京都大学文学部　現代文化学共同研究室内
	Tel/Fax：075-753-2792
	e-Mail：ITCS@ml.bun.kyoto-u.ac.jp
	発売元　京 都 大 学 学 術 出 版 会
	〒606-8315 京都市左京区吉田近衞町 69
	京都大学吉田南構内
	Tel 075-761-6182/ Fax 075-761-6190
	印刷所　株式会社　国際印刷出版研究所
	〒551-0002　大阪市大正区三軒屋東 3 丁目
	11 番 34 号

ISBN 978-4-8140-0204-7 C3320　定価は裏表紙に表示してあります。

Printed in Japan

©The Institute for *Twentieth Century Studies*, 2018

ISSN 1346-0609